박화성 소설의 도시 공간

목포(1920-1930)와
서울(1950-1960)을 중심으로

박화성 소설의 도시 공간

송미성 지음

목포(1920-1930)와
서울(1950-1960)을 중심으로

책머리에

지역 문학 한다는 것,
통과의례로서의 박화성 문학

　지역에서 여성으로 문학 한다는 것은 무엇일까. 이 글을 시작할 때 즈음의 나는 자주 삶의 방향성과 내 사회적 정체성의 위치를 점검하곤 했다. 미인가 대안학교에서 문학과 글쓰기를 가르치는 교사로 일하다가, 읽고 쓰는 사람으로서의 전회를 꿈꾸며, 문학 공부를 다시 시작한 것은 2020년, 그해 겨울방학 사직서를 제출하고 혼자서 여행을 다녀오는 길, 인천공항에서 처음 코로나 소식을 접했었다. 이상하게도 그 시간 이후로 나의 삶은 많은 부분이 변화하여, 코로나 이전과 이후로 나의 삶을 분리해 놓곤 한다. 퇴직 후 나는 읽고 쓰는 일 중심으로 일상을 재편하였고, 고민 끝에 광주대 문창과 대학원에 진학하게 되었다.
　되돌아보면 오십 중반의 나이에 쉽지 않은 결정이었다. 내 딴에는 엄청나게 따져 묻고 두드려서 선택한 길이었으나, 결론적으로 말하자면 계획대로 되는 일이 하나도 없었다. 그때까지 그래왔듯이 나는 늘 문학 하는 사람들 주변을 맴도는 언저리 사람이었다. 실망과 좌절, 회의의 연속이었던 나날, 지역에서? 늦은 나이에? 문학 그게 뭔데? 먹고 살 수는 있어? 라는 자조적인 목소리가 내 주위를 맴돌았다. 그즈음 박화성 문학이 나를 찾아왔다. 지역, 젠더, 계급에 더하여 근대문학 형성기인 30년대 여성 작가를 만나고 싶다는 내 안의 목소리가 박화성을 다시 읽을 기회를 마련해 준 것이다. 그때까지만 해도 나에게 박화성은 한국문학사에서 언급되고 있는 식민지 시기 여성 작가 중 한 명이었다.

이 책은 전문적인 연구물로서는 많은 한계를 노정하고 있지만, 한국 근대문학 초입기(20세기 초)의 여성 작가와 근대문학의 종언(21세기 초)을 눈앞에 둔 여성 독자와의 100여 년의 시간을 사이에 두고 나눈 대화의 기록이라고 말하고 싶다. 말해놓고 보니 글의 부족함을 만회하기 위한 그럴싸한 변명으로 들린다. 그럼에도 불구하고 내 입장에서는 그렇다.

박화성의 소설을 오래 들여다보고 있으면 작가의 삶이 보인다. 목포

죽동의 집에서 고전소설을 탐독하던 어린아이, 독립운동가를 꿈꾸는 경성(京城)의 문학소녀, 10대 후반에 시작한 교원생활과 영광에서 스승 조운과 함께 펼쳤던 문예운동, 동경의 유학생활과 독서회, 북촌의 하숙집과 사회주의자 김국진과의 '붉은 연애', 만주(滿洲)의 용정에 있는 강경애의 집 방문, 사회주의 운동가의 아내에서 사업가이자 정치가의 아내로의 변신, 한국전쟁 중 실종된 큰아들 등 무엇 하나 작품에 영향을 미치지 않은 것이 없다. 물론 문학작품에는 작가의 목소리가 어떻게든 개입되기 마련이며 소설에서는 인물과 화자의 목소리를 통해, 또는 텍스트의 공백을 통해 작가의 목소리가 형상화된다. 그렇더라도 박화성의 소설에는 한국의 근현대사를 굽이굽이 거쳐 간 작가의 삶의 이력이 짙게 드리워져 있다. 오래 들여다보면 볼수록 더 그랬다. 그의 텍스트가 "삶으로서의 문학"의 성격을 강하게 띠고 있기 때문일 것이다. 나에게 박화성은 지역에서 문학 하는 사람으로서의 정체성을 지속해 나가기 위해 거쳐야 할 통과의례와도 같았다.

박화성의 소설은 '목포'라는 지역을 빼놓고는 얘기할 수 없다. 그의 작가의식은 당대 사람들의 삶 깊숙이 들어가 있으며, 초기 소설은 '목포-호남'을 중심으로 펼쳐지는 '민족지'의 성격을 강하게 띤다. 박화성의 글쓰기는 목포-호남의 지리적 지표를 적극적으로 활용한다. 때문에 여느 소설보다도 당대에 그곳에서 살았던 사람들의 경험과 활동이 실제의 지명과 함께 강하게 인식된다. 여기에 더하여 박화성 문학의 시작이 '목포'라는 식민지 근대도시의 성립, 국어국문운동과 같은 근대소설의 정립 시기와 맞물린다는 점에서 더욱 각별한 의미로 다가온다.

이 책은 박화성 소설의 공간을 '도시'라는 범주로 한정해서 설정하고 분석한 것이다. 조동일(2004)은 공간 중심의 '문학지리학'이 총괄과 대표성보다는 '개별화'를 향해 나아가는 경향이 있다고 밝힌 바 있다. 이 글을 쓰는 동안 하나의 지침으로 삼았으나, 작품을 분석해 나가는 과정에서 부분적인 것들의 나열이 자칫 산만해 보일까 봐 자꾸만 '종합'하고 '표준화'하려는 나를, 어찌하지 못했다. 또한 50-60년대 박화성의 서울소설은 "서울학"이라 할 만한 도시 관련 자료들이 많이 축적되어 있음에도 불구하고, 그것에 접속하여 사회 문화적 의미를 적극적으로 분석하기보다는 공간과 장소의 의미를 서사의 문맥상에서 '분석하는 수준에 머물렀다. 장편소설인 데다가 신문에 연재했던 소설이라는 매체의 특수성을 감안해야 하는 등 '목포 소설'과는 다른 접근법이 필요했는데, 필자의 미숙함으로 거기까지 이르지 못했다. 앞서 이해를 구한다.

 오래전 대학원 세미나에서 읽었던 벤야민의 『아케이드 프로젝트』에는 도시를 구성하는 중요한 요소로 '나무 한 그루'가 언급되는 메모가 등장한다. 글을 쓰면서 원본을 애써 찾아보지는 않았는데, 내 안에 있는 독서의 경험, "기억 한 조각의 불확실성"에 의지해 보고 싶었기 때문이다. 그것은 책을 읽어내려가는 과정에서 어떤 문장(낱말)이 나의 뇌리에 강하게 각인되었다는 것을 의미했다. 식민지 조선의 신흥도시 목포, 호남정 움막집 뒤편에 서 있는 '나무 한 그루'의 이미지는 박화성 등단작이기도 한 『추석전야』의 한 부분으로 박화성의 전체 소설에서 작은 부분을 차지할 뿐인데, '부분의 합이 전체를 초과한다'는 것을 보여주는 인상 깊은 사례였다. 글을 쓰는 동안 호남정의 나무 한 그루의 이미지가 나에게 분석을 요구해 오곤 했는데, 부족하나마 식민지 권력에 포섭되지 않을 가능성으로 의미화할 수 있었다. 지금 생각해

보니 벤야민의 영향이 컸던 것 같다. 나와 같은 미지의 독자에게 이 책의 일부분이나마 인상적인 장면으로 기억되어 박화성 문학에 더 큰 관심을 두게 되는 기회가 되었으면 좋겠다.

박화성 소설의 도시공간을 통과하면서 그 시절 그곳에서 살았던 소설 속 인물들, 사람들을 만날 수 있어서 좋았다. 가난과 핍박 속에서도 강인한 생명력으로 삶을 지속해 나간 사람들. 폭주하는 도시화의 속도에 휩쓸려 부유하는 외롭고도 정처 없는 사람들, 그 슬픈 연대기가 박화성 소설에 있다. 부족한 글을 책으로 묶어 세상에 내놓으려니 설렘보다는 두려움이 앞섰는데, 이 글을 쓰는 과정에서 두려움은 설렘으로 바뀌었다. 글쓰기는 행위하는 과정에서 늘 나를 변화시킨다. 무엇보다도 이 행위성은 읽고 쓰는 사람으로서의 나의 정체성을 지속시켜 주는 동력이 되어준다.

이 글은 필자의 박사 논문을 수정한 것으로, 가장 큰 차이는 개별작품을 중심으로 분석한 글에서 주제 중심으로 글의 구성이 바뀌었다는 점이다. 2024년 4월 「문예창작과 로컬리티: 광주·전남 지역 문학의 역사성과 현재」라는 주제로 열린 제45회 문예창작학회 정기학술대회에서 내 논문의 토론자로 참석해주신 전남대 김영삼 선생님의 조언이 이번 책의 기틀을 잡는 데 많은 도움이 되었다.

마지막으로 늦은 나이에 첫 책을 낼 수 있도록 도움 주신 분들께 감사의 인사를 전하고 싶다. 예비작가인 나에게도 집필 공간을 허락해 준 해남 '땅끝순례문학관'과 담양의 '글을 낳는 집', 지금은 작고하신 송기원 선생님의 응원과 따뜻한 격려, 장마리 작가, 최난화 작가, 옆에 있어서 늘 든든합니다. 문학과 글쓰기를 사랑했던 지혜학교의 나의 제자들, 작년에 이어 올해에도 소설평을 쓸 수 있게 지면을 할애해

준 계간지 『문예연구』, 후원해 주신 광주문화재단과 문학들 출판사에도 감사의 마음을 전한다. 너무도 늦되었지만, 민족지를 읽게 해 주신 전남대 문화인류학과 김명혜, 홍성흡 선생님, "문학과 사회"의 사회학과 윤수종 선생님, 감사합니다. 광주대 문창과 신덕룡, 문순태 선생님, 논문을 쓸 수 있도록 지도해 주신 이기호, 조형래 교수님께도 열심히 읽고 쓰겠다는 다짐과 함께 감사의 인사를 올린다. 사랑하는 가족들과 내 삶의 든든한 후원자이신 어머니 전옥자님, 지금은 고인이 되신 아버지 송기양님께 이 책을 바친다.

2025년 9월, 가을 초입
광주에서, 송미성

차례

책머리에 ………………………………………………………………… 04

제1장 도시 공간과 박화성 소설
제1절 선행연구 검토 ………………………………………………… 24
제2절 박화성(朴花城, 1903-1988)의 삶과 문학 ………………… 40
제3절 작품 선정과 분석 방법 ……………………………………… 60

제2장 식민 도시 목포(1920-30년대), 역동의 지역성
제1절 목포(20-30년대)와 소설의 공간 …………………………… 67
  1. 신흥도시 '목포'의 형성과 변화   71
  2. '목포 소설'의 공간지표   78
제2절 목포, 도시 공간의 소설적 재현 …………………………… 85
  1. 공·사 영역, 포섭과 배제의 장소성   85
  2. 공동체 정체성, 정주지 감각   98
  3. 이동하는 시선과 장소성   111
  4. 도회지(都會地) 목포와 배후지(背後地)   123

제3장 전후 분단도시 서울(1950-60년대), 낙관의 이중성

제1절 서울(50-60년대)과 소설의 공간 ········· 143
    1. 전후 서울, 도시 확장의 징후들   145
    2. '서울 소설'의 공간지표   150

제2절 도시 공간의 재현, '서울'의 문학지리 ········· 153
    1. 혼종의 공간, 역사적 알레고리   153
    2. 폐허의 도시에서 번창의 도시로   167
    3. 부유하는 도시의 감각, 그 이면   186
    4. 대립하는 운동성, 도시와 시골   212

제4장 박화성 소설의 도시 공간 - 역동의 지역성, 낙관의 이중성 ········ 225

참고문헌 ············· 237

| 일러두기 |

이 글은 필자의 박사학위논문[『박화성 소설의 도시 공간 연구; 목포(1920-30년대)와 서울(1950∽60년대)』, 광주대학교, 2024]을 수정 보완한 것이다.

제1장 도시 공간과 박화성 소설

도시 공간과 삶의 인식

　이 글은 문학 텍스트가 인물들의 행위와 서사적 장치들을 통해 동시대적 도시 공간을 재현하는 방식에 주목했다. 박화성(朴花城, 1903-1988)[1]의 소설에 재현된 특정 시기의 목포(1920-30년대)와 서울(1950-60년대)을 분석대상으로 하여 허구와 실제의 도시 공간을 오가면서 도시 공간과 서사의 맥락을 사회·역사적인 배경과 함께 살피고, 둘 사이의 반영성 및 상호관련성을 분석하였다. 도시를 재현한다는 것[2]은 도시에 관한 표상, 이미지, 담론, 서사 등을 재생산하는

1 　작가 박화성에 관하여는 1장 2절 "박화성의 삶과 문학"을 참고할 것.
2 　어떤 실재를 재현(representation)으로 받아들이는 것은, 심적으로든 물리적으로든 시대와 사회, 문화에 따라 그 작용을 달리한다는 것을 의미한다. 이 글에서 '재현'은 표상과 같은 의미이되, 발견의 의미가 강조될 때는 '표상'이라는 단어를 썼다. "표상"은 '심적인' 상과 '물질적인' 상에 걸쳐 있는 개념으로 마음속에 떠올리는 심적 현상을 가리킴과 동시에 어떤 것의 대체물을 구체적으로 제시하는 물질적인 행위와도 관련된다. (이효덕, 『표상공간의 근대』, 서울: 소명출판, 2002, p. 19.)

것이며, 이는 문학적 상상력이 도시의 담론과 이미지 형성에 관여함을 의미한다.[3]

일반적으로 도시는 이질적인 개인들이 일정한 지역에 밀집하여 집단을 이루며 거주하는 공간을 말한다. 겉으로 보이는 동질성과는 달리 광대함, 불규칙성, 산만함, 불완전성을 특징으로 갖는다.[4] 지리적으로 수많은 구역과 범주로 나뉘고, 젠더·계급·연령 등 다양한 사회적 요인으로도 분할되어 있다. 도시는 이러한 다양한 구조적 요인들이 중층적인 관계망으로 연결된 복합적인 구조체라고 할 수 있다. 또한 도시의 공간은 인간의 인위적인 압력이 끊임없이 가해지는 곳으로, 인간이 자신들의 의도에 따라 새로운 도시계획을 입안하고 실천함에 따라 공간의 형태 또한 선택적으로 바뀌게 된다. 이는 그곳에서 살아가는 인간들의 삶의 형식 또한 변화를 겪게 됨을 의미한다. 인간에 의해 계획·설계된 것이지만, 인간들의 삶의 의미를 생산하고 통제하는 것은 도시 공간이다. 결과적으로 특정 시기의 사회는 시대마다 다른 공간을 생산하고 다른 실천 방식[5]을 가지고 있으며, 각각의 도시는 저마다 다른 얼굴을 가지고 있다.

도시 공간의 실천 방식을 가장 효과적으로 드러내 보여주는 장르는 문학, 그중에서도 소설이다. 소설은 역사의 기술 방법에서처럼 그것이

---

3 송은영, 「현대도시 서울의 형성과 1960~70년대 소설의 문학지리학」, 연세대학교 박사학위 논문, 2007, p. 3.

4 발터 벤야민, 『아케이드 프로젝트 1』, 조형준 옮김, 서울: 새물결, 2005, pp. 295-296; 데이비드 하비, 『모더니티의 수도, 파리』, 김병화 옮김, 서울: 생각의 나무, 2007, p. 42.

5 앙리 르페브르, 『공간의 생산』, 양영란 옮김, 2011, 서울: 에코르브르, pp. 77-78.

실제했던 방식이 아닌, 특별한 장소를 상상속에 구축하게 만드는 방식으로 도시에 대한 이해를 돕는다. 재현된 도시의 표상에 실제 역사성이 담겨 있다고 해도, 그것은 어디까지나 허구적 구축물로서의 표상에 다름 아니다. 소설은 현실의 세계에 밀착되어 있고, 해석자인 작가에 의해 만들어진 허구의 세계이다. 작가는 현실의 구조 뒤에 숨어 있는 구조를 발견하고 소설이라는 양식으로 의미화한다. 현실은 소설에 재료를 제공해주지만, 그것이 일단 소설 속에 들어오면 현실이 아니라 "언어를 매개로 한 허구적 현실"이 되며, "언어예술 작품으로서 내적인 논리에 근거하여 인간과 삶의 지평"을 고양시키는 비유로서의 의미를 갖는다.[6] 또한 텍스트의 자율성은 작가가 경험하거나 의도하지 않은 것들까지도 구조와 배치 속에서 생산해 낸다는 점에서 부분의 인식이 도시 전체 이미지를 상상할 수 있도록 하는 장치와 비견된다.

문학에서 도시는 시대적 변별성을 가지면서 현대적 경험의 중요한 상징이 되어왔고, 도시적 삶의 양식을 일컫는 '도시성(Urbanism)'의 문제는 당대 소설의 형식, 주제 등과도 깊이 연관되어 왔다. 문학작품 속에서 도시는 경관이나 건축물, 거주지와 같은 각종 도시의 구성 요소들을 통해 표상되는데, 이는 도시에서 실질적으로 살았던 사람들의 생활과 삶을 이해할 가능성으로 열려 있다. 소설에서 도시 공간은 "시선의 주체에 의해 타자화된 대상들"이지만 "실제의 사회적 삶과 믿음들이 현실화"[7]되는 것이기 때문에 다른 어떤 실제적인 자료보다 더 도시적 삶의 진실에 가닿을 수 있는 통로가 될 수 있다.

---

6 김 현, 『한국문학의 위상; 문학사회학』, 문학과지성사, 1991.
7 레이먼드 윌리엄스, 『시골과 도시』, 이현석 옮김, 서울: 나남, 2013, p. 328.

인간은 도시 전체를 볼 수 없고 이해할 수 없으며, 도시에서 살아간다는 것은 내부자로서의 시선 밖에는 확보할 수 없다는 것을 의미한다. 인물들이 살아가는 도시 공간 또한 부분적으로만 인식 가능한 것으로, 삶의 부분으로서의 의미를 가진다. 그러나 인물들은 도시의 공간이라는 이름의 "용기(容器)"에 담겨 저마다의 신념과 가치를 체현하고 문화와 관습을 실천하는, 집합적이면서도 개별화된 행위자들이라는 점에서 작품 속 도시 공간을 단순한 배경 차원에서만 논의할 수는 없게 만든다. 우리는 재현된 허구 속 도시 공간과 행위자들을 통해, 당대의 인간의 삶을 보다 생생하게 이해할 수 있고, 어느 특정 도시의 "전체적인 감각"에도 접근해 갈 수 있을 것이다. 도시를 부분이 아닌 전체로 인식한다는 것은 정서를 포함한 삶의 인식 문제와도 결부되기 때문이다.

19세기 후반 파리의 도시 공간을 연구한 데이비드 하비는 각 도시를 개별적으로 다룬 수많은 연구들이 있지만, "인간적인 조건에 관해 혜안을 제시"하거나 "그 도시가 무엇인가라는 일종의 전체적인 감각을 전달하는 방식은 드물다"라고 하면서 발자크의 소설이 우리를 이러한 '전체적인 감각'으로 이끈다고 말한다.[8] 작가가 제시하는 파리는 비록 부분적이고 제한적이긴 하지만, 도시를 이해 가능한 것으로 상상하게 만들고, 도시를 하나의 전체로 파악하도록 우리들을 "설득"해 낸다는 것이다. 이러한 점에 비추어 볼 때, 한 국가의 대표적인 문학 작품들은 대표적인 도시와 밀접한 관계를 가지고 있음을 알 수 있다.

---

8   데이비드 하비, 『모디니티의 수도, 파리』, 김병화 옮김, 서울: 생각의 나무, 2007, p. 31.

발자크의 파리, 조이스의 더블린, 도스토옙스키의 상트페테르부르크, 버지니아 울프의 런던과 같은 도시들은 작가들이 부분적으로 포착해서 재현한 허구적 도시임에도 불구하고, 실제 도시의 심상지리를 우리에게 풍부하게 각인시켜 준다. 심상지리는 마음이나 관념 속에서 규정된 지리적 개념 즉 주체가 인식하고 상상하는 어떤 공간에 대한 지리적 인식[9]을 말한다.

이 글은 소설에서 재현된 특정 시기의 특정 도시를 분석하면서 그 시간 그곳에서 살았던 경험 주체들의 삶을 이해하고자 하는 바람에서 시작되었다. 도시 공간 안에는 그 시대를 살았던 사람들의 흔적이 켜켜이 쌓여 역사가 되고 이야기가 된다. 지리학자 이-푸 투안[10]은 인간이 공간을 잘 알게 되고 가치를 부여하게 될 때 공간은 비로소 장소가 된다고 했다. '공간'과 '장소'는 서로를 필요로 하는 개념으로 장소는 안전, 안정을 떠올리게 하고 공간은 개방성, 자유, 위협을 떠올리게 하지만 역의 관계도 얼마든지 가능함을 시사한다. 투안의 공간과 장소의 개념은 주체들의 경험과 서사를 중요시한 것으로, 작품을 분석하는 데 많은 도움이 되었으며, 이 글에서는 공간과 장소라는 개념을 문맥에 따라 유연하게 사용했다.

우리는 흔히 도시의 이미지를 경관으로 떠올리곤 하는데, 도시의 경관은 건조환경[11]을 포함하는 풍경으로, 그곳에서 살아가는 사람들

9　동국대학국문학연구소, 『근대 한국의 문학지리학』, 서울: 동국대학교출판부, 2011, pp. 167-238.
10　이-푸 투안, 『공간과 장소』, 구동회, 심승희 역, 서울: 대윤, 1999, pp. 15-19.
11　건조환경은 건축, 도로, 공원 등 자연환경과 달리 인간이 의도적으로 만들어낸 일체의 인공적 환경을 뜻한다.

에게는 지리적인 방향성과 좌표를 제시해주는 물리적인 조건이다. 이 글은 박화성 소설에서 재현된 도시의 경관이나 건축물, 거주지 또는 이동과 연결을 돕는 교통수단과 같은 도시의 구성 요소들을 분석하고, 이를 통해 특정 시기의 '목포'와 특정 시기의 '서울'의 특징과 성격을 이야기한다.

식민지 근대소설 또는 "경성 모더니즘"

소설 속 어느 특정 도시를 분석한다는 것은, 어느 특정 도시를 둘러싼 "당시의 삶, 그리고 외견상으로는 부차적이고 지금은 사라져 버린 듯한 형식들로부터 오늘날의 삶, 오늘날의 형식들을 읽어내려"는 적극적인 행위가 될 수 있다. 그것은 벤야민적 의미에서의 "현재적 삶"을 기억한다는 뜻이며, 이때의 도시는 과거에 누군가 살았고, 현재에도 누군가 살고 있으며 미래에도 누군가 살아갈 사람들의 "집합적 기억의 장소"[12]가 된다. 소설은 특별한 장소를 상상속에 구축하게 만드는 방식으로 도시에 대한 이해를 돕는다. 예를 들어 인물이 지각하고 감각하는 도시는 독자에게는 원근으로 조망되는 하나의 풍경이며, 이것이 독자에게 내면화될 때 전체적인 도시의 이미지가 상상속에서 구축이 된다. 벤야민의 방식으로, 조각조각 단절된 것처럼 보이는 파편화된 도시의 부분들 아래에 깔린 연속성을 간파해 내는 것이 중요하다. 소설 속 특정 도시 공간을 분석하는 작업은 이런 '연속성'을 읽어내는 작업이라 할 수 있다. 이는 부분적 요소의 결합의 합이 전체가 되는 방식이 아니라, 부분적 요소의 연결이 전체적인 도시의 이미지를

---

12 데이비드 하비, 2007, p. 31.

재구하는 방식으로 가능하다. 지도 위에 좌표를 그리고 그것을 인식하는 것만으로 우리는 도시를 이해한다고 말할 수 없으며, 문학적 도시는 역사적 기록으로서의 도시 이상의 반응을 불러일으킨다. 소설은 우리에게 도시와 그곳에서 살아가는 사람들의 삶을 다채롭게 이해할 수 있는 방법을 가르쳐준다.

한국의 근대문학에서 도시에 대한 관심은 '모더니즘 계열'의 작품을 중심으로 이루어져 왔고, 30년대의 식민지 시기와 60-70년대에 집중되는 경향을 보인다. 이성욱[13]은 근대적 의미에서의 도시화가 진전된 60-70년대는 차치하더라도 식민지 조선에서의 자본주의적 계급의 등장은 도시를 통해서 드러났음에도 불구하고, 그 시기 리얼리즘 문학에서의 도시 연구가 부재하다시피 한 것은 특이한 현상이라고 말한다. 대다수의 연구자들은 이러한 문제의 원인이 서구 모더니즘 담론을 중심으로 한 편향된 연구 경향성에 있다고 보고, 한국적 상황을 고려한 모더니즘 담론의 필요성을 제기한다.

한국적 상황에서 개화기 이후에 등장한 도시는 근대문학의 성립, 생산조건과도 불가분의 관계를 맺고 있다. 1920년대 농촌에서 도시로의 이주를 다루는 리얼리즘 소설에서 도시는 "자본주의 사회의 축도나 욕망의 지향처"[14]로서 인지되었고, 도시의 경험이 중요한 의미를 갖게 되었다. 이후 30년대 소설에서 도시는 문명과 현대성의 상징으로 예찬되는가 하면 자연의 상실, 군중 속에서의 고독, 소외감과 이방

---

13 이성욱, "한국 근대문학과 도시성 문제: 도시문화를 중심으로", 문학박사학위논문, 연세대학교, 2002.
14 이재선, "도시적 삶의 체계와 자연 또는 농촌의 삶의 양식", 『한국소설사; 근현대편 1』, 2000, 서울: 민음사, p. 356.

인의 의식을 드러내면서 서구 모더니즘 미학의 수용과 깊은 관계를 가지게 된다. 이는 근대도시에서 성장한 세대의 도시 문화가 지배적인 문화의 형식이 되었음을 시사하는 것이었다.[15]

권 은[16]은 식민지 조선의 근대화 과정 중에 발표된 한국의 근대소설을 통칭하여 "경성 모더니즘"으로 개념화하자고 제안한다. 이때의 경성 모더니즘은 모더니즘뿐 아니라 리얼리즘과 카프 작가들까지를 포함한 개념으로, 세계문학지리지에서의 한국문학의 위치를 드러내는 좌표의 역할을 한다. 이는 프랑코 모레티의 제3세계문학론을 기반으로 한 한국문학의 주체적인 위상을 고려한 결과이다. 이렇듯 "네이션과 세계라는 전체성에 대한 감각을 배경"으로 한 부분으로서의 관계의 역할을 전제하고,[17] 도시가 "자본주의 운동 및 계급 관계의 수행 매커니즘을 가장 날카롭게 표현하는 구조의 장"[18]이라는 인식하에, 이 글은 식민지 시기 목포를 무대로 한 박화성의 소설을 "모더니즘의 표현방식"의 하나로 이해하는 입장에 서 있다. 이 경우에 박화성의 '목포'는 식민지 시기의 '경성 모더니즘'의 문학 지도를 그리는 데 중요한 퍼즐로 기능할 수 있을 것이다.

박화성이 활동을 시작했던 당시의 한국 사회는 일제의 강점과 근대의 수용이라는 특수한 조건 아래 놓여 있었다. 이 시기 한국문학은 식

---

[15] 이재선, 2000, p. 359.
[16] 권 은, "경성 모더니즘 연구: 박태원 소설을 중심으로", 문학박사학위논문, 서강대학교, 2013.
[17] 정종현, "한국 근대소설과 평양(서북)이라는 로컬리티", 『근대 한국의 문학지리학』, 서울; 동국대학교출판부, 2011, pp. 67-101.
[18] 이성욱, 2002.

민지 현실을 극복하기 위한 사회적인 과제와 더불어 근대적 자아 각성이라는 문학의 과제를 동시에 해결해야 하는 이중의 부담을 안고 있었다.[19] 1920년대 후반에서 30년대 초까지 위력을 떨치던 카프 소설의 쇠퇴는 문학을 두 방향으로 양분화시키고 삶의 인식 방법에서도 뚜렷한 대조를 보였다.[20] 그중 하나가 도시 공간을 배경으로 하여 도시의 삶의 양식을 제시하는 모더니즘 계열의 소설이고, 다른 하나는 농촌의 궁핍한 삶을 비판적인 시각에서 형상화하는 사실주의 경향의 소설이었다. 주지하다시피 박화성은 후자에 속하는 리얼리즘 계열의 작가였다.

문학공간의 현재적 의미

박화성은 1925년 『조선문단』 4호에 「추석전야(秋夕前夜)」(1925, 1)를 발표하면서 문단에 등장했다. 그의 문학 인생은 일제강점기를 시작으로 해방과 한국전쟁, 분단과 4·19혁명 등 현대사의 굵직한 주요 사건의 전시기에 걸쳐 있다. 작가로서의 삶의 이력이 60여 년에 이르러 작품 수가 방대하고, 무엇보다도 그의 사상적 이력과 전·후반기의 작품의 격차는 그의 문학세계를 이해하고 평가하는 데, 적잖은 어려움으로 다가온다.

박화성 소설에서 도시 공간의 변화는 "두 번의 집중적인 집필 활동" 시기에 더욱 뚜렷이 감지되는데, 목포에서의 서울로의 중심 이동이

---

[19] 서정자, "일제강점기 한국 여류소설연구", 문학박사학위논문, 숙명여자대학교, 1987, p. 181.
[20] 이재선, 2000, p. 355.

하나의 큰 흐름을 형성하고 있다는 점이 관심을 끈다. 이는 박화성 소설의 도시 공간 연구에서 어느 특징 시기를 집중적으로 다룰 수 있다는 이점으로 작용했다.

이 책이 분석대상으로 하는 식민지 시기 목포(1920-30년대)는 개항과 더불어 일제의 주도하에 계획된 식민 도시였다. 수탈항으로서의 성격이 강했지만, 유이민들로 형성된 신흥도시였기 때문에, 전통적으로 내려오는 신분이나 관습으로부터 비교적 자유로운 곳이었다. 소설에서 재현된 목포는 이러한 초기 도시의 역동성을 반영하면서 식민지 조선 사회에서 농촌과 도시가 분화되어 발전하는 과정과 맥락을 같이 한다는 점에서 문제적이다.

이와는 다르게 서울(1950-60년대)은 한국전쟁 이후부터 본격적인 도시화가 진행되기 이전인 60년대 초까지의 도시를 배경으로 하고 있다. 이 시기의 서울은 전통의 붕괴와 전쟁의 폐허 위에 새로운 근대화의 재건을 꿈꾸는 '대도시로의 이행기'에 놓여 있었다. 일제강점기의 경성과 달리 전후 도시의 재건 시기에 해당한다는 점에서 이후 도시계획이 본격화된 60년대 후반의 서울과는 변별점에 놓여 있다. 도시는 기능과 지리적 범주로만 파악되는 것이 아니며, 도시 공간 또한 생성과 소멸, 창조와 파괴, 지속과 단절이 끊임없는 반복적으로 일상화되는 곳이라는 점에 주목할 필요가 있다. 이 시기 박화성이 재현한 '서울'은 현기증을 불러일으키는 속도감으로 넘쳐나며, 미래에 대해서 이중적 의미에서의 낙관적 전망을 가지고 있다.

어느 특정 시기에 쓰인 작품은 원인과 결과를 통해 드러나는 일련의 사건으로만 인식되는 것은 아니다. 특정한 시대에 등장하지만, 그 시대 문맥에 고정된 것도 아니며, '당대'의 문학들과 함께 존재하면서,

'현재라는 당대'와의 관계 속에서 끊임없이 의미를 재생산해 낸다. 식민지 지배로부터의 해방과 분단이라는 두 가지의 상반된 역사 체험은 오늘날까지도 한국 문학에 영향을 미치고 있는 중요한 상황적 조건이다. 그런 의미에서 박화성 문학은 여전히 '현재적'이다. 그의 작품이 일제강점기와 해방, 단정 수립과 한국전쟁, 서울 중심의 근대화 프로젝트 등의 특수한 한국적 상황을 배경으로 하고 있다는 점에서 더욱 그렇다.

한원균[21]은 문학공간을 텍스트 내-공간과 외-공간으로 분류하면서 내-공간을 다시 절대 텍스트 공간, 작가 체험적 공간, 지리적 공간으로 나누어서 설명한다. 여기에서 "지리적 공간"은 실제 지리적 배경을 가지고 있으면서 동시에 작가가 체험한 공간을 포함하는 것이다. 텍스트 외-공간이 텍스트 내로 들어오게 되면 "텍스트의 구조나 서사의 진행공간, 인물의 행위공간을 구축"하게 되고 "인물들의 방위와 위치를 알려주는 허구적 공간을 구축"하게 되는 것이다. 박화성의 작품 속에 재현된 도시 공간은 작가가 경험하거나 상상으로 구축된 공간과 장소이며, 실제 도시의 지리를 반영한 결과다.

특정 도시 공간은 역사적으로 고유한 이야기 형식을 품고 있으며, 소설의 재현은 당대의 사회 역사적 상황까지를 포괄한다. 소설 속 도시 지명은 허구와 실제를 끊임없이 연결 지으면서 텍스트를 역사적 맥락 속에 위치시킨다. 그런 의미에서 소설적 공간과 실제 공간의 관계성은 서로 양방향적이다. 박화성이 재현한 '목포'와 '서울'은 소설적 공

---

21 한원균, 「한국 현대문학과 도시 공간의 의미」, 『한국문예창작』 14호, 한국문예창작학회, 2008, pp. 8~9.

간이면서 동시에 텍스트의 현실적 대응물이라 할 수 있는 역사·지리학적인 실제 장소를 포함하고 있다.

제1절 선행연구 검토

박화성의 작품은 통상적으로 크게 두 시기로 구분한다. 그런데 전기(1925-1938년)의 작품이 뛰어난 사회주의 리얼리즘 작품으로 평가되는 반면, 후기(1955-1985년)[22]에 해당하는 작품은 작가의식이 퇴보한 대중소설로 폄하되곤 했다. 박화성 작품의 성과와 한계를 계급의식과 사회주의적 세계관으로 지적하는 연구의 경향성이 오늘날에도 여전한 것처럼 보이는데, 박화성에 대한 지금까지의 연구가 60여 년의 활동 시기 중 식민지 시기인 30년대에 집중되고 있기 때문이다. 이러한 편향성은 30년대 '동반자 작가'로서의 박화성의 면모를 더욱 고착시킨다. 30년대는 박화성의 나이 이십 대 중후반과 삼십 대 초반에 해당하는 시기로 60년 문학 인생에서 부분에 지나지 않는다. 또한 박화성의 문학 인생에서 50대와 60대가 집필 활동이 가장 왕성했다는 점에서 전·후기 작품을 함께 논의할 필요가 있다.

이번 절에서는 박화성 문학 연구의 성과와 한계를 크게 박화성 연구, 도시 공간 연구로 범주화했고, 박화성 연구는 다시, 식민지 시기 문학에 해당하는 20-30년대 연구, 50-60년대 연구로 분류해서 검

---

[22] 전기와 후기 사이의 공백기간에 관하여는 1장 2절 "박화성의 삶과 문학", 1장 3절 "작품 선정과 분석 범위"를 참조할 것.

토했다. 도시 공간 연구에서는 이 글에서 논의가 되는 시기의 목포, 경성 연구, 최근의 문학지리와 도시문화를 다룬 관련 연구들을 함께 검토함으로써 본 연구의 문제의식과 필요성을 명료화하고자 했다.

박화성 연구

박화성의 선행연구는 1920-30년대 문학에 집중되는 경향을 보인다. 후기인 50-60년대의 문학연구는 아직도 많이 부족한 실정이며, 70-80년대 문학까지를 전반적으로 다룬 박사 논문은 변신원[23]의 연구가 유일하다. 전기 문학 연구는 여성과 계급, 작가의식을 규명하고자 하는 논문이 주를 이루고, 후기 문학 연구는 근대 담론을 분석한 최창근[24]의 연구 외에 별다른 학위논문 수준의 후속 연구가 없으며, 몇몇 개별작품을 분석한 학술지 논문이 대부분이다. 박화성의 작품이 삶과 긴밀하게 연동되어 있기 때문에 다수의 연구에서 작가의 개인사가 비중 있게 다뤄진다는 점도 특징적이다.

당대의 박화성은 여류문단의 진보, 남성작가들과 비교해도 손색이 없는 작가[25]로 주목을 받았다. 이러한 평가는 그 시기의 "여류작가"들[26]이 개인사와 같은 작품 외적인 것으로 평가받았던 것과는 달리

---

[23] 변신원, "박화성 소설 연구 : 사회의식과 여성의식을 중심으로", 문학박사학위논문, 연세대학교, 1996.

[24] 최창근, "박화성 소설 연구; 1950-60년대 소설의 담론적 실천을 중심으로", 전남대학교 문학박사학위, 2012.

[25] 김문집, "여류작가의 성적 귀환론-박화성을 논평하면서", 『비평문학』, 청색지사, 1938; 안회남, "박화성론", 『여성』, 1938, 2(『전집』 18권, pp. 328-338; pp. 342-345, 재수록.); 이무영, "여류작가개평", 『신가정』, 1934, 4; 김팔봉, "구각에서의 탈출-조선의 여성작가 제씨에게", 『신여성』, 1935, p. 1.

작품성으로 평가[27]받는 이례적이고도 드문 경우였다. 1934년 김기진[28]이 박화성을 '동반자적 경향파'로 분류한 이래로 '동반자 작가'는 박화성 문학을 이해하는 중요한 키워드로 작용했다. 한국의 동반자론은 1920-30년대 한국 문단의 주류를 형성했던 프로문학과 관련되어 논의가 진행되었는데,[29] 박화성 문학의 지도자의식, 계몽성, 계급의

---

[26] 여성의 문필활동이 계몽주의에서 벗어나 사회적 문제로 나아가게 된 것은 1930년대를 전후해서다. 여성의 사회 활동이 극히 제한적이던 이 시기에 글을 쓰는 신여성으로서의 '여류작가'들이 대거 등장하여 사회적으로도 관심의 대상이 되었다. 1930년대는 한글 또는 일어를 읽고 쓸 수 있는 여성은 10.5%, 한글 또는 일어를 읽고 쓸 수 있는 여성은 10.5%, 두 언어 모두 가능한 여성(이른바 신교육을 받은 여성)은 전체 여성의 1.9%였다. 1917년 김명순이 『청춘』 현상소설에 「의심의 소녀」로 당선(3등)되면서 '여류작가'의 탄생을 알렸고, 1기에 해당하는 김명순, 김일엽, 나혜석은 작품보다는 그들의 불행한 인생사가 오히려 평가의 대상이 되었다. (이태숙, "사회주의 여성문학의 계급성 문제", 『어문학』 78집, 2002, pp. 468-467; 천정환, 『근대의 책읽기』, 서울; 푸른역사, 2003, pp. 33.)

[27] 2기 여성작가로는 강경애, 최정희, 백신애와 함께 박화성이 언급되는데, 이들은 1기 여성작가들의 문제를 극복하고 "자신을 포함한 모든 인간들의 삶의 방식과 그 사회적 연관성을 검토하는 작업에 관심을 기울이기 시작"했다. "자기고백을 직접적으로 하기보다 작품을 통해서 자신의 사상을 드러내고자 했"으며 "남성들과 동지적인 결합을 작품에서 그려내고, 여성의 신분이나 자각보다 먼저 현실인식을 앞세우"고 있는 것이 특징이다. 박화성은 강경애, 백신애와 함께 리얼리즘 계열의 작가로 구분되며 특히 강경애와 더불어 경향성이 짙은 카프 문학의 영향권 아래서 논의되는 것이 더 일반적이다. (김윤식, 『한국문학사논고』, 법문사, 1973, pp. 228-254; 권영민, 『한국현대문학사1』, 서울: 민음사, 1993, p. 524; 윤숙희, "1930년대 여성작가 소설 연구: 박화성, 강경애, 최정희, 백신애, 이선희를 중심으로", 문학박사학위논문, 성균관대학교, 1996, p. 6; 서여진, "신여성-사회주의자-여성 가장으로서의 작가 박화성", 『현대소설연구』 82, 한국현대소설학회, 2021, p. 294.)

[28] 김기진, "朝鮮文學의 水準", 『신동아』, 1934, p. 46.

[29] '동반자 작가'는 계급의식, 사상성, 경향성, 카프 문학, 프로문학 등의 용어와 혼재되어 사용되고 있다. 일반적으로 동반자 작가는 카프에 가입하지 않은 채 프로문학의 주장이나 이념에 공감하고 이를 작품에 반영하는 경향적 작가를 일컫는다. 한국의 프로문학은 일본 프로문학의 영향권 아래서 유입되었으며, 일본 유학생이 그 주도적인 역할을 담당했다는 것은 주지의 사실이다. 동반자 작가론은 러시아에서 시

식의 관념화, 당대 하층민들의 빈궁화 현실과 생생한 생활의 묘사 등이 1935년 전후의 카프문학과의 맥락에서 설명되는 이유도 이 때문이다.[30]

박화성에 대한 문학사적 평가는 실증적 자료 연구와 더불어 프로문학이 발굴되고, 30년대 문학이 재조명되던 70년대에 이루어졌다. 김윤식은 박화성을 "여류로서는 드물게 사상성을 지닌 작가"[31]라 하였고, 김병익[32]은 "동반자적 작가로서 식민지 시대의 구조를 해부하는 문제작들을 발표한 사상성을 지닌 작가"로, 정호웅[33]은 카프의 조직원

작되어 일본을 거쳐 한국에 들어온 것으로, 한국에서의 '동반자 작가론'은 다양한 의미가 중첩, 혼재된 채 사용되었다. 실제 한국의 동반자 작가론은 카프 내부의 조직 정비 과정을 배경으로 하고 있고, 관련 논쟁은 "프로문학 운동에 있어서 동맹계급으로 설정되는 노동자계급, 농민계급, 도시 소시민계급 중 도시 소시민계급에 잠재해 있는 혁명적 기운을 민족해방운동 속으로 흡수해가려는 과정에서 제기된 것"이기 때문에 "프로문학과 마찬가지로 계급적, 목적의식적, 혁명적인 성격을 띠고 있는 작품"을 가리킨다. (동반자 문학에 관한 자세한 내용은 김장미, "강경애, 박화성 소설의 동반자적 성격에 대한 비교 연구", 문학석사학위논문, 서울대학교, 2005를 참고할 것)

30 김종욱, "일제강점기 박화성 문학의 지역성 연구; 동반자작가로서의 위상과 관련하여", 『한국현대문학연구』 42호, 2014, pp. 207-235. 이 논문에서 김종욱은 동반자 작가는 카프라는 '문인 조직'을 중심에 놓고 작가들의 거리를 설정하는 문단적 개념이기 때문에 박화성에게는 이 호칭이 적절하지 않다고 문제제기한다. 그에 따르면 당대의 카프 문학 진영에서 박화성은 거의 주목을 받지 못했다. 이광수의 추천을 받고 데뷔하여 그와의 교류를 지속한 점, 사회주의자인 김국진과 이혼하고 목포의 유지였던 천독근과 재혼한 것으로 인해 박화성의 사상성이 의심을 받으면서 카프 문단뿐 아니라 지역으로부터도 외면받았다는 것이다. 이는 박화성 연구에서 생애사적인 측면이 차지하는 중요성과 더불어 박화성 문학의 지역성, 중앙 문단과 지역 문인의 관계, 전후 작품에서 보여주는 계급의식의 변모 양상을 이해하는 데 있어서 중요한 참고가 된다.
31 김윤식, 『한국현대소설사』, 서울: 일지사, 1979, p. 318.
32 김병익, 『한국문학사』, 서울: 일지사, 1979, p. 318.
33 김윤식, 정호웅, 『한국소설사』, 예하, 1993, p. 161.

은 아니지만 그 이념에 동조하는 작가로 평가했다. 그런가 하면 이재선[34]은 30년대 박화성의 글쓰기가 여성적인 문학 양식에 구애받지 않는 특징을 보인다고 하였고, 권영민[35]은 식민지 시기의 농촌을 그리면서 거기에 "여성의 문제"를 더한 것을 특이점으로 평가했다.

박화성에 대한 이러한 평가는 주로 남성 평자들에 의해 단평으로 끝나는 특징을 보이며, 그의 문학이 리얼리즘적 창작 방법론에 입각해서 사회 모순을 효과적으로 드러내고 있다고 평가한다. 그러나 사회주의 사상의 추상성과 계급의식의 도식화 등은 작품의 한계로 지적되었다.

박화성 연구의 분기점은 1980년대 페미니즘 논쟁의 흐름 속에 놓여 있다. 80년대 전후 페미니즘 논의가 본격화되면서 기존의 남성 평자들의 평가 방식은 여성주의자들에게 비판을 받았다. 남성 평자들에 의해 고평되었던 요소들이 사실은 '여성성 소실'이라는 양면성에 있다는 것에 주목하면서 '남성적 여성 작가'라는 모순된 평가로 박화성 문학이 폄하되었다는 점을 지적했다. 이러한 연구의 관점은 이후 '여성의식'을 재조명하고자 하는 연구의 흐름을 가시화시켰다.

문학 연구에 '여성주의 연구방법론'을 적용한 이는 서정자[36]였다. 서정자의 연구는 본격적인 페미니즘 비평이라는 점에서 의미가 크며 이후 여성주의 관점의 후속 연구에도 많은 영향을 미쳤다. 그는 신문,

---

34 이재선, "여류작가와 여성문학의 세계", 『한국현대소설사』, 홍성사, 1979, pp. 432-433.
35 권영민, 1993, p. 525.
36 서정자, "박화성론: 1925년-1938년 작품을 중심으로", 문학석사학위논문, 숙명여자대학교, 1980.

잡지 등의 실증적인 관련 자료들을 발굴하여 묻혔던 작가와 작품을 분석하고, 식민지 경험과 이념의 대립을 겪어온 한국적 상황, 그리고 가부장제, 문단의 문학사 기술을 문제 삼고 '여류문학'의 위치를 재정립하고자 하였다. 서정자는 박화성을 "식민지 시대의 여류 지식인으로서 여류를 뛰어넘는 대담성을 발휘하여 시대에 대결해 간 작가"로 높이 평가하는데, 서정자의 연구[37]는 박화성의 생애와 작가 의식, 여성적 글쓰기 등을 연결하여 드물게도 박화성 문학에 대한 전반적인 이해를 시도하고 있으며, 작가의 삶과 세계관으로 작품을 분석하고 해석

---

[37] 박화성『전집』 20권을 '편'했으며, 두 편의 학위 논문 이외에도 다수의 소논문이 있다.
_____, "여성소설과 페미니즘; 한 이상주의자의 여성 뛰어넘기",『한국 여성소설과 비평』 서울: 푸른사상, 2001, pp. 415-416.
_____, "박화성의 "헐어진 청년회관론": 오빠-누이의 구조와 항일민족의식",『문명연지』 3호, 2004a, pp. 41-55.
_____, "여성작가의 라이프사이클과 노년기문학",『전집』 12권, 2004b, pp. 425-447.
_____, "현실과 이념 및 창작방법",『전집』 17권, 2004c, pp. 569-599.
_____, "박화성의 해방 후 소설과 역사의식",『현대소설연구』 24집, 2004d, pp. 49-72.
_____, "여성작가의 라이프사이클과 노년기문학",『전집』 12권, 서울: 푸른사상, 2004b, pp. 425-447.
_____, "박화성의 문학지도",『홍수전후』 박화성연구회편, 서울: 푸른사상, 2009, pp. 263-276.
_____, "박화성과 조선희 소설에 나타난 '떠남'의 의미와 '북방의식'; 박화성의『북국의 여명』과 조선희의『세 여자』를 중심으로",『숙명문학』 7, 숙명문학인회, 2019, pp. 218-240.
_____, "식민지 근대도시형성과 목포 유·이민소설: 작가 박화성의 사회의식 발아와 그 근원",『여성문학연구』 54호, 한국여성문학학회, 2021, pp. 153-176.
_____, "작가일기1; 박화성의 해방공간",『서정시학』 32-2호, 계간 서정시학, 2022, pp. 300-304.
_____, "1963년의 소영 박화성 선생-소설 짓기, 집짓기",『서정시학』 32-3호, 계간 서정시학, 2022, pp. 179-184.

하는 특징을 보인다.

　식민지 시기의 박화성 문학 연구는 계급의식과 여성의식의 관계, 사상의 도식성 등을 작가의식과 함께 논의하거나[38] 같은 시기의 다른 여성작가들과의 비교 연구를 통해 박화성의 여성의식의 한계를 지적하고 있다.[39] 대부분의 연구들은 박화성 작품에서의 계급의식과 여성의식은 불화하여, 계급의식이 우선하거나 여성의식이 억압되어 있는 것으로 평가한다. 이러한 연구는 이분법적인 기존의 연구 경향을 그대로 답습하는 것처럼 보인다.

　백문임[40]은 계급의식이 우세하다거나 성의식이 미흡하다는 방식의 논의는 무의미하며, 박화성 문학의 한계는 1930년대라는 그 시대의 의식의 한계라는 시대 맥락 안에서 살펴볼 필요성을 제기한다. 식민

---

[38] 허정란, "박화성연구: 해방전 소설을 중심으로", 문학석사학위논문, 숙명여자대학교, 1993; 김양주, "박화성 소설의 인물유형 연구", 문학석사학위논문, 목포대학교, 2004; 이정순, "박화성 소설의 경향성 연구: 1920-30년대 단편소설을 중심으로", 문학석사학위논문, 전남대학교, 2006.

[39] 김미현, "한국 근대 여성소설의 페미니스트 시학: 여성적 글쓰기를 중심으로", 문학박사학위논문, 이화여자대학교, 1996; 서정자, 1987; 윤옥희, "1930년대 여성작가 소설 연구: 박화성, 강경애, 최정희, 백신애, 이선희를 중심으로", 문학박사학위논문, 성균관대학교, 1996; 박인숙, "1930년대 여성소설에 나타난 여성문제 인식 연구: 박화성, 강경애, 백신애 소설을 중심으로", 문학석사학위논문, 한성대학교, 1995; 김유연, "박화성 초기 단편소설 연구", 교육학석사학위논문, 한국교원대학교, 2004; 김장미, "강경애, 박화성 소설의 동반자적 성격에 대한 비교 연구", 문학석사학위논문, 서울대학교, 2005; 이태숙, 2002; 정수희, "1930년대 여성작가의 여성의식 연구: 박화성, 강경애, 최정희 소설을 중심으로", 교육학석사학위논문, 한국외국어대학교, 2006; 이은주, "여성작가가 재현한 신여성이라는 현실", 『현대문학의 연구』 49, 2013, pp. 293-296; 강은정, "1920-1930년대 박화성 소설 연구: 여성인물의 정치적 각성을 중심으로", 문학석사학위논문, 서울대학교, 2021.

[40] 백문임, "박화성의 경향소설에 나타난 계급과 성의 문제", 『현대문학의 연구』 Vol. 0 No. 11, 한국문학연구학회, 1998, pp. 309-336.

지 시기는 아직 성담론이 무르익지 않은 시기로, 성의식의 미흡이 작품의 한계로 인식되기보다는 한 작가의 미적 특질과 관련해서 살펴볼 것을 제안한다. 이 연구는 서술자의 발화를 분석해 내는 방식으로, 이 시기 박화성 연구의 오랜 논쟁 구도인 '계급과 여성'이라는 이항 대립의 구도를 극복해 내고자 했다는 점에서 주목되는 글이다.

박화성의 글쓰기 전략에 주목한 연구도 있다. 김영미[41]는 1930년대 박화성이 젠더적 규범에 대한 저항으로서의 글쓰기 전략을 취했다고 평가한다. 같은 맥락에서 서여진[42]은 신여성-작가-사회주의자이면서 동시에 가장이었던 박화성의 복합적 상황에 초점을 맞추어 섬세한 논의를 전개한다. 이 글은 박화성이 활동했던 당대의 눈으로 여성에 대한 인식과 사회주의 운동의 맥락을 확인하고 재구하면서 박화성 작품에 드러나는 분열의 양상이 작가 개인의 의식의 문제로만 치부할 수 없음을 밝히고 있다. 비교적 최근에 진행된 최지현[43]의 연구는 박화성 여성 인물들의 주체성을 최근의 변화하는 페미니즘의 이론, 즉 브라이어 도티의 '사유하기'나 들뢰즈의 -되기, 유목적 주체 등의 개념으로 과감하게 접속시키고 있다. 그러나 인물이 놓인 시대적 상황에 대한 고려가 누락되어 있는 점이 큰 한계로 보인다. '계급'과 '여성'은 각기 독립적이기보다는 서로 연루되고 착종된 관계이며, 작가의식의 규명 및 사상성의 변모와 맞물리면서 보다 복잡한 양상으로 펼쳐지는 것

---

[41] 김영미, "'여성'으로서 '작가'가 된다는 것; 박화성의 1930년대 장편소설을 중심으로", 『한국현대문학연구』, No.64, 한국현대문학회, 2021, pp. 157-190.

[42] 서여진, 2021, pp. 291-323.

[43] 최지현, "박화성 소설의 여성 주체 연구", 문학석사학위논문, 이화여자대학교, 2017.

이어서 시대적 상황이 반드시 고려되어야 한다. 도시 공간 연구와 같은 좀 더 포괄적인 접근이 필요한 이유다.

30년대는 운동으로서의 문학이 강조되었고, 이 시기 문학 연구에서는 작가가 현실을 어떻게 다루었느냐에 따라서 문학사적 평가가 달라질 수도 있었다. 식민지의 검열제도 하에서 현실의 모순을 작품 안에 직접적으로 드러낸다는 것이 그만큼 어려웠기 때문에, 작품성을 평가할 때 작가의 현식 인식이 무엇보다도 중요하게 여겨졌던 것이다. 그러나 이 시기 박화성 연구는 사상성과 의식의 문제에 치중되면서 공간의 형상화와 같은 작품의 내적 측면은 소홀히 한 측면이 있다. 최근에 올수록 이러한 경향성을 극복하려는 시도들이 강화되고 있어서 다행스럽고도 고무적인 일이다. 예를 들어 서정자는 지금까지의 접근 방식이었던 여성의식이나 사회주의 사상의 성취를 가늠하는 것만으로는 박화성 문학의 전모를 밝힐 수 없다고 보고, 식민지 시기의 소설들을 목포 유·이민 소설로 분석했다. 서정자 연구는 문학사회학적 방법을 취하고 있으나 작가론에 가깝다. 그는 1980년 "박화성론"을 시작으로 오늘날까지 40여 년간 꾸준히 박화성을 연구해 오고 있으며 최근에는 박화성이 남기고 간 일기 분석을 통해 박화성 문학을 좀 더 폭넓게 이해하고자 하는 시도를 지속하고 있다.

변신원[44]은 박화성의 사회의식과 여성의식의 변모를 다룬다. 작품의 형상화에 있어서는 식민지 시기 문학이 단연 탁월하지만, 새로운 여성상에 유념한다면 전후 장편소설에 대한 가치도 일방적으로 폄하할 수만은 없다고 평가한다. 전술했듯이 박화성의 문학 인생 60년에

---

44 변신원, 『박화성 소설 연구』, 서울: 국학자료원, 2001.

서 일제강점기의 시기는 10여 년에 불과한 것으로, 박화성 문학세계를 균형 있게 이해하기 위해서는 전·후의 문학까지 포괄한 본격적 논의가 좀 더 활발하게 진행되어야 할 것이다.

식민지 시기 소설 연구에 비하면 50-60년대 박화성 소설 연구는 턱없이 부족한 실정이다. 박화성의 신문연재소설은 대중성과 문학성이 충돌하는 경향을 보인다. 이 시기의 작품은 평자들에 의해 대중소설 또는 통속소설로 폄하되는 경향이 있는데, 김우종[45]은 이 시기의 박화성을 "장편의 신문연재에 투신하며 소위 순수작단에서는 그 존재를 잃어"간 작가로 평가한다.

흔히 대중소설(popular novel)은 "대중에게 쉽게 접근할 수 있도록 쓴 흥미 위주의 소설"이라고 정의된다. 이는 통속성을 포함하는 개념으로 신문연재소설을 일컬을 때 흔히 혼용되어 사용되고 있다. 소설은 탄생에서부터 대중성과 오락성을 숙명처럼 안고 왔다. 오늘날의 대중성은 "대중에게 수용되는 미학적 장치 및 효과의 총합으로 형식 및 내용에서 발생한다"는 점에서 "작가의 전략에 의해 기획되기도 하고 작가가 의도하지 않았음에도 수용자에 의해 직조되기도 한다."[46] 벤야민[47]은 모든 예술형식의 역사에는 위기의 시기가 있기 마련이고, 그 시기에 생겨나는 '괴상하고 조아한 형식'이라도, "그 시기의 가장 풍부한 역사적 에너지의 중심부"로부터 나온다고 했다. 박화성의

---

[45] 김우종, 『한국현대소설사』, 성문학, 1978, p. 286.
[46] 김복순, "1950년대 박화성 소설에서의 대중성의 재편과 젠더", 『대중서사학회』, 대중서사연구, 2011, p. 233.
[47] 발터 벤야민, "기술복제시대의 예술작품", 『발터 벤야민의 문예이론』, 반성완 편역, 서울: 민음사, 1983, p. 225.

50-60년대 신문연재소설 또한 전후 분단의 상황과 도시로의 인구이동, 근대화의 기획 등과 같은 시대적 산물로 등장한 예술 형식이라고 볼 수 있다. 작품에 재현된 시대 현실은 형상화를 통해서 인식이 되는데, 그 형상화는 소설이라는 형식을 통해 드러나기 마련이다. 내용으로서 재현된 '서울'이라는 도시 공간을 통해 독자들은 당대에 그곳에서 살았던 사람들의 삶을 이해할 수 있을 것이다.

김동윤[48]은 전후의 세태를 반영한 박화성의 50년대 신문소설이 사회재건과 관련된 계몽의식의 구현, 통속성의 요소 중 감상성을 극대화하고 관능성을 활용함으로써 대중성을 획득하고 있다고 평가했다. 최창근[49]은 1950-60년대 박화성의 소설이 지배 이데올로기를 실천하는 담론의 주요한 창구로 기능했다고 평가했다. 그러나 단순히 지배 이데올로기만을 설파하는 것에 그치지 않고, 이에 대항한 저항 담론의 분출구 역할을 담당하기도 하는데, 이는 여성으로서 억압과 차별을 받아온 박화성의 개인적 삶이 반영된 것으로 평가했다. 한순미[50]는 후기 소설에서 등장하는 제주 4·3과 한국전쟁, 4·19와 같은 국가적 재난에는 '사랑/연애' 서사가 전면적으로 요청되는데, 이는 "과거의 기억을 빠르게 망각하고 새 세대를 향해 나아가려는 속도감" 때문이라고 평가했다.

김복순은 1950년대 장편이 그간 나름대로 "사회건설관, 역사의식

---

48 김동윤, "1950년대 신문소설의 위상", 『대중서사연구』 17호, 대중서사학회, 2007, p. 10.
49 최창근, 2012.
50 한순미, "국가폭력과 사랑/연애 서사: 해방 이후 박화성 소설에서 역사적 재난들과 역사의식의 변화", 『현대문학의 연구』 oct 31, 2022, pp. 341-370.

및 사회의식을 보여준다"고 평가된 바 있지만, 그것은 성급한 판단이며, 일부 작품에서는 민족문제를 왜곡, 은폐하고 있다고 비판했다.[51] 또한 이 시기의 박화성 소설이 공적 영역의 가치보다는 사적 영역으로의 후퇴하면서 가부장제를 공고히 하는 데 기여했다고 혹평했다.

이상의 선행연구를 통해 살펴본 바와 같이 박화성 문학의 성취와 한계는 어느 정도 그 면모가 밝혀졌다고 생각한다. 그러나 한정된 작품을 대상으로 한 논의가 대부분이며, 여전히 사상성의 변모에 집중되고 있다는 점에서, 이 책의 주제인 도시 공간과 같은 좀 더 포괄적인 관점에서의 접근이 필요하다고 본다.

도시 공간 연구

김원희와 서승희, 이승아의 연구는 공간과 장소에 관심을 두고 있어서 주목된다. 김원희[52]는 일제감정기 박화성 소설의 장소 구성을 '장소 정체성'과 '장소 감수성'으로 나누어서 고찰했다. 이는 역사적이고 물리적인 장소성과 상징적이고 시적인 미래 지향의 감수성을 교차시켜, 새로운 장소의 의미를 발견하고자 했다는 데 의미가 크다. 그러나 지역과 장소에 대한 당대의 사회 역사적인 맥락이 생략되어 아쉬움을 남긴다. 서승희[53]는 『북국의 여명』과 『벼랑에 피는 꽃』을 대상으로

---

51 김복순, 2011.
52 김원희, "한국 근대문학과 장소의 사회학: 일제 강점기 박화성 소설의 장소시학", 『현대문학이론연구』, 현대문학이론학회, 2009, pp. 100-119.
53 서승희, "포스트/식민 여성성장소설의 젠더지리: 박화성의 『북국의 여명』과 『벼랑에 피는 꽃』을 중심으로", 『여성문학연구』 57, 한국여성문학학회, 2022, pp. 154-183.

공간과 여성 정체성의 관계에 주목했고, 이승아[54]는 공간의 이동에 따른 인물들의 인식의 변화를 고찰했다. 두 연구는 특정작품에 한정되거나 박화성 문학의 독자적인 연구가 아니라 다른 작가와의 비교연구라는 점에서 부분적인 한계를 지닌다.

한국의 근대문학 연구에서 도시의 문제를 본격적으로 다룬 것은 이재선[55]이다. 그는 문학과 도시의 관계를 쟁점화하고 도시의 경험이나 생활양식을 그려내는 소설을 도시소설(city Novel)로 명명하면서, 도시를 독립된 연구의 범주로 유형화 시켰다. 도시소설은 "도시에서의 보편적인 삶의 양식이 묘사되어야 함은 물론 도시가 갖는 특수한 역할이나 의의가 인물의 성격과 행위에 영향을 주고 상징적인 구조나 서사적인 기법으로 처리된 소설"을 일컫는다. 이재선의 연구는 이후 도시소설 연구자들에게 많은 영향을 미쳤다. 그러나 그가 범주화한 도시소설은 도시문제 중심의 내용분석에 치우쳐 있다. 도시에서의 보편적인 삶의 양식은 구조를 통해서 드러나며 문학작품 속에서 도시는 경관이나 건축물, 거주지와 같은 각종 구성 요소들을 통해 표상된다. 도시가 재현되는 방식, 표상 공간에 얽힌 사회·역사적인 배경도 함께 살펴볼 필요가 있다.

---

[54] 이승아, "1930년대 여성작가의 공간의식 연구: 강경애, 박화성, 백신애를 중심으로", 문학석사학위논문, 이화여자대학교, 2001.

[55] 이재선, "도시 공간의 시학; 도시화 현상과 도시소설", 『한국현대소설사』, 서울: 홍익사, 1979, pp. 247-317. 이재선은 현대소설에서의 도시소설의 형태를 다음과 같이 분류하고 있다. ① 도시 입성의 경험 ② 시골에서 상경하거나 도시에서 은퇴한 노인의 삶과 그 같흔 일상을 그리는 노년학적 소설 ③ 공간의 지역화에 의한 생태학적인 소설 ④ 사회적인 구성으로서의 집단과 개인간의 분절, 분열형 소설 ⑤ 떠돎의 행위가 수반되는 이미지 소설 내지는 유동상태의 소설 ⑥ 도시가 바로 주인공이 되는 총람소설이다. 이러한 양상은 상보적인 관계에 있다.

박화성의 초기 소설에서 '목포'에 주목한 연구는 노동자, 농민, 민중들의 일상성을 재구성[56]하거나, 이별과 눈물의 정서를 목포의 상징적 장치로 읽어내고[57], 박화성의 글쓰기 정체성과의 연관성 등을 살피고 있다. 관련되는 문화, 사회사 연구도 있다. 고석규[58]는 목포의 근대화 과정에서 자리잡은 도시 공간의 이중적인 특징과 대중문화의 상관성을 고찰하고, 목포의 극장, 영화관, 공연장 등의 문화공간이 초래한 문화현상이 근대 식민지 도시와 어떤 관계가 있는지를 밝히고자 하였다. 송병삼[59]은 목포지역에 기반을 둔 식민시기의 종합지 『호남평론』을 중심으로 지역문화 담론을 분석했다. 또 다른 연구에서 최창근[60]은 『호남평론』에서 재현된 목포와 실제의 목포의 관련성을 분석했다. 식민지 시기 박화성 소설에서의 목포의 도시 공간을 식민지 근대성으로 읽어낸 변화영[61]의 연구는 목포의 사회사적인 자료를 제시하면서

---

[56] 최창근, "1920-30년대 목포 노동자들의 현실과 문학적 재현; 박화성의 초기 단편소설을 중심으로", 『국어국문학』 제145호, 국어국문학회, 2010, pp. 247-273; 변화영, "일제강점기 박화성 소설에 나타난 민중의 일상성 연구", 역사문학학회, 2004, pp. 57-76.

[57] 강애경, "한국 근대문학과 장소의 사회학; 박화성 소설에 나타난 근대도시 목포", 『현대문학이론연구』 37권, 2009, pp. 25-46.

[58] 고석규, "근대도시 목포의 대중문화를 통해 본 식민지 근대성", 『지방사와 지방문화』, 역사문화학회, 2006, pp. 91-157.

[59] 송병삼, "지역 문화담론의 식민지적 대응양상 고찰- 1930년대 『호남평론』의 경우", 『한국문학이론과 비평』 56집(16권 3호), 한국문학이론과 비평학회, 2012, pp. 271-295.

[60] 최창근, "1930년대 목포의 근대성과 대중매체-『호남평론』 수록 소설과 기사를 중심으로", 『국학연구총론』 11집, 택민국학연구원, pp. 1-28.

[61] 변화영, "박화성 소설을 통해 본 목포의 식민지 근대성", 『한국문학이론과 비평』 30호, 한국문학이론과 비평학회, 2006, pp. 345-378.

박화성 문학의 "사료로서의 가치"를 높이 평가하고 있다. 그러나 작품 내적인 분석은 미흡하고 '근대성'을 '이미 주어진 것'으로 간주하는 경향이 있다. 작가가 구축해놓은 공간과 장소가 실재했었는가를 비교 분석하는 것만으로는, 근대성에 대해 설명할 수 없다. 그곳에서 살았던 경험 주체들의 삶의 인식이 중요한 이유다.

일반적으로 근대도시의 출현은 근대적인 도시 가로망과 건축물에서 찾는데, 중요한 것은 '그것이 왜 근대성을 표상하는가'[62] 일 것이다. 근대성은 인식하는 주체의 경험과 관련이 있다. 도시 경관을 인식하는 주체가 그것을 근대성으로 인식하지 않는 한 근대성의 표상이 될 수 없다. 식민지 시기 박화성 소설의 경우, 공간 인식의 주체는 등장인물이라기보다는, 판단이 개입된 '작가-서술자'인 경우가 대부분이다. 재현의 문제는 주체 의식과도 결부된 것으로, 식민지 조선인 작가들의 소설에서 근대도시의 표상물은 구체적인 리얼리즘을 확보하지 못하고 "근대성을 결여한 근대성"[63]으로 재현이 되곤 한다. 이는 식민지 시기 박화성 작품에서도 공통적으로 드러나는 현상이라 할 수 있다.

지리적 특수성의 맥락에서 문학 텍스트를 분석하는 연구 경향을 '문학지리학'이라고 한다. '문학지리학'는 처음에는 지역학이나 지역문학을 설명하는 개념으로 사용되었으며, '총괄'과 '대표성'보다는 공간 중심의 개별화를 중시[64]하는 연구방법론을 말한다. 『근대 한국의 문학지

---

62 김주관, "개항장 공간의 조직과 근대성의 표상", 『지방사와 지방문화』 1, 역사문화학회, 2006, pp. 129-157.
63 손종업, "『찔레꽃』에 나타난 식민도시 경성의 공간 표상 체계", 2011, pp. 41-66.
64 조동일, 「문학지리학을 위한 출발선상의 토론」, 『한국문학연구』, Vol., No 27, 2004, 159쪽.

리학』[65]은 식민지 시기를 다루는 본격적인 문학지리학으로, 평양이라는 로컬리티의 정치학, 철도창가와 근대적 미디어의 정치, 현해탄이라는 장소성, 기행문과 민족지에 서술된 남양의 표상, 일상적 공간에서의 주관적 체험의 문제 등 식민지 시기의 문학 공간을 사회문화론적 시각으로 접근하고 있다. '일관된' 연구방법론이 아닌 '개별적'인 연구 방법으로 서술되며, 식민지 근대성에 대한 보다 다양한 접근을 시도하고 있어서 필자에게 많은 도움이 되었다.

권 은[66]과 유인혁[67]의 연구는 프랑코 모레티의 지리학적 방법론을 원용한 '문학적 지도 그리기(literary mapping)'를 시도하고 있다. 권 은은 경성의 지리학적 특수성과 물질적 토대가 30년대 '한국 모더니즘' 소설의 형성 과정에 미친 영향을 역사적으로 고찰한다. 그는 도시의 구조가 소설의 형식과 상호관련성을 가진다고 보았다. 유인혁의 연구는 이광수와 염상섭이 어떠한 방식으로 식민지 시기의 도시 경성의 공간을 배치하고 구조화시켰는지에 관심을 보인다. 두 작가의 플롯의 구조를 공간적 문법으로 비교 분석하면서, 내용 중심의 도시소설 연구의 한계를 극복하고자 한다. 이성욱[68]은 짐멜의 도시문화론과 벤야민의 사유를 중심으로 1930년대 이상의 도시적 감수성, 김기림의 도시성, 도시문화, 박태원의 산책자 모티브를 분석하고 있다.

---

[65] 동국대 한국문학연구소, 『근대 한국의 문학지리학』, 서울: 동국대학교출판부, 2011.
[66] 권 은, 2013.
[67] 유인혁, "식민지시기 근대소설과 도시 공간: 이광수·염상섭의 장편소설에서 경성을 중심으로", 문학박사학위논문, 동국대학교, 2015.
[68] 이성욱, 2002.

선행연구 검토 결과, 한국문학에서의 도시 공간 연구는 식민지 시기 경성에 치우쳐 있다는 점에서 지역 문학 연구의 필요성이 제기된다. 우리의 의식에서 '지역' 혹은 '지방'이라는 말은 오랫동안 차별과 소외를 불러왔다. 중심과 주변이라는 위계를 허물면서 중심에 균열을 가져올 수 있는 지역적 관점에서의 문학 연구가 필요하다. 박화성이 재현한 식민지 시기의 목포는 이런 '지역적 관점'에 충실한 작가의식을 반영하고 있다. 또한 박화성의 후기 장편소설에서 전후 시기의 '문학 도시 서울'을 읽고자 한다는 점에서도 이 글이 가지는 의미는 각별하다.

　박화성의 전·후기 작품을 대상으로 목포와 서울의 도시 공간을 사회적인 배경하에서 분석하고 있는 이 책은 문학뿐 아니라 지리학, 사회학, 역사학, 지역학과 같은 다른 분야의 연구성과물들도 많이 참고하였다.

제2절 박화성(朴花城, 1903-1988)의 삶과 문학

> 맑은 날씨와 햇볕은 언제나 내게 인색하였다. 비바람이 아니면 눈보라의 나날을 그래도 나는 오늘까지 나의 뱃길을 쉬지 않았다.
> 『눈보라의 운하』, p. 29

　박화성의 문학 인생 40년인 1964년, 환갑을 맞아 출간(여원사)한 자서전『눈보라의 운하』[69] 첫 장에서 작가는 자신의 60년 인생을 '눈보

---

[69] 1963년 발표한 자서전『눈보라의 운하』는 2004년에 푸른사상에서 박화성 전집 14권으로 간행함.

라'로 비유한다. 이 자서전을 기점으로 박화성은 작가로서의 자신의 문학 인생을 어느 정도 정리했다고 볼 수 있는데, 이 책에서 필자가 분석한 작품은 모두 자서전 출간 이전 시기에 집필한 것이다. 자서전에는 개별작품의 창작 배경이 간략하게나마 대부분 언급되어 있다. 박화성은 동시대 다른 여성 작가들에 비해 생애 관련 자료들이 비교적 많이 남아 있는 경우다. 작품이 분실되지 않고 대부분 보존[70]되어 있으며, "작가노트"라 할 수 있는 자서전, 일기[71]도 작가 박화성을 이해할 수 있는 귀중한 자료다.

　이번 장에서는 작가의 거주지이자 작품의 집필처인 "목포"와 "서울" 중심으로 "작가의 생애"를 정리했다. 박화성은 그와 그의 가족들의 사상 전력으로 많은 시련을 겪어 온 작가다.[72] 작품과 작가의 삶을 따로 떼어놓고 생각할 수는 없지만, 박화성의 경우는 둘의 관계가 더욱 긴밀하여, 실제의 삶과 소설 속의 삶은 많은 부문 연동되어 있다. 때문에

70　자서전을 보면 한국전쟁 중 일부 작품이 유실되긴 했지만, 대부분의 작품은 책으로 출간되었다. 잡지와 신문에 연재된 소설도 거의 단행본으로 출간이 되었다. 『백화』(1932, 창문사); 『고향없는 사람들』(1947, 중앙문화보급소); 『홍수전후』(1948, 백양당); 『고개를 넘으면』(1956, 동인문화사); 『사랑(상, 하)』(1957, 동인문화사); 『타오르는 별』(1969, 문림사); 『태양은 날로 새롭다』(1978, 삼성출판사); 『벼랑에 피는 꽃』(1972, 삼중당); 『눈보라의 운하』(1964, 여원사); 『거리에는 바람이』(1964, 휘문출판사); 『여류한국』(1964, 어문학); 『열매 익을 때까지』(1965, 청구문화사); 『창공에 그리다』(1965, 영창도서); 『새벽에 외치다』(1966, 휘문출판사); 『잔영』(1968, 휘문출판사); 『추억의 파문』(1969, 한국문학사); 『내일의 태양』(1972, 삼중당); 『햇볕 나리는 뜨락』(1974, 을유문화사); 『바람뉘』(1974, 을유문화사); 『순간과 영원 사이』(1974, 중앙출판사); 『너와 나의 합창』(1976, 삼중당); 『휴화산』(1977, 창작과비평); 『북극의 여명』(2003, 푸른사상사).
71　박화성 소설에는 인물들의 활동 시기가 날짜별로 비교적 상세히 기재되어 있는데, 박화성은 평생 기록하는 습관을 몸에 지닌 작가였다. 목포문학관에는 50년대부터 타계하기 하루 전까지 쓴 일기가 보존되어 있다.

작가의 삶을 이해하는 것은, 작품을 이해하는 데도 많은 도움이 될 것이다.

목포(1903-1944)를 중심으로

1903년 박화성은 목포 죽동 9번지에서 아버지 박운서와 어머니 김운선의 4남매 중 막내딸로 태어났다. 목포가 개항한 지 6년째 되던 해였다. 본명은 경순(景順), 아호는 소영(素影)이다. 목포역이 들어선 곳은 원래 바닷가였는데, 박화성의 생가는 목포역에서 시장으로 난 도로 근처였다. 박화성의 아버지 박운서는 개항 후인 1902년 영암에서 목포로 이주해 온 사람으로, 선창에서 객주를 운영하면서 많은 돈을 벌어 신흥부자가 되었다고 한다.[73] 부모의 교육열이 높아 오빠는 동경으로, 언니는 평양으로, 박화성은 경성으로 유학을 할 수 있었다. 경성에 유학 중이던 1918년 여름방학이 되어 고향에 돌아와 보니 '죽동'에 있던 '집'이 빈민가인 '양동'으로 옮겨져 있었다. 이때의 경험은 어린 박화성에게 충격을 주었고, 아래의 글에는 당시의 심경이 비교적 자세히 드러나 있다.

거리를 지나고 서양집들의 앞길을 걸어 정명학교를 벗어나서야

---

72 자서전 『눈보라의 운하』는 60년대 반공이 국시였던 시대에 쓴 글이라는 점에서 "거침없이 모든 것을 쓸 수 없었을 것"이라는 세간의 평가를 가능케 한다. 박화성 문학의 오랜 연구자인 서정자가 "1973년 삼성문고판 한국문학 전집에서 열 번째 순위 안에 들어 있는 작가 중 누구도 해방공간에 박화성만큼 사상성과 관련하여 마찰을 겪은 작가는 없어 보인다."라고 했던 말은 같은 맥락에서 이해할 수 있다. (남은혜, 2023, p. 149; 서정자, 2004d, pp. 49-72.)

73 서정자, 2009, p. 266; 2021, p. 156.

언덕길로 나섰다. 양동의 언덕바지 빈민가로 옮겨진 것이다. 언덕 길에서 좁은 길로 들어가니 가느다란 판자를 세워 울타리를 만든 집이 나섰다.

판자로 만든 사립문을 여니까 딸랑딸랑 방울이 울리며 어머니가 마루로 나오셨다.

아무리 어머니가 계시는 집이지만 작은 남폿불에 비치어진 초가 육 칸 집은 결코 내가 있을 곳이 아니라는 맘만 들었으나 좁지 않은 뜰에 벌써 우북하게 서 있는 화초 그늘만은 정다움을 느끼게 한다. (…) 육십 칸에서 십 칸으로 전락한 이 초가는 화초에 묻혀 있는 초막이 되었다. (…) 그 전 집에 대면 광이나 같은 초라한 집 구조다. 방 둘이 함께 붙어 있고, 앞마루가 높고 낮게 달렸는데, 건넌방 아궁은 그 마루 밑에 있었다.

다만 안방에 달린 부엌이 당당한 한 칸으로 넓고, 그 곁에는 그 많은 살림을 대부분 처리했으나 둘 데가 없어서 어머니가 오시며 지었다는 함석 지붕의 목제 광마루가 있었다.[74]

양동의 집은 일인이 사는 '서양집'들을 지나 언덕바지 위 빈민가에 있었다. "육십 칸" 집에서 "초가"로 전락한 생활 속에서도 집은 '화초'에 묻혀 있는데, 박화성의 '서울' 소설에서는 정원을 가지고 있는 집이 꽤 등장하고, 작가 자신 또한 화초 가꾸는 일에 취미가 있었다. 박화성과 어머니와의 관계는 돈독하고도 각별했다. 그에 반하여 아버지와의 관계는 좋지 않았다.[75] 박화성은 아버지가 "축첩"으로 딴살림을 차리

---

[74] 『전집』 14권, p. 90.

게 되면서 상처받고 살아온 어머니의 인생과 자유결혼의 실패로 어머니에게 크게 기댈 수밖에 없었던 자신의 인생에서 "똑같이" 깊은 삶의 애환 같은 것을 느꼈던 것 같다. 어머니를 주인공으로 한 소설을 쓰고 싶다고 밝힌 바 있는데, 실제 어머니를 주인공으로 한 것은 아니지만, 『사랑』을 통해 고향과 어머니를 동일시하기도 한다. 작품에는 선교사나 기독교 신앙을 가진 인물들이 등장[76]하는데, 박화성이 다녔던 미션스쿨[77]의 영향, 거기에 더해 크리스천이었던 어머니의 영향 또한 무시할 수 없다. 박화성의 일기에는 어머니에 대한 존경과 감사, 자식들을 위한 기도문 등이 빠지지 않고 등장한다.

박화성이 목포를 떠난 것은 1916년(13세)이었다. 어린 나이에 고향을 떠나 경성에서 유학한 박화성은 독립적이면서도 자유분방한 성격의 소유자였던 것 같다. 규율이 엄격해서 자신과는 잘 맞지 않는다며

---

[75] 어린 시절에 겪은 아버지에 대한 트라우마가 박화성의 여성의식을 형성하는 데 중요한 계기가 되었음은 작품 곳곳에서 발견된다. 1981년에 발표한 단편 「신나게 좋은 일」은 어린 시절 박화성이 체험했을 법한 아버지의 "딴살림" 이야기가 나온다. 70대 후반에 쓴 작품인데, 어린아이를 화자로 하고 있으며, 어린 시절에 겪은 트라우마가 평생에 걸쳐 영향을 끼쳤음을 짐작해 볼 수 있게 한다. 박화성의 소설에서 아버지는 죽어서 없거나, 축첩을 일삼는 등 어머니에 비해 그 존재가 희미하다.

[76] 전기이 작품으로는 「떠나가는 유서」, 「한귀」, 「시들은 월계화」, 「북국의 여명」이 있고, 후기의 작품으로는 『거리에는 바람이』, 「수의」가 있다. 전기작품에서는 기독교를 비판적으로 수용하는 인물이 등장하고 후기에는 기독교를 긍정하는 태도가 강화된다. 일례로 박화성의 마지막 장편소설인 『거리에는 바람이』에서는 독재 타도를 외치던 청년이 돌멩이에 맞아 피를 흘리자 "찬송가와 성경을 쌌던 흰 보자기"로 머리를 싸매주는 장면이 등장한다. 4·19혁명의 역사적인 현장에서 인물이 행한 의식이라는 점에서 박화성의 기독교 의식과 관련한 의미를 읽어낼 수 있다.

[77] 박화성이 다닌 목포의 정명학교는 1903년 미국 남장로회가 세운 미션스쿨이었고, 박화성이 얼마간 같이 생활했던 광주 언니가 근무했던 수피아 여학교도 1908년 미국 남장로회가 세운 학교였다. 1913년 서울에서 유학한 정신여학교 또한 미션스쿨이었다.

스스로 정신여학교를 그만두고, 숙명여고보 본과 2학년으로 편입하고, 1918년(15세)에 졸업했다. 이후 '여류문단'의 선구자가 될 김말봉[78] 김명순[79]을 이 시기에 만났다. 박화성은 목포 정명여학교를 다니던 무렵 「유랑의 소녀」를 습작[80]할 만큼 일찍이 "문학소녀"였다.

  동경 유학의 꿈을 가지고 있었으나, 아버지의 사업이 어려워지자 꿈을 접고 천안과 아산의 공립학교에서 교원으로 일했다. 이때의 교원 경험은 초창기 소설에 많이 반영되어 있다. 학교를 사직한 후에는 언니가 사는 광주로 가 북문교회 유치원의 보모와 야학교사로 일하게 되는데, 때마침 영광에 사립 중학원이 설립되었고, 박화성은 교원 추천을 받고 광주에서 영광으로 거주지를 옮긴다. 영광 중학원 교원 시절 시인 조운[81]과 스승과 제자 사이로 만난다. 운명과도 같은 이 만남은 이후 펼쳐지게 될 박화성의 문학 인생에서 중요한 분기점이 되었다.

  영광 사립중학원은 "군내와 읍내의 유지들이 사재를 털어서 새로 설립한" 학원으로 박화성은 이때의 경험을 "인생에서 제일 귀중한 체험"(111)으로 회고했다. 영광에는 "문학의 마을이라 할 만큼 시조나 한

---

[78] 김말봉(金末鳳, 1901-1961): 부산 출생, 기자 출신 소설가, 1932년 중앙일보 신춘문예에 단편소설 「망명녀(亡命女)」가 당선되어 문단에 등단했다. 대표작으로 『찔레꽃』(1937, 조선일보 연재)이 있다.

[79] 김명순(金明淳, 1896-1951) 평양 출생, 소설가, 시인, 기자, 연극인 등 다양한 분야에서 활동했다. 1917년에 최남선이 발행하던 잡지 『청춘』에 단편소설 「의심의 소녀」가 현상모집 당선 되어 문단에 데뷔했다. 한국 근대 최초의 여성소설가, 시인으로 호명되곤 한다.

[80] 『전집』 14권, pp. 47-124.

[81] 조운(曺雲, 1898년- ?) 영광 출생으로, 1921년 동아일보에 첫 작품 「불살너주오」를 발표했다. 1923년 박화성과 같은 학교인 영광 사립중학원에서 미술과 작문과목을 가르쳤다. 조선문학가동맹 시분과에 소속되어 활동하다가 6·25를 전후해서 월북했다. 매부가 소설가 최서해(최학송)이다.

학이며 현대시의 조예가 뛰어난" 사람들이 많았다. 셋집을 얻어 어머니와 자취를 하면서 받은 월급을 꼬박꼬박 동경에 유학하고 있는 오빠 박제민(1900-1942)의 학비로 보냈다. 교원생활에 대한 모티브[82]는 단편소설「눈 오던 그 밤」(1935)과 그 밖의 자전소설을 통해 형상화되었다.

주목되는 것은 박화성의 문학이 이 시기의 민족 계몽 운동의 흐름 속에서 형성되었다는 점이다. 이즈음은 "조선어학회를 중심으로 한국어국문운동[83]과 근대소설의 양식이 정립되어 가던 시기"였다. 동료이자 스승이었던 조운은 "자유예원(自由藝園)"이라는 명칭 아래 읍내 유지들에서부터 직원, 학생들에 이르기까지 수필, 시, 시조, 단평과 같은 글을 자유롭게 써서 자신에게 보내게 했는데 박화성이 쓴 「ㅎㅍ믠께」, 「K선생님께」, 「정월 초하루」 세 편의 수필이 『부인』이라는 잡지에 발표되었다. 조운에게서 시의 작법을 배웠고, 그때 처음 「팔삭동이」라는 단편소설을 썼다.[84]

목포는 다른 지역에 비해 동경 유학생들이 많았다. 이들은 방학이면 다른 지역에서 유학 중인 학생들과 함께 고향으로 돌아와 '하기 순회강연'이나 농활 같은 계몽활동을 펼쳤다. 당시 오빠 박제민은 동경 유학생이었는데, 방학이면 오빠와 친구들이 집에 모여 시국 토론이나 정세 분석으로 목소리를 높였고, 그런 분위기는 자연스레 박화성의

---

[82] 「눈 오던 그 밤」, 『북국의 여명』, 『벼랑위에 핀 꽃』, 『내일의 태양』 등이 있다.
[83] 이 운동은 "민족의 주체적 인식이 사회적으로 확대되는 과정에서 자연스럽게 촉발"된 일종의 민족성을 띤 문화운동이었으며, 조선어연구회(1921)에서 명칭을 개정한 조선어학회(1931) 중심의 일련의 국어 국문 운동을 포함한다.
[84] 『전집』 14권, pp. 110-114.

의식에 영향을 미쳤다. 소설에 유독 여름방학이 배경으로 많이 등장한 것은 일찍이 목포를 떠나 방학이면 고향에 들르곤 했던 작가의 경험 때문이다.

> 방학때에 집에 돌아가 그곳에서 취재하여 쓴「秋夕前夜」를 가을 학기에 가져와 曺씨(조운)에게 보였더니 조씨는 그것을 鷄龍山에서 휴양하고 있는 春園에게 주었고 그는 나중에(1925)「조선문단」1월호에 추천하였다.[85]

1924년 여름방학에 써서 스승 조운에게 제출했던 단편소설이 1925년 이광수의 추천을 받아 등단작이 되었다. 그때 채만식, 한설야 등도 함께 등단했는데, 당시의 문단 분위기는 신경향파의 문학이 등장하던 초기였다. 박화성은 등단 후인 1925년 3월 영광의 학교를 사직하고 서울에 있는 숙명여고보 4학년으로 편입했다. 학제가 바뀜에 따라 동경 유학을 가기 위해서는 졸업장이 필요했기 때문이다. 짧은 기간이긴 하지만 그의 인생에서 두 번째의 서울 입성이었다. 당시의 박화성은 김명순, 최학송, 최정희와도 교류하면서, 용두동 방인근 씨 집에서 춘원을 만나기도 했다.

등단 후 7년간은 작품활동의 공백으로 남아 있는데, 동경 유학 때문이었다. 오빠가 형무소에 갇히게 되자, 박화성은 오빠 친구의 도움으로 일본여자대학교 영문학부에 입학하게 된다. 박화성의 정신적 지주로 알려진 오빠 박제민은 목포에서 사상단체인 전위동맹(1925)을 조

---

[85] 박화성,「나의 交遊錄 (15) - 活字化된 첫 作品」,『동아일보』, 1981. 1. 27.

직하고 목포제유노조 총파업(1926)을 이끌었으며, 주동자로 몰려 광주형무소에서 복역한 노동운동가였다.[86] 1927년 여름방학에는 오빠로부터 훗날 결혼하게 될 사회주의자 김국진(金國鎭)을 소개받았다.

동경 유학 시절 특기할 만한 사건은 '독서회'와 '근우회' 활동을 들 수 있다. 모임에서 청년들이 "기탄 없이 정부의 비행을 규탄하면서 자기들의 주의와 신념을 철저하게 선전하고 피력하는"(151) 모습을 보고 박화성은 문화적 충격을 받았다고 한다. 이 시기 박화성은 사회주의 사상에 깊이 경도되었던 것으로 보이는데, 백문임[87]은 박화성이 남성작가와 비교해도 손색이 없는 작가로 평가받아온 배경에는 그가 "맑스주의의 지향과 프로문학적 경향"을 가졌기 때문이라고 평가한 바 있다.

1927년 12월 근우회 동경지회가 발기하자, 박화성은 초대의장이 되었다.[88] 한국 본국에서도 근우회(槿友會)라는 여성단체가 결성되어 신간회와 함께 쌍벽을 이루며 활동을 이어가던 시기였다. "건물 이 층에는 신간회 동경지부요 아래층은 동경지부의 사무실로 정한 건물"[89]이 있었다. 자세한 정황은 알 수 없지만, 귀국으로 인해 위원장의 책무

---

[86] 박제민은 출소 후 조선공산당에 가입하였고, 1930년 7월 조선공산당재건조직 계획사건으로 검거된 후에도 1931년 목포청년동맹, 목포노련에서 활동하였다. 수감 당시 얻은 신병으로 고생하다 별세했다.(김종욱, 2014, p. 209; 남은혜, 2023, p. 151.); 박화성에게 오빠 박제민은 "문재요, 웅변가요, 시인"이었고, 조운, 이광수와 더불어 인생에 많은 영향을 미쳤다. '오누이' 관계는 박화성 소설에서 자주 등장하는 모티브다.

[87] 백문임, 1998, pp. 309–336.

[88] 김종욱, 2014, p. 208–209.

[89] 장편소설 『북국의 여명』을 통해 좀 더 구체적인 정황을 짐작해 볼 수 있다.

를 포기했다.

1928년 박화성은 학업을 중단하고 '경제적인 이유로' 동경에서 목포로 돌아왔다. 목포에서 장편소설 『백화』를 집필하다 다시 경성으로 올라가 "체부동에 하숙을 정하고" 글을 쓰며 지냈다. 서울 북촌 근방의 하숙집은 박화성의 50-60년대 작품에서 자주 회고되는 장소다. 1928년 체부동 하숙집을 찾아온 김국진과 가족에게 알리지 않고 급작스레 결혼식을 올렸다. 서정자는 박화성의 갑작스러운 결혼이 당시 유행했던 "붉은 연애"의 주인공들처럼 사회주의 여성해방사상에 따른 것이라고 말한다.[90]

> 완전한 사랑에 도취되어서 시간이 어떻게 흘러갔는지 몰랐다. 가을이 지나자 임신이 확인되었다. 서울에서의 겨울을 지나기란 극히 어려운 일이었다. 어머니를 생각하고 새로운 생명에게 약속했다. 어떤 고난이라도 이겨내겠다고. 밤이면 무거운 몸을 하고 『백화』 집필에 겨울의 밤이 긴 줄도 몰랐다.
> 『눈보라의 운하』, p. 156

혼인 후 다시 동경으로 돌아간 박화성은 제국대학 부속병원에서 첫딸 승혜를 낳았다. 하숙을 치며 학업을 계속하고자 했지만 1930년(27세) 둘째 아이 임신으로 또다시 학업을 포기하고 목포로 돌아와야 했다. 서울과 동경의 유학생활은 『북국의 여명』에서 소설로 형상화되었는데, 주인공 효순과 김준호를 보면서 우리는 자연스레 이 시기의 박

---

[90] 서정자, 2004d.

화성의 삶을 떠올릴 수 있다.

친정집에서 큰아들 승산을 출산하고 보통학교(북교초등학교 근처)에 사글세를 얻어 살면서, 틈틈이 『백화』를 수정했다. 1931년 목포에서 있었던 '격문 사건'으로 남편 김국진이 체포되어 복역하게 되자, 박화성은 남편의 옥바라지를 하며 두 아이를 키우고, 소설 집필에 매진했다. 일본에서 유학하고 돌아온 사회주의자 부부의 이야기는 두 번째 단편 「하수도공사」에 배경으로 등장한다. 주인공 동권의 하수도 공사지는 '정'의 부부가 두 아이와 함께 사는 보통학교 뒤쪽이다. 30년이 지난 후 박화성은 이 시기를 회고하며 "생활과 싸움만 왔고 육친과의 이별이 너무나 참혹한 연속이었던 까닭에 나의 추억이란 거반이 다 쓰라리고 아픈 것밖에 없다."라고 썼다. 사회주의자 남편을 만나 자유결혼 한 것은 세간에 질시의 대상이 되었다.

1932년은 박화성의 작품활동이 본격화된 시점이다. 동경 유학 때부터 준비해 온 장편 『백화』(『동아일보』, 1932. 6. 8-11. 22)가 이광수의 도움으로 연재를 시작하게 된 것이다. 주요한이 편집 겸 발행인을 맡은 『동광』에 두 번째 단편 「하수도공사(下水道工事)」(1932. 5)를 발표한 것과 거의 동시에 일어난 일이었다. 두 작품 모두 춘원의 추천이 있었기에 가능했던 일이었다. 「하수도공사」는 등단 후 7년만의 성과로, "백여장의 긴 것으로 공사의 현장과 노무자들과 '한바(합숙소)' 등을 찾아다니며 취재하여 열정을 쏟은 작품"[91]이었다.

「하수도공사」를 발표하고 남편이 옥중에 있던 시기, 박화성은 다시 서울로 올라가 견지동에서 숙식하면서 이광수와 모윤숙, 이선희, 최

---

91 박화성, 「나의 交遊錄 (28)-첫 長篇 『白花』 脫稿」, 『동아일보』, 1981. 2. 10.

이순, 윤성상, 백철, 이무영 등 다양한 문인들과 교류했다. 모윤숙과 함께 "청목당이나 조선호텔"에서 춘원을 만났다. (184) 같은 해에 김동환 씨가 주재하는 『삼천리』지에 「떠나려가는 유서」를 발표했고, 『조선문학』에는 「두 승객과 가방」, 『신가정』에 「비탈」을 연재했다. 서울에 있는 동안, 고도(경주, 부여, 강서, 해서)를 여행했고, 네 곳의 기행문이 『조선일보』별지에 한 달 가까이 실렸다. 그때 팔봉 김기진과 김복진 형제, 『조선일보』학예부에 있던 김기림을 만났다.

1934년 남편 김국진이 출옥하여 팔봉 형제의 도움을 받아 북간도로 떠났다. 김국진은 용정의 강경애의 집에 유숙하면서 교원생활을 하고 글도 썼던 것으로 전해진다.[92] 목포에 남은 박화성은 양동에서 북교동 전셋집을 얻어 이사하고 창작에만 몰두했다. 그때 여운형 씨가 사장인 『조선중앙일보사』에 『북국의 여명』 연재를 시작했다. 사흘에 한 번씩 집필 원고가 든 봉투를 목포역 앞의 우체국으로 들고 가서 등기로 부치거나 기차 편에 직접 보냈다. 이 시기에 나주, 함평 등지를 취재하여 농촌 이민의 생태를 단편소설로 썼다. 박화성은 주목받는 문단의 신인으로 부상했다.

『북국의 여명』 연재가 두어 달 지났을 무렵, 박화성은 이태준과 함께 원산 회합에 초청을 받았다. 행사가 끝나고 김국진이 있는 용정(龍

---

[92] 김국진(본명 감상홍)은 목포형무소에 복역했으나 기록이 남아 있지 않으며, 이후의 행적에 대해서도 알려진 바가 없다. 안수길의 회고에 다르면 "김국진은 『북향(北鄉)』의 동인으로 문예 강연회의 연사로 나서거나 인쇄 작업 등으로 적극적으로 참여했으며, 실제로 『북향』 제 3호에는 간도로 이주한 인텔리 계층의 타락상을 그린 김국진의 단편소설 「설」과 박화성의 수필 「龍井이 그립다」가 실려 있다."(김영미, 2021, pp. 176에서 재인용; 안수길, 「龍井新京時大」, 연변대학교 조선문학연구소 편, 『안수길』, 보고사, 2006, pp. 590-595.)

井)으로 향했다. 용정에서 열흘 넘게 지내면서 『북국의 여명』을 써서 서울로 원고를 보냈다. 동흥중학교 국어선생으로 있는 박영준도 그때 만났다. 용정을 방문한 '자서전' 내용은 많은 부분 『북국의 여명』의 장면들을 떠올리게 한다.

『북국의 여명』 연재를 마칠 무렵 박화성은 이혼을 고민했다. 1936년 8월 목포에까지 탐방 온 『삼천리』기자에게 박화성은 한 3년간 몸과 머리를 좀 쉬겠다고 말했고, 일어로 글을 쓰지 않기 위해서라고 '절필' 이유를 밝혔다.[93]

만주사변(1931)과 중일전쟁(1937)이 태평양전쟁(1941)으로 이어지는 일본 제국의 팽창정책으로 국내의 정세가 긴박하게 돌아가던 때였다. 이 시기 박화성이 절필을 선언한 것은 모국어로 글을 쓸 수 없는 시대상황도 있었지만, 김국진과 결별하는 등 개인사적인 이유도 컸다. 1938년 박화성에게는 많은 일이 있었다. 3월에 아들 승준을 출산했고, 5월에는 천독근과 재혼했다. 천독근은 암태도 출신으로 일본에서 동경공대를 졸업하고 귀국하여 1934년 연동에 목포직물회사[94]를 운영하는 사업가였다. 일제 말기 목포부회 의원[95]과 전남도회 의원을

---

[93] "유달산 밑에서 필봉(筆鋒)을 가다듬는 박화성 여사-여류작가 방문기", 『전집』 18권, p. 243.

[94] 이 공장은 해방 이후 남한에서 5대 견직공장의 대열에 들었다. (목포백년회, 『목포개항백년사』, 1997, p. 341.)

[95] 부협의회 제도는 1910년부터 있던 것을 정비한 것으로 도평의회 의원, 부협의회, 민협의회 의원 가운데 조선인을 포함시키고 의원수를 늘려서 그 가운데 친일파를 육성하고자 하는 의도가 실린 정책이었다. 일본인이나 조선인을 막론하고 부협의회 의원, 부회 의원을 지낸 이들은 대체로 목포의 상공인, 지주, 자본가들이었다. (목포백년회, 1997, p. 168.); 천독근은 목포부 '도회의원'으로 당선(1937), 조선부·읍 '회의원'의 무안 당선자(1939)로 기록되어 있다. (목포백년회, 1997, p. 341.)

지낸 지역 정치인이기도 했다.[96] 한때 좌익운동가의 아내였던 박화성이 김국진과 헤어지고 '자본가'와 재혼하게 되자, 지역사회의 인사들은 이를 "일종의 변절"로 받아들였다. 일제말의 이광수의 행보로 인한 지역사회의 여론[97] 또한 좋지 않았다. 비난은 원인은 다른 곳에도 있었다. "(…) 都大體 文學한다는 아직도 이땅에서는 色다른存在로서의 女流문사"라는, 관심의 대상으로서의 신여성-작가라는 사실이 세간의 가십거리로 관심을 불러 모은 것이다.[98]

1938년에서 1941년까지 박화성은 아들 셋을 낳아 키웠고, 가사와 육아를 포함한 어머니, 아내 역할에 집중했다. 1941년 7월에는 부산 철도호텔에서 한 달여를 쉬면서 경주 불국사와 석굴암을 답사했다.(228) 그해 12월 일본군의 진주만 기습으로 태평양전쟁이 발발했고, 이듬해 박화성은 북한산 아래 백운장에 숙소를 정하고, 평생소원이었던 금강산과 고려의 왕도 개성을 탐방했다.(236)

목포 연동에는 남편 천독근의 목포직물회사와 친정어머니가 사는 집이 있었다. 박화성은 북교초등학교에 다니는 아이들을 연동의 어머니 집에 맡기고, 용당동에는 살림집을 두었다. 연동 집 '세한루'에서 문학동우회를 만들어 한 달에 한 번씩 사람들과 교류했다.[99]

그 밖에도 상공회의원, 전국 섬유조합 이사에 전남 섬유조합 이사장까지 여러 가지 직책을 맡고 있어서 이 시기 박화성은 손님 접대와 집안일로 창작을 할 겨를이 없었다고 한다.(남은혜, 2023, p. 145; 『전집』 14권, p. 227.)

96 목포백년회, 1997, pp. 182, 194.
97 1939년 친일 문인 단체인 "조선문인협회"가 결성되었고, 춘원이 회장을 맡았다.
98 서여진, 2021, pp. 299-300; "女流作家 華星女史의 桃色行狀記", 『비판』 48호, 靑雲生, 1938.
99 박화성, "나의 교유록(33) 일어로 번역된 「한귀」", 『동아일보』 1981. 2. 17. p. 11.

식민지 시기 박화성은 목포라는 지역에 바탕을 두고 창작활동을 하면서도 중앙 문단과의 교류 또한 비교적 활발했던 작가다. 박화성에게 '목포'는 중앙문단과의 교류지로서의 '지역'이라는 의미와 함께, 지역 문인들과의 활동 기반이라는 점에서 중층적인 장소의 의미를 가진다.

목포-서울(1945-1954)을 중심으로

해방 후 좌우익의 갈등 속에서 일본인들이 경영하던 회사나 상점 등의 적산 내사가 시작되었다. 박화성은 '친일파의 부인'이라는 세간의 질시를 받으며, 치안대에 불려 나가 조사를 받아야 했다. 이 시기 박화성은 『예술문화』의 주요 필진으로도 활동했는데, 이 잡지는 1945년 해방 후 목포 예술문화동맹 문학부에서 발행한 것으로, 주요 필진의 사상적 경향과 매체의 특징 모두 좌익계열이었다.[100] 박화성은 이 잡지에 수필 「유달산에 올라」(1945. 12), 「눈보라」(1946. 1), 「시풍형께」(1946. 2)를 연달아 게재했다. 특히 1934년 검열로 실리지 못했던 「헐어진 청년회관」(1946. 7)이 4호에 실렸는데, 이는 1948년 간행된 『홍수전후』에 수록되기 전의 일이다.

1947년 2월 문화단체 총연합회가 발족하고, 조선문학가동맹이 합법적인 단체로 등록이 되면서 목포에도 지부가 생겼다.(265) 조선문학가동맹은 "좌파조직이라기보다 좌우합작 단체 또는 범문단 조직"[101]으로 박화성이 목포지부장을 역임했다. 그러나 선출된 이력 이외에 어떤 활동을 했는지는 구체적으로 알려진 바가 없다.

---

[100] 남은혜, 2023, p. 168.
[101] 김복순, 2011, pp. 229-260.

같은 해 첫 창작집으로 엮었다. 『고향없는 사람들』[102]은 식민지 시기에 쓴 작품들로 많은 부분 검열로 훼손되었고, 그 때문에 출간을 포기하고 있었던 작품들이었다. 그러한 와중에 남편 천독근이 서울에 동흥상사라는 회사의 지점을 내고 황금정(지금 을지로) 이정목에 사무실을 차렸다. 서울 삼판동(지금 후암동)에 거주지를 마련했고, 이때부터 서울과 목포를 오가는 생활이 시작되었다.

1948년 8월 15일 대한민국 수립 선포식으로 군정이 폐지되고, 남한만의 단독정부가 들어섰다. "사회주의자는 물론이고 중간파 아나키스트, 자유주의자, 민족주의자까지 포괄하는 단정 수립 후의 대규모의 전향 선풍에서 자유로웠던 작가는 거의 없었다."[103] 이 시기의 박화성은 창작보다는 주로 남편과 자녀의 뒷바라지에 주력했다. 두 번째 단편집 『홍수전후』[104]를 백양당[105]에서 간행했다. 여기에 실린 작품은 모두 일제강점기에 발표한 작품들로 출간 이후 박화성은 주요 매체로부터 다시 주목받기 시작한다.

1950년 6·25가 발발하자, 남편 천독근의 사업이 다시 문제가 되었다. "어제까지는 동네 유지"였던 신분이 하루아침에 "반동분자의 가

---

102 수록된 작품은 「두 승객과 가방」, 「불가사리」, 「논갈 때」, 「신혼여행」, 「시들은 월계화」, 「눈 오던 밤」, 「고향없는 사람들」, 「한귀」 총 8편이다.
103 김복순, 2011, p. 231.
104 수록된 작품은 「하수도공사」, 「온천장의 봄」, 「중굿날」, 「홍수전후」, 「호박」, 「이발사」, 「헐어진 청년회관」, 「춘소」, 「비탈」 총 9편이다.
105 당시만 해도 백양당과 아문각에서 출간된 도서는 조선문학가동맹 기관지인 『문학』에 광고가 실렸다. 1947년 백양당에서 간행된 임화의 시집 『찬가』가 발매 금지되었고, 1948년 연말 궐기대회에서 "백양당, 아문각 등은 소위 인공 지하운동의 총량이며, 심장적 기관"으로 공격당했다. (남은혜, 2023, p. 160.)

족"이 되었다. 무엇보다도 7월 24일 집을 나갔던 큰아들이 행방불명(280)되었다.[106] 전쟁으로 인한 가족의 '실종'은 50-60년대 박화성의 장편소설에서 인물들이 처해 있는 현실적 조건인 경우가 많은데, 반공의 시대에 인물들은 전후 사정에 대해서는 침묵한다.

한국전쟁이 발발하자 박화성의 가족은 서울에서 목포로 피난을 떠났다. 목포에 있는 남편의 공장 정문에는 접수위원회, 직장동맹 같은 종이가 붙어 있었고, 회사는 직공들의 손에 넘어갔으며, 집에는 차압 딱지가 붙어 있었다. 천독근은 정치보위대와 인민재판소와 인민위원회에와 시당에서 "쳇바퀴 돌 듯" 조사를 받았고, (286) 박화성도 경찰서와 해군정보대 육군헌병대까지 가서 밤새 조사를 받았다. (291) 둘째 시아우가 형무소에 잡혀가 "9월 28일 저녁에 한 트럭 실려서 교외로 나갔다더니 밤에 울려오는 총소리와 함께" 영원히 사라졌다.

1952년 "일본물자의 수입금지령"으로 재기를 노리던 천독근의 사업이 어려워졌다. 1953년 정전협정이 체결되자, 박화성의 일부 가족들은 다시 서울로 상경했다. 사간동 집을 팔고 팔판동 전셋집으로 이사를 했다. 허름한 세간의 살림살이를 보고 박화성은 자신이 몰락의 길을 걷고 있음을 체감했다. 목포에 가족이 남아 있었으므로 서울과 목포를 오르내리는 생활은 계속되었다.

---

[106] 김국진과의 사이에서 낳은 첫아들 김승산은 전시에 실종되었으며, 『눈보라의 운하』에는 김승산에 대한 이야기가 더는 나오지 않는다. 손자 천경훈은 자서전에 김승산에 대한 부분이 소략된 것이 시대 상황 때문이었을 것이라 언급하며, 할머니 박화성이 "인공 치하에서는 자본가 집안이라는 이유로, 수복 후에는 부역을 했다는 혐의로 곤욕을 치르셨다"고 밝힌 바 있다.

서울(1955-1988)을 중심으로

　　1952년 이래 나는 한 달에 한두 번쯤 와서 2, 3일씩만 있다가 귀향하던 서울 체제를 1955년 가을부터는 눌려 있기를 곧 잘하게 되었다. 한국일보 창간때부터 한국일보사에서 소설연재를 김철씨를 통하여 청탁해왔지만 내가 고사하여서 염상섭씨가 첫 번째로 『미망인』을 집필하였는데도, 그 신문사에서는 시골집에 있는 나에게 당지의 명사들을 보내어 차기 차기하고 요구를 거듭하였다. 나는 또 고집하여서 정비석씨가 두 번째로 「만주어록」을 연재하는 도중에 서울에 오니까 아이들이 한국일보사에서 사람이 여러 번 왔다 갔으니 꼭 가보라는 재촉을 하였다. (…)그때가 이른 봄인데 『민주어족』이 끝나는대로 연재화하겠다는 언약을 하고 고향에 돌아온 나는 구체적인 구상에 혼신의 정신을 기울였다.[107]

　　신문 매체는 박화성이 작가 활동을 재개하는 데 많은 영향을 미쳤다. 신문 구독률을 높이기 위해서는 당대에 인정받는 작가가 필요했고, 박화성은 30년대에 두 차례나 장편을 신문에 연재한 경력이 있었다. 1955년 서울로 상경한 박화성은 『고개를 넘으면』(55. 8-56. 4, 한국일보) 연재를 시작했다.[108] 염상섭의 『미망인』과 정비석의 『민주어족』에 이은 세 번째 연재소설이었다.
　　1956년에는 팔판동에서 가회동 전셋집으로 이사했다. 11월 25일부터 『한국일보』에 『사랑』을 연재하기 시작했고, 목포에 있던 막내아들

---

[107] 박화성, "나의 교유록(36) 소설 고개를 넘으면", 『동아일보』, 1981. 2. 21. p. 11.

이 서울로 고등학교를 진학하게 되자, 이제 목포에 남은 가족은 없었다. 이 시기 소설에서 목포와 호남의 활용도는 점점 약해지고, 서울과 그 근교가 중심 무대로 등장한다. 1958년에는 딸 승혜가 결혼해서 수원에 보금자리를 틀자, 딸 집을 자주 왕래하며 글을 썼다. 비슷한 시기에 수원을 배경으로 한 소설들이 쓰였다.

남편의 병환으로 경제적인 생활이 어려워지자, 박화성은 권농동, 인의동 전셋집으로 이사 다니며 글을 쓰고 생활비를 벌었다. 이 시기에 『내일의 태양』(1958), 『바람뉘』(1959)를 썼다. 이 소설에서는 병환 중인 남성을 치료하는 여성의 이야기가 나오는데, 박화성 또한 실제로 병환 중인 남편을 간호하며 매일 집필 활동을 병행하던 시기였다.

1958년 정릉에 이십 평짜리 집을 사고 전화를 가설했다. 정릉의 집은 『고개를 넘으면』과 『내일의 태양』이 영화화되면서 번 돈으로 사들인 연탄 난방의 집이었다. 손을 호호 불어가며 밤이건 새벽이건 소설을 썼고, 갈채 다방에서 손소희, 박경리, 한말숙과도 자주 만났다. 1960년에는 김동리와 함께 김말봉의 병문안을 다녀오는 길에 4·19를 목격했다. 『거리에는 바람이』에는 이 시기의 경험이 반영되어 있다.

---

108 1955년 『고개를 넘으면』(55. 8-56. 4. 한국일보)을 시작으로 박화성은 『사랑』(56. 11-57. 9. 한국일보), 『벼락에 피는 꽃』(1957. 10-1958. 5. 연합신문), 『바람뉘』(58. 4-59. 4. 여원), 『내일의 태양』(58. 6-12. 경향신문), 『타오르는 별』(60. 1-9. 세계일보), 『창공을 그리다』(60. 2-9. 한국일보), 『태양은 날로 새롭다』(60. 11-61. 7. 동아일보), 『너와 나의 합창』(62. 7-63. 1. 서울신문), 『젊은 가로수』(63. 3-9. 부산일보(『이브의 후예』로 개제 출간), 『거리에는 바람이』(63. 6-64. 2. 전남일보)를 차례로 연재한다. 자서전인 『눈보라의 운하』(63. 4-64. 6. 여원)를 끝낸 후 최정희와 공저로 낸 여성인물열전 10인의 기록인 『여류한국』(64. 어문학), 송금선 전기 『열매 익을 때까지』(65. 청구문화사), 황애덕 전기 『새벽에 외치다』(66. 휘문출판사)를 집필하였다. 1955년부터 1966년까지 총 14편(공저 제외)의 장편을 썼다.

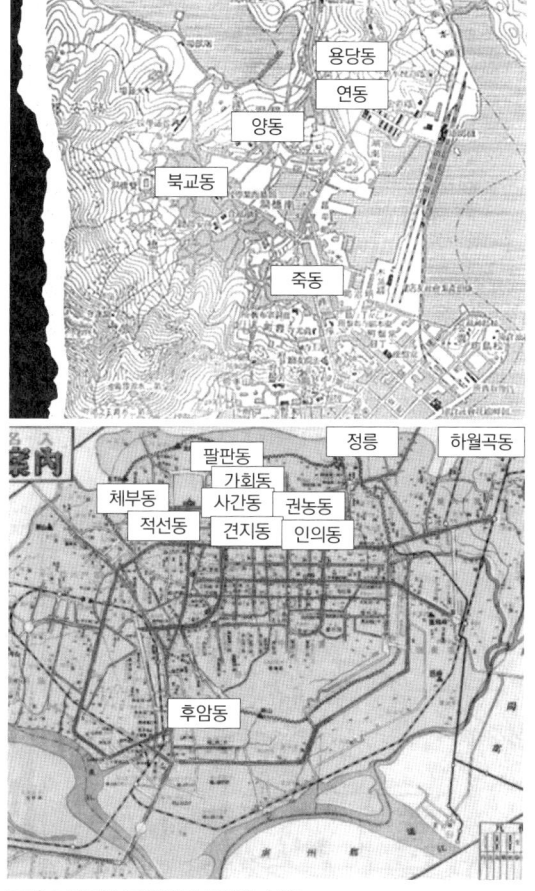

그림 1 작가가 거주했던 목포와 서울

　남편이 별세했고, 탈상이 끝나자 5·16 군사혁명이 일어났다. 정릉 집에서 『너와 나의 합창』(1962, 7-63, 1, 서울신문)을 끝내고, 1964년 하월곡동 밤나무골로 이사했다. (328) 당시 박화성은 매년 한 권 이상의 장편소설을 썼다. 같은 해 『눈보라의 운하』(1963, 4-64, 6, 여원)를 출판했다.

자서전 출간 이후에는 단편 위주의 소설을 썼다.[109] 70-80년대의 시기에는 창작과 단체활동을 병행했다. 한국최초의 여성문인단체라 할 수 있는 "한국여류문학인회"[110]의 초대회장을 맡았다. 마지막 단편 「달리는 아침에」(『소설문학』, 1985)를 발표하고 3년 후인 1988년, 85세를 일기로 세상을 떠났다.

1991년 우리나라 최초의 문학기념관인 〈소영 박화성 문학기념관〉이 목포에 세워져, 박화성의 문학작품과 생활유품 1,800여 점이 전시되었다. (538) 2004년에는 『박화성문학전집』(서정자 편저) 20권이 푸른사상사에서 출간되었다.

제3절 작품 선정과 분석 방법

소설을 기준으로 할 경우, 박화성의 작품 세계는 크게 전·후기로 나뉜다. 전기는 「추석전야」(1925)에서 「호박」(1937)을 발표하던 시기

---

[109] 후기의 단편들은 서울을 중심 무대로 하고 있으며, 도시민들의 애환을 담고 있는 소설들이어서 추후 별도의 연구가 필요해 보인다. 작품 목록은 다음과 같다. 「딱한 사람들」(1958); 「청계도로」(1961); 「비오는 저녁」(1961); 「버림받은 마을」(1962); 「별의 오각은 제대로 탄다」(1962); 「원죄인」(1965); 「샌님 마님」(1965); 「팔전구기」(1965); 「어떤 모자」(1966); 「현대적」(1968); 「삼대」(1969); 「비취와 밀화」(1969); 「성자와 큐피드」(1970); 「평행선」(1970); 「신록의 요람」(1976); 「동해와 달맞이꽃」(1978); 「삼십 사 년 전후」(1979); 「여왕의 침실」(1980); 「아가야 너는 구름 속에」(1981); 「미로」(1982); 「이 포근한 달밤에」(1983); 「마지막 편지」(1984); 「달리는 아침에」(1985).

[110] 이 단체는 한국문학 최초의 '여류문학전집'을 출간하였는데, 이 사업에서 박화성은 전후 한국여성문학사를 정립하는 데 주도적인 역할을 맡았다.

로 박화성은 이 기간에 장편 두 편을 발표하고, 19편의 단편을 발표했다.[111] 후기는 17년간의 공백기를 지나 『한국일보』에 『고개를 넘으면』(1955)을 발표하고 『소설문학』에 마지막 단편 「달리는 아침에」(1985)를 발표할 때까지의 30여 년간을 일컫는다. 이 시기에는 장편과 단편을 고르게 창작하였는데, 자서전 포함 15편의 장편소설[112]과 37편의 단편[113]을 발표했다.

그런데 박화성 작품 시기를 전·후기로 나눌 때 반드시 짚고 넘어가야 할 문제가 발생한다. 두 번의 공백기에 해당하는 부분이 누락되기 때문이다. 등단(1925) 후 두 번째 작품 발표(1932)까지의 7년여의 공백이 첫 번째의 것이고, 두 번째 휴지기는 「호박」(1937)을 발표하고 난 후부터 1955년까지의 17년이다.

첫 번째 7년은 박화성이 서울, 동경에서 유학했던 시기로 발표한 작품이 없으며, 이 기간 동안에 박화성은 장편 『백화』(1932)를 창작했다고 밝힌 바 있다. 두 번째 시기에는 발표작이 없는 것이 아니다. 꽁트 10편과 '미확인' 되는 원고[114]를 제외하고도 「봄안개」(1946, 6, 민성), 「광풍속에서」(1948, 7, 동아일보), 「진달래처럼」(1950, 부인경향) 세

---

111 중편소설인 「비탈」(1933, 8-12) 포함. 등단 전 『자유예원』에 발표한 소설 1편(「팔삭동」, 1923)과, 『동아일보』에 발표한 동화 1편(「엿단지」, 1932, 1), 『신동아』에 발표한 콩트 1편(「누가 옳은가」, 1933, 2), 중단된 연작소설 2편(「젊은 어머니」(『신가정』, 1933, 1), 「파경」(『신가정』, 1936, 4))은 제외.

112 미완작품인 「가시밭을 달리다」(『미의 생활』, 1962)는 제외.

113 중편 1편(「햇볕 나리는 뜨락」, (『소년중앙』, 1969)을 포함하고, 꽁트 2편(「하늘이 보이는 풍경」(『조선일보』, 1958), 「명암」(『쥬단학』, 1980)은 제외.

114 「파라솔」(1947, 호남평론), 「활화산」(1949, 개제 전 소설), 「형과 아우」(1951, 전남일보), 「외투」(1952, 호남신문), 총 4편인데 신문에 실린 콩트일 가능성이 높다.

작품이 있다.[115]

  위와 같은 사정으로, 공백기에 발표한 작품이 이 책의 주제의식에 부합한가를 먼저 검토했다. 「진달래처럼」(1950)은 시골읍과 산속 암자를 배경으로 하고 있어서 본고의 논의에서는 일차적으로 제외되었다. 그러나 「봄안개」(1946)는 구체적 지명이 등장하지는 않지만 방직공장과 상업학교가 등장하는 것으로 봐서 '목포'일 가능성이 높고, 「광풍속에서」(1948)는 서울 숭인동을 무대로 하고 있어서, 두 작품 모두 목포와 서울이라는 본고의 취지에 부합하는 작품이었다. 그런데 해방 후에 발표한 「봄안개」를 식민지 시기의 작품과 함께 단독으로 논의한다는 것은 시대 불일치 면에서 무리가 따랐고, 「광풍속에서」를 50년대 작품들과 논의하는 것 또한 한계가 있었다.

  전기의 작품은 1925-37년까지의 작품군에서 목포를 대상으로 하는 작품으로 한정했다. 목포부내를 배경으로 하는 작품을 일차로 선정했고, 두 번째는 목포부 내외를 이동하는 소설을, 세 번째는 목포 인근의 섬지방과 농촌지역을 무대로 하는 작품을 선정했다. 이 과정에서 장편소설 『백화』(1932, 6-11, 동아일보)와 『북국의 여명』(1935, 4-12, 조선중앙일보)이 제외되었다. 『백화』는 박화성의 첫 장편소설로 고려말을 배경으로 하는 역사소설이며 서경(평양)이 주 무대로 등장한다. 『북국의 여명』은 경성과 동경, M시(목포)가 주 무대이고 원산, 만주, 미국과 같은 도시가 지표(marker)로 제시되는데, 목포가 등장하는 부분이 자전적인 내용인 데다, 『눈보라의 운하』(1963, 4-64, 6, 여원), 『벼랑에 피는 꽃』(1957, 10-58, 5, 연합신문)과 많은 부분 겹쳐

---

[115] 40년대의 작품에 대해서는 별도의 논의가 필요하며 후속 연구 과제로 남긴다.

서 제외되었다.

후기의 작품은 장편과 단편 모두 서울이라는 도시 공간이 주요 무대로 등장하며 전기보다 작품의 양이 많다. 작품의 중심 무대가 서울과 교외 인근으로 바뀌면서 고향인 목포의 존재가 희미해지고, 30-40대의 결혼에 실패한 중산층 여성들이 대거 등장하는[116] 등 전기의 작품과는 뚜렷한 차이를 보인다. 단편에서 장편 위주로의 전환도 그렇고 여성의식으로의 전환이 두드러진 것도 특징적이다. 시기별 집필 연도는 50년대, 60년대, 70년대, 80년대에 넓게 분포되어 있다.

먼저 50-60년대의 장편 중에서 전기소설『타오르는 별』(1960), 『여류한국』(1964), 『열매 익을 때까지』(1965), 『새벽에 외치다』(1966) 4편과 자서전인『눈보라의 운하』(1963)는 본고의 주제와 부합하지 않아 제외되었다. 10편의 장편 중에서 50년대와 60년대의 작품군을 분류했다. 이 과정이 필요한 이유는 논의를 진행하는 과정에서 '50년대 작품', '60년대 작품'이라는 용어를 사용해야 했기 때문이다. 50년대 작품은 4·19 이전에 발표된 작품군으로, 4·19혁명이 발발한 해에 연재를 시작한 작품부터 그 이후의 작품은 60년대 작품군으로 자연스럽게 분류가 진행되었다. 정리하자면, 이 글의 분석 대상은 박화성 문학의 전·후기 작품을 포괄하고 있으나, 결과적으로 20-30년대의 목포(단편)와 50-60년대의 서울(장편)로 논의를 한정했다. 분석 대상 작품은 다음과 같다.

---

[116] 『내일의 태양』, 『바람뉘』, 『창공을 그리다』, 『태양은 날로 새롭다』, 『거리에는 바람이』가 이에 해당한다.

• 1920-30년대 단편소설

「추석전야」(1925), 「하수도공사」(1932), 「떠나려가는 유서」(1932), 「비탈」(1933), 「두 승객과 가방」(1933), 「신혼여행」(1934), 「헐어진 청년회관」(1934), 「논 갈 때」(1934), 「중굿날」(1935), 「춘소」(1936)

• 1950-60년대 장편소설

『고개를 넘으면』(1955), 『사랑』(1956), 『내일의 태양』(1958), 『바람뉘』(1959), 『창공에 그리다』(1960), 『태양은 날로 새롭다』(1961), 『너와 나의 합창』(1962), 『이브의 후예』(1963), 『거리에는 바람이』(1963).

마지막으로 이 책의 구성과 분석 방법에 대해서 짧게 언급하려고 한다.

제1장「도시 공간과 박화성 소설」에서는 박화성 문학에서의 도시 공간 연구의 필요성을 개괄하고, 본 평론의 목적을 제시했다. 박화성의 생애를 거주지 중심으로 정리하여서 작가의 삶이 작품을 이해하는 통로가 되게 하였다.

제2장「식민 도시 목포(1920-30년대), 역동의 지역성」에서는 첫째, '실제의 목포'와 '허구의 목포'의 관계도라 할 수 있는 박화성의 "목포 문학지리"를 제시함으로써, 이 글의 분석 대상인 식민지 시기의 목포의 재현과 관련한 전체적인 지리감을 가질 수 있도록 하였다. 또한 대상 작품들의 행위지대와 배경, 투사공간, 경로, 지표를 범주화한 〈공간지표〉를 작품별로 정리하여, 이후 재현된 도시 공간 목포를 분석하는 개념의 토대가 되게 하였다. 아울러 목포의 역사와 사회사를 당시의 신문기사가 목포시사, 목포백년회, 지역연구자료 등을 참조하여

정리함으로써, 이후 텍스트 분석의 배경이 되도록 하였다. 둘째, 세 가지 유형의 지리적 범주를 기준으로 각각의 주제에 해당하는 작품을 선정하고 〈공간지표〉를 기준으로 작품 속에서 재현된 목포의 도시 공간의 요소를 파악하고 추출하여 사회·역사적 배경과 함께 분석했다.

제3장 「전후 분단도시 서울(1950-60년대), 낙관의 이중성」에서는 첫째, 박화성의 "서울 문학지리"를 그림으로 제시함으로써, 전후 분단도시 서울의 재현과 관련한 전체적인 지리감을 가질 수 있도록 하였다. 대상 작품들의 〈공간지표〉를 작품별로 정리하여, 이후 도시 공간을 분석하는 개념의 토대가 되도록 하였으며, 전후 서울의 도시화 현상을 교통수단의 발달을 중심으로 개괄하여 연구 대상 시기인 50-60년대 서울을 이해하는 기초가 되게 하였다. 둘째, 소설에서 도시 공간이 어떻게 배치되고, 서사의 진행과 플롯 상에서 어떤 맥락으로 활용되었는지, 시대 상황과 함께 살피고, "공통되는 서사"의 키워드를 선별하여, 네 개의 "공간화" 주제로 유형화했다.

서울 소설(3장)에서는 목포 소설(2장)에서와 같은 세 유형의 '지리적 범주화'의 적용이 불가했다. 이는 목포와 서울이라는 도시의 특성보다는, 단편과 장편이라는 문학의 형식 때문에 일관된 기준의 적용이 쉽지 않았기 때문이다. 3장에서 개별작품의 분석은 2장에서와 같이 〈공간지표〉를 기준으로 작품 속에서 재현된 서울의 도시 공간의 요소(경관이나 건축물, 거주지, 거리, 교통수단과 이동, 교외 지역과의 관계 등)를 파악하고 추출하여 해석하는 방법을 택했다.

제2장 식민 도시 목포(1920-30년대), 역동의 지역성

제1절 목포(20-30년대)와 소설의 공간

식민지 시기(1910-1945) 한국소설의 도시 배경은 경성과 평양, 부산, 북경, 상해, 블라디보스토크, 동경 등으로 널리 분포해 있다. 박화성도 이와 크게 다르지 않은데, 특히 장편『북국의 여명』의 무대는 경성, 동경, 목포, 만주 등으로 넓게 펼쳐져 있고, 평양과 미국이 지리상의 지표로 언급되기도 한다. 그런데 식민지 시기에 발표한 단편소설은 이와 다르다. 주로 목포와 인근의 호남 지역이 중심 무대다.

식민지 시기 목포는 경성과 마찬가지로, 제국의 축도로서의 소도시였다. 두 도시는 규모 면에서 차이[117]가 크지만, 도시 공간 내에 근대

---

[117] 『목포개항백년사』에 의하면 목포가 가장 번창했을 1935년 당시의 인구는 6만이었다. 비슷한 시기(1936년) 경성의 총인구는 65만, 1940년대는 100만의 인구가 되면서 '제국 일본의 제7대 도시'가 되었다. 같은 시기 동경의 총인구는 55만 명이었다.

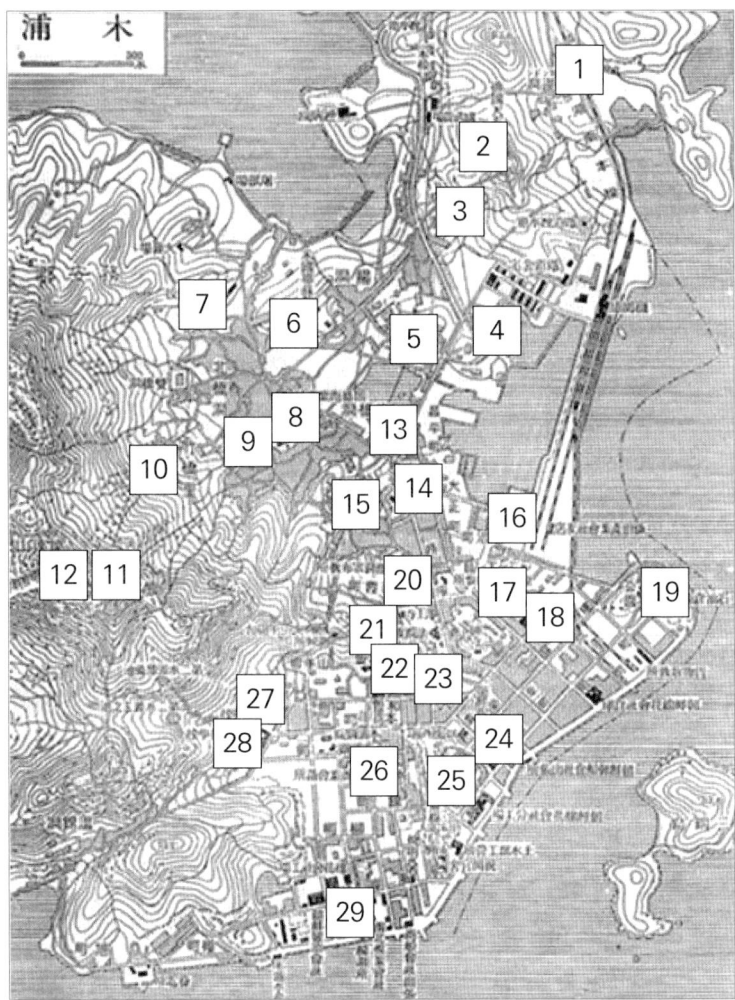

그림 2[118] 1920년대 목포 시가지. 1. 호남선 2. 산정성당 3. 상업학교 4. 호남정(湖南町) 5. 정명여학교 6. 양동교회 7. 보통학교 8. 청년회관 9. 무안군청 10. 죽교동 11. 달성사 12. 유달산 13. 공설시장 14. 목포극장 15. 죽동 16. 목포역 17. 호남은행 18. 상반좌 19. 송도신사 20. 무안통 21. 부청 22. 우편국 23. 경찰서 24. 조선은행 25. 목포진 26. 동척 27. 소학교 28. 고등여학교 29. 조선면화공장

와 전근대의 생활방식이 양분되어 있고, 조선인 거류지와 일인 구역이 차별화되는 등 식민지 도시 공간의 특이성을 그대로 보여준다. 경성에서의 북촌과 남촌의 이중성이 목포에서도 일인과 조선인의 차별적 거주지와 생활양식으로 드러나고 있는 것이다.

그러나 경성이 오랜 역사를 자랑하는 전통의 도시라면, 목포는 식민 본국에 의해 급작스레 형성된 신흥도시라는 점에 주목할 필요가 있다. 목포는 항구 쪽으로 무역항이 생기면서 도시가 형성되었는데, 일제에 의해 계획된 수탈항의 기능이 강했다. 전통의 도시와 달리 "뿌리 깊은 향촌사회 세력"이 없었기 때문에, 전통적으로 내려오는 신분과 관습으로부터 비교적 자유로웠다.[119]

> 목포의 낮(晝)은 참 보기에 애처롭다. 남편으로는 늘비한 일인의 기와집이오, 중앙으로는 초가에 부자들의 옛 기와집이 섞여 있고 동북으로는 수림 중에 서양인의 집과 남녀학교와 예배당이 솟아 있는 외에 몇 개의 집을 내놓고는 땅에 붙은 초가뿐이다. 다시 건너편 유달산 밑을 보자 집은 돌 틈에 구멍만 빤히 뚫어진 돼지막 같은 초막들이 산을 덮어 완전한 빈민굴이다. 그러나 차별이 심한 이 도회를 안고 있는 자연의 풍경은 극히 아름답다.
>
> 동북으로 비스듬히 누운 성당산(聖堂山) 숲 속에서 십자가를 머리에 꽂고 아련히 내다보는 성당은 멀리 서해에 떨어지는 낙조를

---

[118] 자료출처: 山本三生, 『日本地理体系-朝鮮編』 改造社, 1931.(변화영, 2006, 참고)
[119] 최성환, "1920년대 목포청년운동과 지역엘리트의 성격에 관한 연구", 『순천향 인문과학논총』 32-1, 순천향대학교 인문과학연구소, 2016, p. 33.

바라보며 느린 종소리를 걸어가는 시가에 고요히 흘린다. 앞 산 달성사의 새벽 종소리에 눈뜬 목포는 뒷산 성당의 저문 종소리에 눈을 감는 것이다. 옛 절의 새벽 종소리 사원의 만종은 목포가 홀로 가진 자랑거리이며 성당 이북으로는 밭 가는 소의 풍경소리가 한가하고 논두렁길로 풀을 지고 오는 농부와 밭매는 아낙네들의 흥글 타령이 흐르는 농촌이요, 북편 바닷가에서 자리를 잡고 앉은 기와가마(동리 이름)는 어촌이다. 감자배, 수박배, 박배, 나무배, 고개배, 돛배가 들어선 해변에서 김칫거리를 씻고 있는 부인은 농부의 아내인 듯 유달산 북편은 구멍만 뚫어진 돌 틈 초막이요 남편의 유달산은 푸른 밭뿐이므로 산밑은 산촌을 보는 감이 있다. 하루에 네 번씩 나가고 들어오는 기차를 보내며 많은 정거장을 중심으로 선인(鮮人)과 일인(日人)의 상점이 즐비한 중앙은 조선의 몇째 안 가는 도회로 부끄럽지 않으며 크고 작은 섬이 둘러 있는 푸른 바다에 점잖은 기선과 어여쁜 흰 돛대, 방정스러운 발동선들이 들고나는 항구의 특색은 남편 해안에 있다. 주위의 풍경은 그림 같고 농촌과 어촌, 산촌과 도회와 항구의 각색 맛을 겸하여 가지고 있는 목포는 매일 움직이고 시시각각으로 자라가건만 그 이면에 잠겨있는 빈민의 생활은 다른 곳에서 볼 수 없을만한 비참한 살림이 숨어 있는 것이다. 그러므로 낮(晝)에 높은 곳에서 이 저자를 내려다 볼 때는 그렇듯 여러 가지 눈길이 일어나거니와 밤의 도회는 다만 아름다울 뿐이다.

「추석전야」, pp. 32-33.

위의 인용문은 "박화성의 목포 문학지리"를 대표할 만큼, 목포에 대한 지리감과 도시 공간 배치에 대한 묘사가 뛰어나다. 일인의 기와집과 조선인의 초가집은 '차별이 심한 도회'의 모습을 그대로 보여주고, "농촌과 어촌, 산촌과 도회와 항구"는 다양한 삶의 맛을 "겸하여" 있다. 그러나 이러한 가지각색의 보여지는 얼굴과는 달리, 그 이면에는 빈민들의 "비참한 살림"이 숨어 있다. 식민지 도시 목포는 철저히 이중성에 기반하고 있는 도시였기 때문이다.

이 장면화는 소설의 플롯상 '목포'가 마치 주인공이 된 듯 돌출된 서술이다. 목포의 '문학지리'는 인물의 시점이 아닌, '서술자-작가 시점'이다. 같은 소설 "6시 방적공장"의 장면에서와 같이 서술자는 목포를 한눈에 내려다볼 수 있는 거리감과 위치를 확보하고 있으며, 인물(영신)의 주체적인 시선으로는 채워질 수 없는 서술이다. 박화성의 식민지 시기 소설에서 목포의 '근대성'에 대한 인식은 대부분 인물의 주체적인 시선이 아닌, 리얼리즘에서의 권위 있는 서술자 즉 지식인 작가에 의한 것이라 볼 수 있다.

1. 신흥도시 '목포'의 형성과 변화

도시 공간의 이중성

개항 이전 목포는 무안군 목포진(현재의 만호동) 주변을 가리키는 말로, 군사적 기능을 수행하던 지역이었다. 진(鎭)이 설치된 당시만 해도 영산강의 수문장 역할을 하며 주변의 12개 섬을 관할했다.[120] 담양군에서 발원한 영산강은 광주와 나주를 거쳐 목포에서 바다와 만

---

[120] 배종무, 『목포개항사 연구』, 느티나무, 1994, p. 9.

나, 다도해(多島海)의 섬들과 연결되었고, 영산강, 다도해는 오래전부터 목포와 같은 생활권역이었다.

1877년 부산이 개항한 이래, 조선은 인천과 원산을 차례로 개항했다. 서구의 산업도시와는 달리 농업이 근간이었던 조선에는 교통의 요지에 번성하는 도시가 몇 있었지만, 교역을 위한 항구 도시는 없었다.[121] 개항은 동양 삼국이 오랜 쇄국에서 벗어나 외국과 통상을 약속하고 외국인의 국내 거주를 허용한 것[122]으로, 개항과 함께 조선에는 항구를 중심으로 전에 없었던 유형의 신흥도시가 생겨나기 시작했다.

1897년 대한제국이 출범했다. 그리고 같은 해 조선에서는 4번째로 목포가 개항했다. 1895년 1월 5일 주경성 일본영사관의 일등영사 우치다테 이즈이가 목포진의 "시가지 조성 방법 및 가능면적, 음료수의 공급여부, 내륙지방과의 거리 및 교통관제, 배후도시 등"을 검토한 보고서를 제출했고, 1896년 10월 30일에 인천해관장이었던 오스본(W. M. C. Osborne)과 측량사 아무어(W. Amour)가 한국정부의 지시에 따라 목포 개항을 준비했다.[123] 목포항은 기본적으로 무역항으로서의 성격이 강했는데, 철도를 설치할 수 있는 지리적인 입지가 좋았기 때문이다. 고종은 교역을 통해 얻어지는 관세를 근대국가 건설을 위한 재원으로 사용하고자 했기 때문에 목포의 개항은 다른 개항장과는 달리 고종의 칙령에 따른 것이었다. 그러나 조선의 개항장이 일본의 한반도 침략의 거점이었음은 주지의 사실이다. 목포의 개항이 자개의

---

[121] 안창모, "상업도시의 탄생, 개항장 목포", 『건축사』, 대한건축사협회, 2013, 1, p. 74.
[122] 배종무, 1994, 같은 면.
[123] 목포백년회, "개항장 목포의 초기 도시화 과정", 1997, p. 168; 안창모, 2013, p. 77.

형식을 띠었다고는 하나 실질적으로는 일본의 경제적, 군사적 필요에 의해 강제된 것이었다.

개항 전 목포에는 2,806명의 조선인이 100여 호 남짓의 가옥을 짓고 살았다.[124] 해안과 접한 지역의 땅은 간석지와 습지였고, 지형 대부분이 평지가 아닌 산지였기 때문에 거주공간이 마땅치 않은 곳이었다. 유일하게 도로가 하나 나 있었는데, 쌍교리에서 목포진 선창, 온금동을 잇는 도로였다. 이후 이 도로를 중심으로 시가지가 형성되었고, 시가지 도로는 변화하여 근대도시 목포를 규정짓는 경계선이 되었다.

개항과 함께 각국 공동거류지(조계지)가 정해졌다. 내·외국인에 관계없이 토지를 소유할 수 있게 되자, 목포의 도시화는 일본인이 장악해 나갔다. 1910년 목포진 터에 자리 잡은 목포는 '목포부'로 이름이 바뀌었다. 시가지와 유달산을 중심으로 남동쪽으로는 일본인 마을이, 북동쪽으로는 조선인 마을이 형성되었다. 북쪽의 조선인 구역과 남쪽의 일본인 구역 사이에는 도로 설치, 포장, 가로등 설치, 수도 설비 등에서 많은 차별이 있었다.[125] 일본인 거류지는 계획된 격자형으로 근대 도시의 면모를 갖추고 있었고 정거장, 관청, 은행, 학교, 시장, 그 밖에 근대적인 기능을 수행하는 주요 기관들도 가까이 있었다. 주거기능, 상업기능, 업무기능, 산업기능이 세분되었고, 도시의 역할과 기능을 수행하는 데 요구되는 체계적인 도시구조가 갖추어졌다. 특히

---

[124] 1872년경 『목포진지』에 파악된 목포의 가구수는 대략 132호 정도 되고, 1호당 4인 기준으로 하면 528명 정도를 예측하기도 하는데, 자료마다 약간의 차이를 보이고 있다. 이 글에서는 목포백년회, 1997, p. 72, 109, 자료를 참조했다.

[125] 목포백년회, 1997, p. 260.

소설 속 목포부청[126]이 있는 일본 영사관 주변과 무역항 일대의 상업지구가 기능적으로 발달했는데, 그곳에 들어선 상가 업무용 오피스, 주택, 공장 및 창고 등은 시간이 지나면서 서서히 무안가도를 따라 동쪽으로 확대되었다.

> 조선인 사는 곳과 일본인 사는 곳을 갈라서 너무 편벽되어 있다 함은 누차 보도되었거니와 가장 심한 몇 가지, 조선인 사는 동리의 길은 좁고 불편하여 조금만 비가 오면 다닐 수 없게 되며 음료수도로 말하더라도 조선인 부락에는 수통이 적어서 아침부터 저녁까지 오십여 명의 사람이 물을 긷느라고 둘러서게 되며 또 일본인의 화장터로 말하면 바로 조선인 부락 곁에 있고 더욱이 보통학교 곁이라 날마다 송장 타는 냄새가 코를 찌르게 되며 어린아이들의 눈앞으로 날마다 시체를 실어가게 되니 이런 것에 대해서도 벌써 여러 번 교섭을 하였으나 그대로 두었으며, 다 같은 전등도 조선인 부락 길거리에는 가설치 아니하였는데 이 외에도 다 말하려고 하면 한이 없다.[127]

조선인이 집단으로 거주하는 북교동에서 죽교리 일대는 합리적인

---

[126] 목포부청은 목포가 개항하면서 개설된 목포 일본영사관 건물로 1900년 완공되었으며, 이때 경찰서, 우편국 등의 부대시설로 함께 마련되었다. 이후 영사관이 폐쇄되자, 1914년 1월부터 '목포부청'으로 사용되다가 광복 이후에는 목포시청, 목포시립도서관, 목포문화원으로 그 용처가 바뀌었다. 개보수공사를 거쳐 2014년 2월 목포근대역사관 제1관으로 개관하였다.

[127] "목포부의 차별 시설", 『조선일보』, 1925. 3. 1.

근대도시와는 거리가 멀었다. 조선인 거주지는 유달산 옛 무덤 터에 '돼지우리' 같은 모습으로 자리 잡았고 해안을 매립해서 생긴 도시였기 때문에 식수난도 심했다. 조선인 학생들이 다니는 보통학교 뒤편으로는 일본인 화장터가 있어서 어린아이들은 "송장 타는" 냄새를 맡아야 했다. 일인 지역과는 차별화되는 이러한 도시 공간 구조는 자본과 권력이 한쪽으로 집중화되는 식민지 근대 공간의 특이성을 그대로 보여준다.

> 비록 이만(2만)에 불과한 신도시라도 목포라는 항구의 발전해 가는 경로를 볼 때, 의심 업시 유달산은 근대생활의 특징을 만히 짙어지고 있난 줄을 알 것이다. 원래 해변을 매립하야 된 시가지에난 만흔 지주, 가주가 생겼다. 집이 드러서고 공장 연돌이 생기고 도로가 널버질수록 주택난과 생활난은 커즌다. 그래서 이 양난에 쫓긴 노동자들은 시가지에 흘린 피땀을 유달산 바우 밋 오막사리 안에서 씻는다. 바위 떨어내 밑 경사 심한 깔끄막 위 손바닥 만한 장지에 바라크보다도 불편하고 비위생적이고 돼지우리 많안 초가집이 날로 불어간다.[128]

1925년 3월, 불만을 품은 목포시민들은 사회단체와 언론단체의 발기로 시민대회를 열고 도로 개선, 음료수도 개선, 하수구 준설, 일본인 화장장 이설, 도수장(屠獸場) 이전, 전등 가설, 쓰레기 취급 개선, 공설시장 설치 등의 시정을 요구했다. 1927년에는 도시계획과 관련된

---

128 김우진, 『김우진 전집 1』, 전예원, 1983, p. 121.

문제들이 본격적으로 제기되었다.[129]

행정구역의 개편도 있었다. 1932년 목포에 인접한 무안군 이로면 산정리의 일부와 죽교리, 용당면 삼학도가 목포부에 편입되었다. 편입 전 대비 인구의 약 15%가 늘었고 대비 면적 또한 72%가 늘었다. 이때 죽교동, 산정동, 용당동이 신설되었고, 해안통을 나누어 2개 정목을 더 구획하여 36개 정동 56개 구획을 정했다.[130]

1930년대는 우리나라 도시계획 역사상 본격적 의미에서의 근대도시계획이 세워진 시기였다. 목포도 예외는 아니어서, 조선시가계획령(1934, 6)에 따라 1937년 3월 23일 '목포시가지계획'이 공포되었다. 이때 짜인 가로망 구조는 지금의 가로망과 거의 유사하다. 1945년 8·15광복과 함께 목포에 살던 일본인(일본 자본)은 본국으로 돌아갔고, 그때 많은 공장들이 문을 닫았다. 이후 목포는 "서민도시"[131]로 변화해 갔다.

혼재된 문화·산업

일제강점기를 거치면서 목포에는 일본 자본이 투입된 산업구조를 축으로 한 공장이 들어섰다. 공장이 들어서자 상업이 발달했다. 호남평야의 농산물이 목포항을 거쳐 일본으로 건너갔고, 일본에서 생산한 부가가치가 높은 공산품들이 목포항을 통해서 다시 국내로 들어왔다. 무엇보다도 무역량이 증가하면서 새로운 일터를 찾아온 사람들이 증

---

[129] 목포백년회, 1997, p. 255.
[130] 목포백년회, 1997, p. 256.
[131] 조효석, 『서석대(瑞石臺)-조효석고희문집, 삼화문화사』, 1992, p. 378.

가했다. 개항 이후 목포의 인구는 빠르게 증가했다. 1925년 목포의 인구는 25,762명으로, 당시에 전국적인 인구증가율이 10%인데 반해 목포의 인구증가율은 무려 54.3%를 기록했을 정도였다.[132]

노동자의 유입으로 목포의 인구 분포에서 조선인이 차지하는 비율이 높아졌다. 무엇보다도 농촌에서 토지를 빼앗긴 농민들이 가족 단위로 이주해 오거나 또는 그에 준하는 빈농, 영세소상인들이 유입[133] 되면서, 도시의 임금 노동자층이 새롭게 형성되었다. 이들은 저임금과 열악한 노동환경, 불안정한 노동시장의 구조로 인해 고통을 받았고, 일본 자본가와 조선인 지주 자본가를 상대로 한 노동쟁의, 동맹파업 또한 끊이지 않았다. 목포는 노동운동, 청년운동이 가장 활발한 지역이 되었고, 이 시기의 노동운동이 그러했듯이, 목포의 노동운동 또한 반일투쟁의 성격을 띠고 전개되었다.

이와 다르게 일본으로 수출한 쌀, 면화의 영향으로, 일부 대지주는 부호가 되었다. 정미업, 면화공장, 직포공장을 운영하는 사업가들은 부르주아 계층으로 올라섰다. 이들 자녀는 일본으로 유학을 보내는 등 목포는 어느 지역보다 유학생을 많이 배출한 지역이 되었다. 작은 규모의 토착민들이 살았던 목포진은 개항 후 불과 30여 년 만에 최고의 전성기를 맞이했다. 목포는 무역, 상업, 공업, 농업 등의 산업에서 고르게 성장세를 보였다. 그러나 일제에 계획에 의한 급격한 도시 성장은 퇴폐와 향락의 환경으로 치달았다. 당시 목포-호남 지역의 지식

---

[132] 손재오, "미적 삶의 형식으로서 로컬미학: 목포 미학을 중심으로", 예술학박사학위논문, 부산대학교, 2016, p. 23.
[133] 배종무, 1994, p. 151.

담론을 주도했던 『호남평론』에 실린 박화성의 글[134]을 보면 이러한 문제의식이 잘 드러나 있다.

퇴폐문화와 다르게 목포는 음악회, 연극공연, 강연회, 토론회 등의 문화 사업이나 문화예술단체들의 자선모금, 기금마련과 같은 활동, 선교사들의 교육, 문화, 의료사업도 활발했다. 다양한 단체가 많았는데, 대표적으로 '목포청년회'를 들 수 있다. 이 단체는 지역사회가 당면한 여러 문제를 쟁점화해서 캠페인을 벌이는 등 지역사회 공동체 문화를 선도해 나갔다.

이와 같이 목포의 도시 공간 안에는 퇴폐문화, 예술문화, 공동체문화가 혼재되어 있음을 알 수 있는데, 이는 일본인과 조선인, 해양인과 내륙인, 근대화와 식민지 등의 서로 모순되는 성질이 하나의 도시 공간 안에 복잡하게 얽혀 있었기 때문이다.[135] 산업 또한 농업과 어업, 상업, 공업이 혼재된 양상이었고, 이는 다시 상기한 다른 요소들과 중첩되면서 복잡하고도 다양한 도시의 얼굴을 만들어낸다. 그로 인해 목포는 역동적인 도시의 모습으로 재현되었다.

2. '목포 소설'의 공간지표

이번 장에서는 텍스트의 공간지표를 기준으로 분석 대상 작품의 도시 공간의 배치를 〈표〉로 정리하고, 경험 주체인 주요 인물들의 특징도 함께 살펴보았다. 이후 분석하게 될 도시 공간이 서사의 진행과 플

---

134 본고 2장 2-3절 "호남선의 풍경, 타락한 식민지 도시"를 참고할 것.
135 손재오, 2016, p. 44.

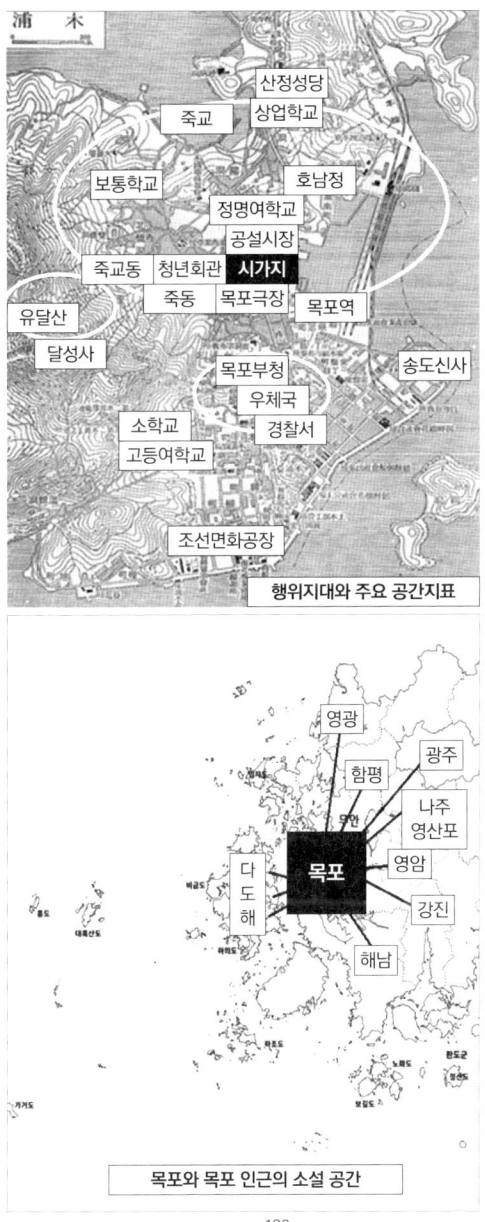

그림 3 재현된 목포와 목포 인근[136]

롯 상에서 어떻게 활용되었는지를 살피기 위해서다. 흔히 시간의 순서에 의해 진행된 사건의 나열을 '스토리'라 하고, 플롯은 구조화된 이야기라는 의미로 사용한다. 그러나 이 둘은 서로 함께 얽혀 있는지라 구분이 쉽지 않고 대부분 혼용해서 사용하는 경우가 많다. 이 글에서는 사건들 사이의 인과 관계를 넘어서, 이야기를 전달하는 방식과 태도, 사건을 조직하고 배열하는 기저에서 작용하는 의도나 배치의 효과까지를 플롯의 의미에 포함시켰다.

공간지표는 도시 공간과 서사, 장소와 인물 간의 관계를 탐색하기 위해서 행위지대와 배경, 투사공간, 경로, 지표를 범주화한 것이다.[137] 행위지대(zone of action)는 '도시, 지역'과 같이 다양한 배경이 결합 된 장소를 의미하며, 배경(settig)은 '집, 마을'과 같이 "행위가 일어나는 장소"를 의미한다. 투사공간(projected space)은 "등장인물이 그곳에 있지는 않지만, 특정한 장소를 꿈꾸거나 기억하고 지향하는 장소"이다. 경로(route)는 등장인물이 이동하는 동선을 말한다. 지표(marker)는 소설 공간의 지리적 범위 혹은 지평을 가리키는 데 인물의 이동 경로뿐 아니라 인물의 위치를 가늠할 수 있는 장치다. 아래의 〈표〉는 각각 대상 작품의 행위지대와 배경, 주요 인물들의 특징을 정리한 것이다.

---

[136] 표시된 목포 인근 지역은 박화성 단편(20-30년대) 전반에 해당하는 것이며, 본고의 분석 지역으로는 다도해의 섬과 무안(삼향)만 포함되었다.
[137] 이하 공간지표의 '범주 및 정의'는 권 은(2013, p. 46)을 인용, 참조하였다.

작품명	소설의 시간	행위지대	배경	투사 공간
추석전야 (1925)	추석 사흘 전- 추석전야	목포	호남정(湖南町) 영신의 집, 방적공장, 해안 거리	-
하수도공사 (1932)	삼월 하순- 십이월	목포	경찰서, 부청, 죽교리, (죽동)[138], 보통학교 인근 공사지	감옥
떠나려가는 유서 (1932)	가을	(목포)[139]	(정명)여학교, 압해도가 보이는 바닷가	공장
두 승객과 가방 (1933)	여름	기차 안	정거장(목포역), 기차 안	대구
비탈 (1933)	초여름- 팔월 말	삼향 일대, 목포	목포 인근의 삼향역, 임성역 일대, 용당, 유달산, 부립병원	-
신혼여행 (1934)	팔월 초	목포, 인근의 섬	호남선 기차 안, 목포 밤 시가지, 다도해, 어촌	목포-호남
헐어진 청년회관 (1934)	여름	목포	효주의 집, 청년회관, 목포역	청년회관 대구 형무소
논 갈 때 (1934)	봄밤-아침	목포 인근의 섬	장성동	용곡 농장
중굿날 (1935)	늦가을 (음력 9월 초)	목포 인근의 섬	마을의 논둑길, 뻘밭, 바닷가 언덕, 국범의 집, 나룻가	목포
춘소 (1936)	봄	(목포)	(유달산) 빈민촌, (공설시장)	-

〈표 1〉 목포(1920-30년대), 소설의 행위지대 및 배경

---

138 텍스트 속의 '과거'는 ( )로 표기.
139 지명이 제시되어 있지는 않지만 목포임을 알 수 있는 표식이 있을 경우, ( )로 표기.

작품명	나이와 직업	가족 관계
추석전야 (1925)	- 영신(29세): 방직공장 여공, XX여학교 출신	- 여성 가장인 영신과 남매, 시어머니 4인 가족 - 남편은 폐병으로 사망
하수도공사 (1932)	- 동권(19세): 공사장 노동자, 상업학교 중퇴 - 동권 아버지: 목수, 날품팔이 - 용희(17세): 정명여학교 졸, 가사 - '정' 부부(20대 중후반): 동경 유학, 사회운동가	- 가장인 동권 아버지, 4인 가족 - 부모님과 용희 남매, 4인 가족 - '정' 부부와 남매, 4인 가족, 남편이 감옥에 수감
떠 나려가는 유서 (1932)	- 은순(10대 중반): 정명여학교 학생 - 은순 어머니: 고무공장 여공 - 아버지: '난봉꾼'	- 가장인 은순 어머니, 5인 가족 - 오빠: 상업학교 졸업, 24살에 폐병으로 사망
헐어진 청년회관 (1934)	- 효주(20대 중후반): 여성구락부 활동	- 부모, 시누이, 조카, 효주, 5인 가족 - 남편: 형무소 수감 중 - 오빠: 혁명가, 29세에 폐병으로 사망
춘소 (1936)	- 양림 어머니(?): 채소장사 - 양림 아버지(?) 부두 하역 노동자	- 양림네 부부와 3남매, 5인 가족 - 큰아들 영복: 형무소 수감 - 막내 양림(4세): 사망

<표 2> 목포부내 소설 주요 인물들의 특징

소설에 등장하는 목포는 크게 세 가지 유형의 지리적 특징을 보인다. 첫 번째는 방적공장, 부청, 경찰서와 같은 내부를 배경으로 한 소설로, 「추석전야」, 「하수도공사」, 「떠나려가는 유서」, 「헐어진 청년회관」, 「춘소」가 이에 해당한다. 두 번째는 '들고남의 이동형 소설'을 들 수 있는데, 「두 승객과 가방」, 「비탈」, 「신혼여행」이 이에 해당한다. 인물들은 목포에 거주지를 두고 다른 지역으로 떠나거나 외부의 여행

자, 근거리 방문자이며, 행위지대는 이동하는 기차 안이거나, 목포 인근의 농촌과 다도해(多島海) 섬이다. 세 번째는 목포 인근의 농어촌을 배경으로 하는 '배후지' 소설이다. 「비탈」140, 「논갈 때」, 「중굿날」이 이에 해당한다. 「비탈」을 제외한 두 편은 목포가 전면에 등장하지 않지만, 인물들의 삶이 도회지와 밀접하게 연관되어 있다는 점에서, 분석을 요한다. 인물들의 이동 경로(route)와 위치를 가늠할 수 있는 지표(marker)를 정리하면 다음과 같다.

	경로(route)
추석전야	방적공장-해안 거리-영신의 집-방적공장-영신의 집
하수도공사	경찰서-노동조합 사무소-동권의 집-용희의 집-정거장 앞 X상점-부청-하수도공사지-동권의 집-한바(숙소)-'정'의 집-하수도공사지-'정'의 집-동권의 집-용희의 집
떠나려가는 유서	(정명)여학교-바닷가
헐어진 청년회관	효주의 집-청년회관-목포역
춘소	(쌍교리)양림이네 집-(공설)시장-양림이네 집

	지표(marker)
추석전야	축(築), 선두가(船頭街)의 상점, 시가지 송방, 보통학교, 유달산
하수도공사	사무실(고등계, 사법계, 보안계, 위생계, 토목과), 도서관, 오포산, 우편국, 노동조합 사무소, 보통학교, 유달산록, 철로, 쇠길, 고무공장, 시장, 재판소

---

140 「비탈」은 무안 삼향 일대의 농촌 마을과 목포가 주요 배경으로 이동형 소설과, 배후지 소설에 각각 해당된다.

	지표(marker)
떠나려가는 유서	압해도, 고무공장, 상업학교
헐어진 청년회관	모던식 건물, 경부선, 목포역
춘소	뒷간, 살구나무, 고무공장, 선창, 파출소

〈표 3〉 목포 내부를 배경으로 한 소설의 경로와 지표

	경로(route)
두 승객과 가방	감옥소-정거장-대구행 기차 안
비탈	용산역-(삼향)정거장-수옥의 집-북악리 별택-주희의 집-목포 큰댁-용당 별장-수옥의 집-유달산-부립병원
신혼여행	예식장-복주의 집-경성역-호남선 기차 안-목포 시가지-다도해 A섬

	지표(marker)
두 승객과 가방	감옥소, XX공장, 유달산 빈민굴, 삼향역, 몽탄강
비탈	척식회사, 보통학교, (숙명)여고보, 현해탄, 도회지, 월암산, 용당, 문화주택, 온금동
신혼여행	경성역, 삼등대합실, 경부선, 호남선, 대전역, 연산역(들), 논메(論山), 강경역, 황등역, 송정리, 나주, 영산포, 유달산 움막집, 밤 시가지, C여관, 공설시장, 카페, 고급요리점, 청년회관, 발동선창, 강진, 용당리

〈표 4〉 목포 이동형 소설의 경로와 지표

	경로(route)
비탈	무안 삼향 일대-목포
논 갈 때	장선동 해선의 집-나루
중굿날	논둑길-갯벌-목화밭 부근의 해안가-국법의 집-나루

	지표(marker)
비탈	척식회사, 보통학교, 도회지, 용당, 문화주택, 온금동
논 갈 때	서봉리, 살구나무, 도회지, 선창 주막, 용곡 농장,
중굿날	목포, 면화공장, 상업학교

〈표 5〉 목포, 배후지 소설의 경로와 지표

제2절 목포, 도시 공간의 소설적 재현[141]

1. 공·사 영역, 포섭과 배제의 장소성

방적공장과 공적 영역의 역동성

목포항은 면화보급의 거점항으로 육성된 곳이었다. 1906년 목포에 권업모범장 출장소가 설치되면서 전남지역을 중심으로 기존의 재래

---

[141] 『박화성 문학전집, 단편집 1』, 전집, 16권, 서정자 편, 서울: 푸른사상, 2004. 이하 『전집』, 16권으로 표기. 개별 작품의 인용은 ( )안에 페이지를 표기하여 본문에 삽입했다.

그림 4[142] 1930년대 목포 조면공장

종이 아닌 새로운 품종인 '육지면' 재배가 권장되었고, 목포는 육지면의 최초 시험재배지가 되었다. 인근 섬에서는 목화 육지면을 재배하는 등, 생업으로 면화 관련한 일을 하는 사람이 늘어났다. "늦가을이면 선창부두에 눈 같이 하얀 목화송이들로 가득 찬 큰 부대들이 곳곳에 산더미를 이루"[143]었고, 목화장사를 전문업으로 하여 "벼락부자"가 된 상인도 등장했다.

조면공장은 목화에서 솜과 씨를 분리해내는 작업을 하는 곳으로, 목화에서 씨를 뺀 다음 원자재 솜을 오사카 등지로 수출했다. 일본은 원자재를 '수입'해서 부가가치가 높은 무명실과 면직물 같은 상품으로

---

142 사진출처: https://www.bonhd.net/news/articleView.html?idxno=7620
143 박화성, "나의 교유록: 원로여류가 엮는 회고 (1) 흰빛의 상징자(象徵者)",『동아일보』 1981. 1. 5, p. 11.

가공해서 조선에 되팔았다. 당시 일본은 영국과 미국에 버금가는 제일의 면직물 소비지였으나, 기후풍토가 맞지 않아 면화 재배가 잘 안 되었다. 조선에서 약 10만 톤의 면화가 생산된 것에 비해, 일본 내에서의 산출양은 1천 톤이 채 안 되었다.[144]

조면, 방적, 직포로 구성된 면화산업은 목포의 발전과 도시화에 많은 영향을 미쳤다. 면화산업[145]은 목포의 공업구조에서 쌀과 관련한 정미업 다음으로 큰 비중을 차지한 무역산업이었다. 참고로 1924년 목포항에서 일본으로 나가는 대외 수출품 중 쌀과 면화가 차지하는 비율은 각각 50.2%, 42.2%였다. 목포에 면화공장이 들어서자 목포항으로 이주해 들어온 농어민들이 면화를 운송하는 부두노동자, 공장노동자가 되면서 임금노동자층을 양산했고, 목포의 노동운동이 활발하게 전개되는 사회적 배경이 되었다.[146]

「추석전야」(1925, 1, 조선문단)[147]는 박화성의 등단작으로, 소설에서 방적공장은 근대적 의미의 통제가 작동하는 장소로 재현된다. 소설의 실제 배경이 된 '방적공장'은 1924년 3월 해안통에 건립된 조선

---

[144] 『목포부사』, p. 626.

[145] 1928년 기준 목포의 면화공업 현황을 보면 총 31개의 공장 중 조면공장이 25곳으로 가장 많았으며, 13곳이 일본인의 회사이고 12곳은 한국인이 설립한 회사였다. 직포공장은 1곳, 나머지는 제면공장과 제유공장이었다. (최성환, 「육지면(陸地棉) 보급 후 일제강점기 목포항의 기능과 영향」, 『한국민족문화』 74, 2020, p. 306).

[146] 식민지 시기 목포에서는 노동쟁의가 빈번하게 발생했는데, 1924년 12월 조선면화회사 직물공 파업, 1926년 1월 제유노조 파업, 1926년 11월 직포공장 파업 등 주로 면화산업과 관련된 곳이었다. (최성환, 2020, p. 316.)

[147] 유일하게 20년대 발표한 소설로, "당시에 내 고향에 방직공장이라는 것이 최초로 세워져 많은 여성들이 여직공으로 일하게 된 것을 알게 되어서" 이 작품을 쓰게 되었다고 밝힌 바 있다. (박화성, 「약자의 편에 서서」, 『현대문학』, 1964, p. 14.)

면화주식회사 경영의 직포공장으로 추측된다.[148]

> 방적공장의 오후 6시 기적(汽笛)이 뛰이 하고 울자 벤토 싼 흰 보(褓)를 옆에 낀 여공들이 우르르 몰려나온다. 모포 쓴 십오, 육세의 처녀들로부터 얼굴 누르스름한 삼십 미만의 젊은 부인들이 별세계에나 온 듯이 숨을 내쉬며 좌우를 돌아다보면서 참았던 이야기를 지껄인다. 오전 7시부터 종일을 기계와 싸움하기에 고달픈 그들의 기계가 되었던 연한 그 몸들이 이제 그 자리를 떠나 자유의 몸이 된 것이다.
>
> 「추석전야」, p. 25.

소설의 첫 문장에서 방적공장은 강력한 '기적' 소리로 에워싸인다. "기계의 노예가 되었던 연한 그 몸들"은 오후 6시가 되어서야 자유의 몸이 된다. 이 장면은 안과 밖의 대비를 통해 역동적인 분위기를 자아낸다. 이는 서술자가 멀찍감치 이를 관망하고 있기에 가능한 것으로, 판단이 개입된 리얼리즘에서의 서술자의 태도는 방적공장을 대상화하여 '객관적'으로 포착하는 힘을 가진다. 공장 주변의 경관에 대한 묘사는 일체 생략하고, 정해진 시간의 공장 정문에 집중하면서 청각과 시각의 이미지를 활용하여 방적공장이 근대의 시간 규율로 통제되는

---

148 실제로 당시 목포에는 방적공장이 없었고 직접 면포를 짜는 직포공장이 하나 있었다. (목포백년회, 1997, pp. 192-194) 호남 지방의 방직공장은 1935년 광주에 설립된 종업원 3,000명 규모의 '종연방직'이 최초였다. 방적(Spinning)은 목화솜에서 실을 추출하는 것을 말하며 방직(Weaving)은 방적된 실로 천을 짜는 것을 말하는데 방적과 직조를 통틀어 방직이라고도 한다.

공간임을 환기한다.

박화성이 재현한 방적공장은 이중의 착취가 발생하는 장소다. 여공들의 신체를 통제하는 신체 권력이 작동하는 공간이자, 조선인 노동자를 착취하는 구조 속에 놓인 장소인 것이다. "화근거리는 기계의 소리"와 "머리 골이 터질 듯이 심한 기름냄새", "숨이 턱 막히는 먼지"가 있는 노동환경에서 여공들의 신체는 착취당한다. 일본인 공장감독의 성추행이 발생하는 공간이라는 점에서 식민 본국과 지배국의 대립 장소로도 의미화된다.

「하수도공사」(1932. 5. 동광)는 목포경찰서와 부청을 전면에 배치하고 공사장 노동자들이 처한 부당한 노동조건을 폭로한다. 목포의 실제 지명이 대거 등장하고, '일본인 구역'인 관공서가 인물들의 행위 지대로 활용되고 있음은 이례적이다. 작품은 실제 있었던 두 사건을 배경으로 하고 있다. 첫 번째는 당시 목포부에서 실업자 구제를 목적으로 시행한 하수도공사 현장에서 2개월 동안 임금을 지불하지 않아 노동자들이 집단행동(동맹파업)을 일으킨 사건[149]이며, 다른 하나는 1931년 5월 1일 발생한 '불온삐라 사건'으로 박화성의 남편 김국진이 3년을 언도 받고 복역하게 된 사건이다.[150]

소설은 목포와 인근 나주 지역 등지에서 모여든 300여 명의 노동자들이 제대로 된 임금을 받지 못하자 격분하여 동맹파업을 단행하고 목포부청으로 "쇄도"하는 장면으로 시작한다. 경찰서와 부청은 안과 밖

---

[149] 이 사건은 당시 『동아일보』(1931. 4. 3)와 『조선일보』(1931. 4. 7)에 보도되었다.
[150] 딸이 3살 둘째가 5개월이었던 때로, 「하수도공사」에서 지도자 인물인 '정'과 '김' 부부는 실제 박화성의 가족을 모델로 하고 있다.

이 분리된 역동적 공간으로 재현된다. 건물 유리창 밖에서는 '안'을 들여다보며 "귀를 기울이"는 노동자들이 있고, 내부에는 고등계, 사법계, 보안계, 위생계 등으로 분할된 사무 공간에서 일상의 업무를 보고 있는 관료들이 있다.

경찰서 내부는 '일어'가 '국어'인 언어체계가 작동하는 공간으로, 경찰서장은 내부로 들어온 네 명의 '조선인'에게 '국어'를 할 줄 아느냐고 질문함으로써 주도적인 위치를 선점한다. 이때의 '국어'는 '일어'를 일컫는 것으로 식민지배하에서 '국어'는 각자가 서 있는 위치에 따라서 상반되는 '권력관계'를 갖는다. 조정자 역할을 담당한 경찰서장은 일어를 알아듣지 못하는 노동자들을 무시하고 차별한다.

경찰서와 부청은 식민 지배 권력이 관료제로 구조화되어 작동되고 있는 장소로, 제국의 권력은 일상의 이면에서 소리 없이 작동한다. 사무직원들의 평이한 일상의 이면에는 식민 본국의 규율 권력이 은폐되어 있다. 분할된 사무실은 분주하게 움직이는 사무원들에게는 일상적인 공간이지만, 밀린 임금을 받으러 온 노동자들을 장소에서 소외시킨다. 노동자들의 움직임은 거의 정지상태에 있으며, 이때 이들의 감각 안으로 들어온 것은 소리와 냄새다.

> 이 날은 날이 흐리고 춥기까지 하여서 밖에서 몇 시간이나 기다리기는 어려운 일이었다. 부청 바로 위에 오포산에서는 깜짝 놀라도록 큰 소리가 터져 나왔다. 오포는 전 시가에 울리며 각 공장의 기적도 따라 울리었다. 음식점 아이들이 각각 주문 들어 온 음식을 들고 자전거로 왔다갔다하며 사무원들이 식당에 들락날락하는 동안에 점심 시간도 끝난 모양이었다. 한시가 되자 군중은 다시 끓기

시작하였다.

「하수도공사」, p. 69.

    유달산 자락에 있는 오포는 포를 쏘아 올려서 시간을 알리는 근대적인 시계장치였다. 영국의 그리니치 천문대가 세계의 중심을 상징하는 것이라면, '오포대'는 동경의 표준시간을 그대로 목포로 옮겨온 것이었다. 일본식 생활의 상징과 같은 것으로 한국인들의 신체를 일본인 표준시간에 맞춰 통제하는 장치였다. 오포에서 쏘아 올리는 소리가 목포 시가지에 울림과 동시에 공장에서도 일제히 기적을 울리면 목포 시가지는 온통 '동경의 표준시'의 질서하에 놓인 균질화된 공간이 된다. 점심시간과 퇴근시간에 울려 퍼지는 동경의 표준시는 부청에서 시위 중인 노동자들에게는 텅 빈 형식이 된다. 근대의 시간 규율은 시곗바늘처럼 정확히 정해진 시간에 점심을 먹고 정해진 시간에 업무를 보고 정해진 시간에 퇴근하도록 작동하는데, 경찰서 '내부에 갇혀 있는' 노동자들에게 그 형식은 텅 빈 것이다. 왜냐하면 사이렌이 울려도 점심시간의 '내용'은 "춥기도 하려니와 배가 고파서 견딜 수 없"는 것이 되고, 더 구체적으로는 음식점 배달원인 듯한 아이들이 "자전거로 왔다 갔다" 하면서 흘리고 간 보이지 않는 음식 냄새로만 채워지기 때문이다. 조선인 노동자들은 외면당하고 고립되어 있다. 제국의 권력이 소리 없이 작동하는 부청 사무실은 분주한 제국의 관료들에게는 일상의 공간이지만, 노동자들에게는 '지체'와 '지연'의 장소가 될 뿐이다.

사적 영역의 '착한 비오스들(bios)'

    「춘소(春宵)」의 양림네가 사는 유달산 자락의 쌍교리 빈민촌과 「추

「석전야」의 영신네가 사는 호남정(湖南町) 오두막, 「하수도공사」의 동권의 가족이 사는 죽교리의 셋방은 공적 영역으로의 진입이 박탈된 조에(zoe)의 장소로 재현된다. '집'은 인물들이 겨우 목숨을 유지하며 살아가는 장소로 인간 본연의 가치가 발현되는 '비오스(bios)'적 삶을 박탈당한 "벌거벗은 생명"들의 주거지다. 조에(zoe)의 삶을 사는 인물들은 마치 공적 영역에서 배제되는 형식으로만 제국의 법질서 내부로 포함되는 '착한 비오스'들처럼 보인다.

그리스어로 조에(zoe)는 생명 자체를, '비오스(bios)'는 정치적인 영역에 포함되는 삶을 의미한다. 한나 아렌트[151]는 조에를 노동에 비오스를 행위에 대응시키는데, 고대 그리스인들에게 자유로운 삶이란, 사적 영역(노동)을 가진 채 공적 영역(행위)에서 활동하는 것을 의미했다. 노동은 필요와 욕구에 구속된 활동으로 철저히 사적 영역에 속해 있었고, 공적 영역에서 활동하기 위해서는 노동으로부터 자유로워야 했다. 이는 사적 영역의 안정성이 전제되어야만 공론 영역의 자유로운 활동이 가능하다는 것을 의미한다. 아렌트에게 정치적인 활동(행위)이 중요한 이유는 인간의 고유성이 타자와의 관계를 통해 가치 있는 의미로 발현되는 장이기 때문이다. 그러나 근대 사회로 넘어오면서 노동이 보편적인 의미를 획득하게 되면서, "활동적 삶의 조건인 행위"는 사라지고 "노동하는 동물로 환원된 행위"만 남게 되었다. 이는 공론영역에서의 정치적인 활동이 파괴되었다는 의미하며, 달리 말하자면 사적인 영역이 파괴되었기 때문에 공적 생활의 활동이 불가능하다는 역설도 가능해진다.

---

[151] 한나 아렌트, 『인간의 조건』, 이진우 옮김, 한길사, 1996, p. 191, p. 372.

「춘소(春宵)」(1936. 6. 신동아)의 쌍교리 양림네 집은 무역항과 가까워서 부두하역 노동자들이 많이 살았다. 그곳은 사적인 영역이 파괴된 공간으로, "노동하는 동물로 환원된 행위"만 남아 있는 장소다. 개항 후 조성된 일본인 거류지는 현재의 유달동과 만호동 쪽에 위치했고, 무역항이 위치한 공동조계지는 외국인 거주지역이었으므로, 조선인들이 그곳으로 들어가 살 수 없었다. 조선인 마을은 조계지 외부인 온금동과 쌍교리에 있었다. 일자리를 찾아 목포로 유입된 조선의 유이민들은 마땅한 거주지를 찾지 못해 유달산 부근으로 모여들었고, 부내면 무덤 자리에 조선인 주거지가 형성되었다. "돼지우리 같은 움막"의 쌍교리 빈민촌 주변으로는 전등이 들어오지 않았고, 생활 시설도 엉망이었다. "옛날에는 촌에서 볏백이나 하고 글자깨나 다루던 집안의 자손"이었던 양림 아버지는 인근 농촌에서 이주해 온 유이민으로, 지금은 선창에 나가 부두하역 노동을 하며 처자식이 굶은 것을 두 눈을 뜨고 지켜봐야 하는 아비규환의 세속에 살고 있다. 그나마 일거리도 없어서, 늦은 아침 툇마루 끝에 "쭈그리고 앉아" 먼 곳을 내다보다가 "안개 속에 만발한 행화"를 보고, 관조하는 태도로 있는 힘껏 목소리를 부풀려 꽃의 아름다움에 '허풍'을 떤다. 배곯음에도 선비 노릇 하여 꽃과 자연의 아름다움을 탄하니, 가부장의 체면은 이러한 텅 빈 서정의 기표에 기대어 겨우 유지되는 형국이다. 제국의 신체 규율권력은 인간에게서 인간성을 빼앗고 "인간을 쓸모없게 만드는 방식"으로 작동한다. 양림 아버지는 오직 생물학적인 삶에 부합하는 노동으로 생계를 유지하고 있으며, 일본 제국은 도시의 주거공간을 분할하여 통치하면서 사적 공간에 갇혀 자유롭게 활동할 능력을 상실한 존재를 끊임없이 양산했다.

「추석전야」의 호남정(湖南町)은 "공간(space)으로서의 근대와 장소(place)로서의 전근대"[152]가 착종된 장소다. 이-푸 투안[153]은 인간이 공간을 잘 알게 되고 가치를 부여하게 될 때 공간은 비로소 장소가 된다고 했다. 이 소설에서 호남정은 근대의 공간에 위치하지만, 인물이 인식하는 그 공간은 전근대적 성격을 가진다. 장소가 안정감을 떠올리게 하고, 공간이 개방성을 떠올리게 한다면, 영신의 호남정 집은 근대의 위협에 노출된 불안한 전근대적 장소다.

호남정(湖南町)은 목포역 앞을 매립해서 생긴 신시가지로, 1914년 정명 개정을 단행한 결과 생긴 동네 이름이다. 일제가 행정구역 개정을 위해 토지조사를 실시한 것은 1912년이었다. 이때 도로를 기준으로 33정동 53구획을 결정하는데, 목포역 앞의 신개발지의 일본인 거류지에는 정(町)의 명칭을, 거류지 밖 조선인 마을(죽동, 양동, 남교동, 북교동, 대성동, 온금동) 6개 지역에는 동(洞)의 명칭을 부여함으로써 일제의 차별적인 식민 정책이 가시화되었다.[154] 호남정(湖南町)은 일본인 거주지에만 붙여졌던 정(町)의 명칭이 부여되었지만, 쌍교리 조선인 거류지와 마찬가지로 대표적인 조선인 빈민촌이었다. 호남정(湖南町) 영신의 움막집에는 화덕으로 쓰고 있는 '양철통'이 유일한 살림도구처럼 보이며, 전근대적인 살림살이 뒤편에는 자본주의 경제 체제에 속박된 이들의 일상이 숨어 있다.

---

152 오세인, 「1920-1930년대 신문과 잡지에 나타난 공간 표상의 변화 과정 연구」, 『한국시학연구』 46호, 한국시학회, 2016, 240쪽.
153 이-푸 투안, 1999, pp. 15-19.
154 목포백년회, 1997, pp. 251-252.

개항 전 목포에는 원주민들이 얼마 없었고, 항구를 중심으로 도시가 형성되면서 생계를 찾아 몰려온 유이민들이 목포부민의 대부분을 차지하고 있었다. 영신은 목포가 고향인 첫 세대이며, 목포가 자본주의의 질서를 갖춘 도시로 성장해 가는 동안 근대교육을 받은 세대이기도 하다. 여학교를 졸업한 영신은 시어머니와 두 남매를 둔 여성 가장으로 남편은 3년 전 폐병을 앓다가 죽었다. 친정부모가 신작로 오두막집을 얻어 죽장사를 시작하면서 "곁방살이 신세"인 딸에게 물려준 '집'이 호남정(湖南町) 오두막이다.

　호남정(湖南町) 영신의 집은 자연의 소리와 그에 대비되는 근대 문명의 소리가 동시에 채워진다. 옆집의 다듬이 소리, 계절을 알리는 귀뚜라미 소리, 새벽 닭 우는 소리에 정거장에 기차 드나드는 소리가 무분별하게 뒤섞인다. 거기에 더하여 들리는 "지팡이 소리(38)"는 땅 주인 서울 영감이 한 달에 한 번씩 "땅세"를 받으러 오는 소리다. 그 소리는 영신에게 위협으로 다가오는데, 몇 달째 밀린 땅세로 언제든 '집' 밖으로 쫓겨날 수 있음을 암시하기 때문이다. 호남정(湖南町) 집은 안정감, 친밀함과는 거리가 먼, 생존의 위협에 노출된 불안정한 공간이다.

　한일병합(韓日倂合) 이후 일제는 실질적으로 토지조사사업을 통하여 개개인이 소유한 토지를 전면적으로 파악했는데 "증수(增收)를 위한 과세 대상지를 확대하여 식민지 재정을 확보하고, 사적 소유권을 제도화시켜서 자본투자의 기본조건을 조성"하는 데 그 목적이 있었다.[155] 이는 단순히 "세액의 증감이나 수탈이라는 목적을 넘어서 자본

---

[155] 전희진, "식민지 시기 소작쟁의와 농업정책의 변화", 사회학석사학위논문, 연세대학교, 2000, pp. 19-20.

주의적인 사회제도로의 변화"라는 측면에서 이해할 필요가 있다. 이는 토지와 인간의 본원적 경합관계가 "해체"되었다는 것을 의미하며, 토지를 소유한 자와 그렇지 못한 자 사이에 유산자와 무산자라는 자본주의적 계급관계가 형성될 수 있음을 시사하는 것이다.[156] 영신은 자신의 노동력을 팔아야 하는 임금노동자이고, 수공업으로 삯바느질까지 겸하고 있는 무산자 계급이다. '남의 땅'에 지어 올려진 오두막은 언제든지 교환가치에 의해 화폐로 치환되는 불안정한 상태에 있기에 무산계급인 이들 가족에게 더는 안정적인 보금자리가 되지 못한다.

「하수도공사」에서 죽교리 인근의 동권의 집은 남의 집 방에 세 들어 사는 '벌거벗은 생명'들의 거주처다. 포목상을 하여 돈을 번 용희네가 죽교리에 '큰집'을 지어 든 반면 동권이네는 가세가 기울어 방 한 칸에 네 식구가 기거하며 곁방살이를 하고 있다. 그 무렵 목포의 경제는 침체기였고, 목수인 아버지의 '날품팔이'만으로는 가족의 생계가 불가능하여 아들인 동권은 하수도공사지의 노동자로 뛰어들었다. 동권의 거주지인 '방'은 네 식구가 겨우 목숨을 유지하며 조에의 삶을 살아가는 '착한 비오스'들의 장소다.

동권의 방과 대비되어 재현되는 장소가 죽교리 용희의 방이다. 용희의 방은 구체적이고도 생생한 삶의 이력이 교감되는 친밀한 장소로 제시된다. 식민지 시기 박화성의 소설에서 사적공간인 거주지에 대한 이러한 구체성은 다른 작품에서 볼 수 없는 이례적인 것이다. 박화성은 "동권의 시점"에서 "여자친구의 용희의 방"을 묘사하는 서술전략을 취한다.

---

156 전희진, 2000, 같은 면.

> 전등불이 환한 방안에 들어선 동권이는 먼저 이상한 향기에 취하는 듯 하였다. (…) 동권이는 방안을 둘러보았다. 이 집에 오기는 여러 번이었으나 이 방은 처음이다. 처녀의 방인 만큼 방에 놓인 것이 모두가 고운 곳이었으나 제일 눈에 띄는 것이 블란서 자수 바탕으로 만들은 책상보와 그 위에 모양 있게 꽂아 놓은 많은 책이었다. 어떻게 언제 저렇게 많은 책을 구하였는가 동권이는 속으로 놀래었다. 벽에는 사진틀이 하나 걸리었고 이쪽 저쪽으로는 남치마 노란 저고리 등이 걸리었다.
>
> 「하수도공사」, p. 59.

블란서 자수의 책상보, 책, 사진틀, 치마와 저고리는 동권의 시선이 용희의 방을 규정하는 경험의 매개체다. 하찮고 작은 물건들이 낯설지만 친밀한 것으로 동권의 시선을 붙든다. "친밀한 순간은 우리가 수동적인 상태에 놓이게 되었을 때, 자신의 취약성을 받아들이고 부드러운 손길과 새롭고 짜릿한 경험에 노출되는 경우에 찾아온다."[157] 경찰서에 찾아가 노동쟁의를 벌이느라 지쳐 있는 데다가 집에서마저 쫓겨난 동권은 용희의 보살핌으로 밥을 배불리 먹고 정서적 안식을 취한다. 하지만 결말에서 용희의 방은 "현재의 객관적 정세에 합당하지 않"다는 이유로 동권을 더 먼 곳으로 떠나보내야 하는 이율배반적인 장소가 된다. 동권은 '정'이 형무소에 갇히게 되자, 제국의 권력에 포섭되지 않을 또 다른 활동의 장소를 찾아 목포를 떠난다. 그런 의미에서 죽교리의 용희의 방 또한 공적인 정치가 거세되고 박탈된 사람들의

---

[157] 이-푸 투안, 『공간과 장소』, 윤영호·김미선 공역, 사이, 2020, 56쪽.

장소라 할 수 있다.

이와 같이 박화성 소설에서 사적 영역의 재현은 조선인 거주지를 중심으로 인물들의 구체적인 삶을 통해 드러낸다. 거주지에 대한 묘사는 외관에 치중하지 않고, 사물이나 자연물, 소리 이미지를 활용하는 경향을 보인다. 초가집의 석유 등잔은 별빛에 이르는 시적 심상과도 연결이 되지만 식민지 근대를 표상하는 "전등불"과도 대조된다. 그런가 하면 박화성은 쌍교리에 핀 봄날 아침의 행화와 어린 딸 양림의 속절없는 목숨을 대비시켜 삶의 비애로 가득 찬 서정의 공간을 만들어내기도 한다. 이때 인물들이 살아가는 '목포'는 근대적인 것과 전근대적인 것이 혼재된 도시이며, 인물들은 "공간(space)으로서의 근대와 장소(place)로서의 전근대"가 착종된 도시 공간에서 삶을 영위해 간다.

사적인 장소는 목포부청, 경찰서, 방직공장 등의 공적인 장소의 역동성과 대비되는 수동성을 띠며, 식민지 조선인들의 비참한 삶을 표상하는 문학적 공간으로 기능한다. 이러한 "수동적 장소성"은 일인과 조선인 주거지라는 대립하는 지리적 분할선을 환기하며 제국의 지배 전략과 차별화 정책을 효과적으로 드러낸다. 제국의 침탈은 사적인 영역과 개인의 신체 깊숙이 침투해 들어와 있으며, 사적 공간의 수동성은 조선인들의 공적 영역으로의 정치적 진입이 불가능함을 환기하는 문학적 장치가 된다.

2. 공동체 정체성, 정주지 감각

장소상실과 장소애, 회관과 묘지

목포의 사회운동은 1920년대 목포청년회가 조직되면서 시작되었다. 초기에는 "지식계발과 친목, 체육장려를 목적"으로 하는 문화운동의 성격이 강했다고 한다. '청년'의 연령층은 다양했고, 지역 유지와 '중산청년층', 재력가와 지역 엘리트가 중심이 되었다. 소위 덕망 있는 지역 인사, 신진 상업인, 정치인, 섬 출신의 지주 등이 청년회 활동을 통해 "지역 엘리트"라는 자신의 기반도 다져나갔다. 20년대 중반 들어 '무산청년회'가 '목포청년회'와는 별도로 활동을 시작하면서, 목포의 청년운동은 두 개의 성격으로 갈리게 된다. 무산청년회는 노동자 문제, 농촌문제와 같은 사회주의적 성향이 강한 활동을 펼쳤기 때문에 기존의 재력가 중심의 목포청년회 운동은 세가 약해졌다. 그러나 두 단체는 서로 갈등과 대립의 관계가 아닌, 지역 현안의 문제해결에 공동 대응하고, 협력하는 관계를 유지했다. 지역유지 계열의 지식인 층이 벌였던 계몽적인 청년운동은 무산청년회와 같은 사회주의 성향의 단체와도 연대하여 활동을 펼쳐나간 것이다.[158]

20년대 후반 들어 목포의 청년운동은 쇠퇴의 길을 걷게 된다. 기존에 목포청년회나 무산청년회에서 활동을 했던 주요 인사들이 신간회로 활동 무대를 옮겨갔기 때문이다. 이후 30년대를 전후해서는 목포 지역의 민족사회운동의 중심이 신간회로 이동했다. 하지만 1931년 전국 각지에서 신간회 해소문제가 대두되면서 사실상 목포지부 신간회는 이렇다 할 활동을 하지 못했다. 신간회 목포지회를 주도했던 인물 중에는 노동자와 농민의 계급투쟁에 입각한 사회주의적 운동을 펼쳤던 청년지식인들이 많았다.[159] 이들은 1930년대 들어서 대대적으로 단행된 일제의 검열로 구속되었다가 이후 풀려나왔다.

---

158 송병삼, 2012, p. 279.

「헐어진 청년회관」(1934, 청년조선)은 위와 같은 정세를 반영하여, 당대의 청년회관의 가치와 위상을 이해할 수 있게 해 준다. 북국으로 망명한 효주의 오빠나, 대구의 감옥에 갇힌 효주의 남편은 이 시기를 대변해주는 활동가들로 그즈음 사회운동 단체들은 대부분 일제의 탄압으로 해체되었다. '헐어진' 청년회관의 외관은 이를 상징적으로 보여준다. 실제 목포의 청년회관은 1924년 뜻있는 지역 인사들이 기금을 모집하여 남교동에 1백 평의 대지를 사들여서 1925년에 건평 57평의 석조건물로 완공[160]되었고, 각종 사회 문화 단체의 활동이 전개되는 운동의 산실이었다.[161]

소설에서 청년회관에 관한 효주의 문제의식은 한때 목포의 청년회관을 공유했던 공동체의 다른 구성원들의 문제의식까지를 포함하며, 더 나아가서는 민족 전체의 문제의식으로 확대된다. 주인공 효주는 뿌리내릴 수 있는 안전지대를 확보하지 못한 인물로, 자신과 헐어진 청년회관을 동일시하며 마치 자신의 내부를 보듯 건물 안을 들여다본다. 이때 서술자의 목소리는 효주의 언술을 통해서 독자들에게 직접

---

[159] 1936년 조선사상범보호관찰령이 공포되면서 강압적인 통치로 인한 기존의 사회운동은 크게 위축되었다. 이후 목포의 사회운동은 대중 다수를 향하는 문화운동 차원으로 변화해 나갔다. 그 과정에서 1세대들이 펼쳤던 목포의 청년운동은 차츰 기성세대 운동으로 변해갔다. 청년이었던 이들이 기성세대인 '유지'층으로 편입이 된 것이다. 그 전환점이 된 것이 1936년 2월 목포협회의 창립이었다. 이 단체는 각종 시민대회를 개최하는 등의 활동을 펼쳤으며, 이때부터 청년회관은 목포협회에서 관리하게 되었다.(송병삼, 2012, p. 282.)

[160] 동아일보, 1925, 1, 9.

[161] 목포청년회관은 광복 이후 임마누엘 목포교회 건물로 사용되다가 2011년 남교소극장으로 개관해 각종 문화행사를 개최하고 있다. 2002년 9월 등록문화재 제43호로 지정되었다.

적으로 전달된다.

> "아! 가엾은 불행한 집아! 목포에서는 처음으로 된 모던식 건물이라고 옛날의 네 모양은 얼마나 산뜻하고 점잖았던가? 너는 항상 네 집 속에 변화한 회의를 가졌었더니라, 너는 주야로 네 큰 정문을 열어놓고 누구나 오는 사람을 환영하여 맞아들였었던만 오늘은 썩어지고 헐어진 이 모양의 참혹함이 웬 일이란 말이냐?"
>
> 「헐어진 청년회관」, p. 169.

'모던식' 건물이라는 외관의 표현으로 인물들이 행위하는 장소가 가시화된다. 청년회관은 효주에게 공동체의 한 일원으로서 경험할 수 있는 공통감을 되살려주는 장소다. 과거 청년회관은 주야로 사람들을 불러모으는 공적 영역으로 기능했고, 사람들은 그곳에서의 활동적인 경험을 통해 바깥세상과 만났다. '공적'인 장소의 상징과 의미를 공유한 사람들은 그곳에서 사회적 관계를 형성하고 서로의 삶의 경험을 쌓아 나갔다. 즉 청년회관의 장소성은 그곳에서 행위하는 사람들이 "외형(appearance)"을 드러낼 수 있도록 기능했다.

한나 아렌트에게 인간은 '단지' 노동하는 동물이 아니며, 타자 앞에서 차이를 부각시키고, 자신이 누구인지 명확하게 하기 위해 "활동하는" 정치적인 존재다.[162] "활동"은 새로운 것을 시작할 수 있는 힘으로, '짊어지다, 끝내다'와 같은 의미가 담겨 있다. 행위하는 사람들의 '드러남'은 공통의 서사를 가능하게 하는 토대가 되고, 이때 목포의 청

---

[162] 한나 아렌트, 1996, p. 372.

년회관은 고유한 이야기를 품고 있는 사회적 공간이자, 역사적인 장소가 된다. "인간의 삶은 단순한 생물학적 순환을 초월해 자신의 기억을 공동체적 서사 안에 머물게 할 수 있다."[163] 효주가 자신뿐 아니라 다른 많은 사람에게도 의미를 주는 청년회관 건물에 대해 "긴밀한 애착과 유대감"을 느끼고, "진정한 책임과 존경"을 보내는 것은, 그 자체로 "공동체 생활에 적극적이고 자연스럽게 참여"하는 실천적 의미가 강하다. 참여하고 활동함으로써 자신의 뿌리를 갖게 되는 것이다. 한 장소에 뿌리를 내린다는 것은 세상을 내다보는 안전지대를 확보한다[164]는 것을 의미하며, 이렇듯 특정한 장소에 정신적이고 심리적인 애착을 가지는 것은 개인의 정체성과도 밀접하게 관련이 있다. 이에 대해서 렐프[165]는 "공동체가 장소의 정체성을, 장소가 공동체의 정체성을 강화"시킨다고 말한다.

소설을 통해서 그 역할과 위상을 알 수 있듯이, 청년회관은 일제 강점기 청년들의 항일 운동의 근거지였다. 그러나 일제의 탄압으로 각 단체가 해산되면서 청년회관의 기능 또한 상실되었다. '헐어진' 건물은 공동체의 정체성 상실을 의미하며, 장소의 상실은 민족의 수난과 더불어 공적 영역에서의 정신적인 가치의 훼손과도 연결된다.

장소상실은 '장소애'의 문제와도 결부된다. '장소애'는 고유의 장소에 대한 애착을 가리키는데, 애정의 대상은 안락의자에서부터 집, 조국, 고향, 우주 등과 같이 무한대에 이르며, 자아 정체성과 결부되어

---

[163] 한나 아렌트, 1996, p. 191.
[164] 에드워드 렐프, 2005, 같은 면.
[165] 에드워드 렐프, 『장소와 장소상실』, 김덕현·김현주·심승희 역, 논형, 2005, p. 95.

있다.[166] 「떠나려가는 유서」(1932. 10, 만국부인)는 '묘지'의 장소성을 식민지-조선인의 '장소상실'의 문제와 연결시키고 있다. '바닷가 바위'는 은순에게 오빠의 '무덤이자 묘비'다. 은순은 죽은 오빠의 무덤이 없는 것을 깊이 한탄한다. 여기서 '무덤 없음'은 곧 '나라 없음'이라는 유사한 지리적 심상을 환기시킨다.

조선총독부가 주도했던 〈산림령〉(1911), 〈임야조사령〉(1918)에서의 삼림(묘지 포함)에 대한 사적 소유권은 토지가 사용가치가 아닌 교환가치의 대상이 되어 "자본주의적 경제의 질서로 편입"되는 것을 의미했다.[167] 특히 1912년에 공표한 '묘지령'은 특수한 경우를 제외하고는 정부가 지정한 공동묘지 이외의 장소에 묘를 쓸 수 없도록 하는 제도였다. 죽은 사람을 매장하는데 화장을 하고 돈을 내고 허가를 받아야만 하는 일본의 공동묘지 정책은 조선의 전통적인 묘장 제도와는 너무도 달랐고, "전근대적 관습을 근대적 법률 체계 속에" 강제하는 것이었던 만큼, 조선인들에게 강한 정서적 반감을 일으켰다.

폐병을 앓았던 영신의 남편(「추석전야」)이 전통적인 장례의식을 거쳐 "북망산 한 덩이 흙무덤"에 묻힌 반면, 은순의 오빠(「떠 나려가는 유서」)는 '화장'을 해서 바다에 뿌려졌다. 혈연공동체에 기반을 둔 '선산'과 달리 '북망산'은 부락공동체에 기반한 매장 장소로 국가에서 빈민층에게 무료로 제공한 터였다. 일제의 묘지령은 "선산을 수호하고자 하는" 유산층에 초점을 맞춘 것으로, 가난한 무산자들에게는 이로

---

166 이-푸 투안, 2020, pp. 15-19.
167 식민지 시기 묘지제도와 관련한 구체적인 논의는 한만수, 「묘지의 근대화와 계급성-염상섭의 『만세전』에 대한 신역사주의적 해석」, 『근대 한국의 문학지리학』, 2011, pp. 127-165을 참조하 것.

운 제도가 아니었다. 사망진단서를 발급받으려면 의사의 왕진을 받아야 했고, 진단서를 받았다 하더라도 매장 허가를 받기 위해서 관공서를 드나들어야 했으며, 공동묘지 이용료까지 지급해야 했기 때문에 은순이네와 같은 무산계급에게는 경제적 부담이 컸다. 이 소설에서 '무덤 없음'은 이러한 사회경제적인 맥락에서 이해할 수 있으며, '바위 묘지'에 애착을 가지는 동생 은순의 '장소애'는 상실된 정체성 회복의 의지를 대변하고 있다.

식민지 경계선 인식, 시가지와 공사지

해풍으로도 유명하거니와 풍경으로도 굴지(屈指)하는 목포의 석양은 면화가 가루에 붉어진 그들을 위로해 주며 해안의 양풍(凉風)은 땀에 절은 그들의 얼굴을 곱게 씻어준다. 그러함으로 종일토록 귀가 화근거리는 기계의 소리와 머리 골이 터질 듯이 심한 기름 냄새에 숨이 턱 막히는 먼지 속에서 눈을 비비며 땀을 흘리면서 무의식적으로 기계의 종이 되어 자아를 이겼던 그들도 오후 6시가 되어 공장 문을 나서서 바다 저편 월출산 위에 붉게 타는 저녁 구름을 바라보며 포구로 돌아오는 흰 돛대의 움직이는 그림자를 돌아보면서 양풍이 머리카락을 흩날리는 해안을 걸을 때는 잊었던 나를 다시 찾은 듯이 정신을 차려 시원함을 느끼며 자유의 몸이 된 것을 기뻐한다.

「추석전야」, pp. 25-26.

목포의 해안도로는 영신이 호남정(湖南町) 집에서 공장까지 도보로

그림 5 1922년 목포의 해안도로[168]

출퇴근하는 도로다. 위의 인용문에서 해안도로는 온종일 방적공장의 기계와 씨름하다 퇴근하는 영신의 피로를 풀어주는 회복의 장소가 된다. 자연적인 세계에서 느끼는 몸의 감각은 기계화된 공장에서 느끼는 것과는 사뭇 다르다. 영신의 시선은 멀리 '월출산'에서 포구로 돌아오는 '흰 돛대'까지 시야가 열려 있다.

해안도로에서 하나의 분기점이 되는 장소가 축(築)이다. 축은 매립공사로 세워진 축대(築臺)를 일컫는 것으로, 매립지 위에 세워진 도시 목포의 장소성을 효과적으로 드러내 보여준다.[169] 그곳은 출퇴근하는 여공들이 잠시 바람을 피하는 "자매애"의 장소로, 영신의 가슴 속에 응어리진 이야기가 서사화되도록 돕는다. '축(築)'에서의 만남이 공장에서의 갈등을 해소해 주는 것은 아니지만, 노동자 자매의 연대의

---

168 https://m.blog.naver.com/jcs89225/221564072487(출처: 朝鮮写真絵) 도로 폭 15m의 해안도로.

가능성으로는 열려 있다. 그날 공장에서는 일본인 공장감독이 여공을 추행하는 사건이 있었다. 공장 안에 닫혀 있던 "비분과 원한"이 '축'에서의 자매애를 통해 서사화되기 시작한다. 영신의 서사에서 방적공장은 식민 본국과 지배국의 대립의 장소로 이야기된다.

영신이 '길'에서 만나게 되는 다음의 장소는 근대도시 목포의 지리적 실제감을 보여주는 사거리 변화가다. 이곳은 자동차 경적으로 영신의 몸을 일깨운다. 소리에 놀라 "꿈에서 깨어난 듯한 표정"으로 영신은 시가지의 풍경을 바라본다. 그러나 해안도로에서와는 달리 영신의 시선은 '송방'에 고정되고, 조선 고유의 문화를 상징하는 댕기, 대님 이외의 것은 외면하는 것으로, 선택적이고 부분적인 시가지가 재현된다.

목포의 도시 공간은 차별화와 이중성에 기반해 있으며, 시가지 거리를 경계로 일인과 조선인의 생활공간이 나누어졌다. 시가지 장면화와 같이 박화성의 소설은 목포의 실제 도시 공간을 충실하게 반영하고 있지만, 일인 구역에 대한 재현은 찾아보기 힘들다는 점에서 도시 전체가 아닌 "부분적인 재현"에 가깝다. 시가지 변화가는 영신에게 식민지 경계선을 인식하게 해 주는 지표로 기능한다.

박화성의 소설에서 '유달산'은 일제의 차별화 정책과 조선인의 핍박받는 삶의 '외재화'된 가시적 기호물이다. 고향이라는 정주의 이정표

---

169 근대 도시 목포는 간척, 매립과 함께 시작되었다. 영신이 사는 호남정(湖南町)도 매립으로 생겨난 동네다. 목포부는 거류지를 구분짓는 도로 경계선을 넓게 확대하고 시가지를 조성하기 위해서 해벽 공사와 간석지 매립 공사를 했다. 1899년에서 1909년까지 약 1.5km에 이르는 공사와 보수공사를 통해 45㎢의 간척지를 조성하고, 그 위에 산업기반과 주거지가 들어섰다. 서산동-목포진-송도-목포역 예정지 부근까지 매축(埋築)공사가 완공되면서 근대 도시 목포의 기틀이 마련되었다.

와 친밀한 정서의 대상으로도 환기되며 목포를 대리 표상한다. 하수도공사는 근대도시로의 면모를 갖추기 위해 일제가 "목포의 유달산록(儒達山麓)을 잘라 만든 대규모"의 공사였다. 실제로 목포부의 조선인들이 사는 구역의 하수도 시설은 엉망이었고, 그런 의미에서 하수도공사는 조선인 노동자들의 땀과 희생의 대가로 일인과 유산자들에게 제공된 문명화 사업에 다름 아니었다.

> 남포와 곡괭이질로 파내는 흙과 돌로 정거장 앞 바다를 매축하느라고 삼부의 철로는 바다로 향하여 놓이었다. 동권이는 보통학교 후면 공사지에서부터 학교 앞을 지나 고무공장 시장 등지를 뚫고 지나는 구루마에 철로 타는 일을 하는 동안 꽃 지는 봄과 잎 피는 첫 여름도 지나 칠월이 되었다.
> 「하수도공사」, p. 73.

'구루마'는 남포와 곡괭이로 파낸 흙과 돌을 운반하는 도구다. 바퀴 달린 이 물건은 노동하는 동권의 신체를 연장시켜 공간에 대한 감각을 확장시키며, 자유로운 감각을 느끼게 해준다. 수레 가득 물건을 싣고 커브를 돌 때면 그 무게감 때문에 신체로 전해오는 속도감을 느낄 수 있기 때문이다. 그러나 구루마의 속도는 '쇠길' 위를 달리는 기차의 속도감을 따라잡을 수 없다는 점에서 동권이 처한 식민지 현실 조건에서의 물리적인 한계를 감각하게 해준다. 가진 것이 노동력뿐인 조건에서 동권의 신체는 누구도 침해할 수 없는 자신만의 유일한 장소다. 노동은 동권이 세계에 대응하는 유일한 활동력이며, 자신만의 고유한 '신체'를 자연계에 존재하는 사물에 각인하는 행위다.[170]

'하수도공사지'라는 지리적 감각은 구루마를 모는 동권의 노동을 통해 체현된다. '빼앗긴 땅'에 대한 감각과 이를 훼손하는 일제의 문명화 정책은 식민지 통치 배후에서 작동하는 주체의 문제를 중층적으로 겹쳐놓는다. 목포를 떠나기로 결심한 후 동권이 마지막으로 둘러본 곳은 '하수도공사지'다. "혹독한 추위와 폭염에 배를 주리고 뼈가 닳아지고 살이 깎이도록 일한 것은 누구를 위함이었던가?" 질문하며, 하수도의 '물성'을 나라를 빼앗긴 자의 민족의식, 노동자로서의 계급의식과 연결짓고 있는 것이다. 이러한 자각은 필연성에 속박된 노동이 아닌, 자유를 향한 정치적 영역으로 동권을 이끈다. 박화성이 재현한 유달산록의 하수도공사지는 식민지 경계선을 인식하게 해 주는 지표이며, 되찾아야 할 정주지로서의 감각을 일깨운다. 유달산 허리를 잘라 파헤쳐진, 근대 문명의 공사지는 식민지-조선인의 공동체 정체성이 잠재된 장소로 의미화된다.

나무 한 그루와 심상지리

박화성이 재현한 목포는 되찾아야 할 삶의 뿌리인 "정주지 감각"이며 이에 일조하는 것이 소설에서의 '나무 한 그루'다. 나무는 서정성을 불러일으키는 매개체로 인물과의 정서적 일체감을 드러내며 조선인 거주지에 '우뚝' 서 있다. 장선동의 살구나무(「논 갈 때」)는 서봉을

---

170 한나 아렌트는 극단적으로 견디기 힘든 고통의 상태에서 "인간이 어쩔 수 없이 자신의 육체적 생명에 정신을 집중하는 것 말고는 인간을 근본적으로 세계로부터 내팽개치는 것"은 없다고 말하며, 이를 무세계성의 경험, 세계로부터의 동떨어짐으로 설명한다. 아렌트에게 이러한 노동은 자신의 신체에 의식을 집중함으로써 '공통 세계'에 대한 인식을 차단하는 것이다.

향한 해선의 기다림과 연정을 표상하고, 유달산 자락의 행화 한 그루 (「춘소(春宵)」)는 봄날의 삶의 비애를 표상한다. 호남정(湖南町) 빈민촌 영선의 초가집 뒤편에 서 있는 포플러 나무 한 그루도 그중 하나다.

> 해안에서부터 일어난 바람이 슬슬 여러 집을 거쳐 호남정(湖南町) 영신의 집 뒤 포플러 잎을 제멋대로 뒤척이다가 병든 잎 하나를 영신의 머리 위에 뚝 떨어뜨렸다.
>
> 「추석전야」, p. 34.

추석 쇨 돈을 마련하지 못하고 공장에서 팔까지 다친 영신이 포플러 나무 아래 서서 잠깐 한숨을 돌리며 달을 보는 장면이다. 포플러 나무는 영신의 "주체적 위치"를 알려주는 지표다. 여기에서 매개가 되는 것은 주체로서의 영신의 '몸'과 몸의 감각이다. 소설에서 호남정은 목포의 심상지리 한쪽에 한 그루의 포플러 나무와 함께 하나의 점으로 수렴되는 이미지로 그려진다. 호남정(湖南町)의 포플러 나무는, 비록 식민도시 목포의 호남정 초가집 뒤편에 '왜소하게' 서 있을지언정, 수평적 구조에서의 바다와 수직적 구조에서의 '달나라'를 연결하면서, 식민 권력에 포섭되지 않은 가능성으로서의 목포의 심상지리를 확장해 나간다.

심상지리에는 단순히 건물과 도로 같은 인공적인 경관만 포함되는 것이 아니라, '나무 한 그루'와 같은 자연 경관도 포함한다. 공간지표의 역할은 심상으로서의 문학적 도시, 즉 목포의 전체 지리를 상상할 수 있도록 돕는다. 박화성의 소설에서 나무 한 그루는 60년대 소설 『이브의 후예』에서도 "한결같은 위치에 변함없이 꼭 그대로 서서 무성한 가지를 펴 가는 가로수 길"[171]로 재현되며, "주체의 위치를 알려주는 지표"의 이미지를 굳건히 이어가고 있다.

박화성은 도시의 공간지표를 잘 활용하는 작가다. 공간지표는 재현된 도시 목포의 심상지리를 확장시키는 역할을 한다. 식민지 시기 박화성 소설에서 각각의 공간지표들을 점으로 연결해보면 "목포-호남"이라는 심상지도가 어렵지 않게 그려진다. 그 지도에는 지나치듯 재현되는 어떤 공간지표라도 '나무 한 그루'처럼 전체 그림에서 각각의 역할을 해낸다. 예를 들어 식민지 시기 박화성의 소설에서 '감옥소'의 경우, 단순한 지표로만 제시되어도 인물의 삶의 방향이나 소설 전체 구성에 큰 영향을 미친다. 근대 교육 기관인 학교 또한 전면에 등장하지 않더라도 등장인물들의 출신 배경에 관한 정보(학생운동, 독립운동)를 제공하며, 식민지 권력 너머를 상상할 수 있게 만든다. 목포역의 경우는 기차가 지나가는 소리의 반향으로도, 일상 속에 깊이 침투해 들어와 있는 식민지 근대성을 효과적으로 환기시키는 장치가 된다.

「하수도공사」의 부청 장면에서는 무심한 듯 구경나온 인파 속의 한 사람인 '정'이 등장한다. 정은 노동자들의 시위를 구경나온 사람 중 하나, 즉 근처 도서관에서 글을 읽다가 구경 나온 군중 속의 한 사람이다. '정'의 등장은 인근의 도서관과 우편국까지 부청의 '문학지리' 안으로 끌고 들어온다. 목포도서관과 함께 공간지표로 제시되는 우편국은 실제하는 목포부청 주변의 도시 공간을 환기시키는 역할을 하면서 소설의 심상지리를 확장시킨다. 이들 공간지표가 서술에서 차지하는 비

---

[171] 『이브의 후예』(1963), 전집, 12권, p. 422.

중이 큰 것은 아니지만, 인물들의 일상에 삽입되어 들어오면서 작가가 그려내는 '상상의 목포'와 '실제의 목포' 사이의 간격이 좁혀지고, 목포라는 도시의 문학적 심상지리는 보다 확장된다.

3. 이동하는 시선과 장소성

호남선의 풍경, 타락한 식민지 도시

박화성은 당시 여성들에게는 제한적이었던 이동의 자유를 비교적 활발하게 누렸던 작가였다. 1933년 9월 가을부터 초겨울까지 박화성은 경주, 부여, 개성, 평양, 해주 등 고도를 순례하였고, 그때의 경험은 『조선일보』별지에 여행기로 연재되었다. 제국이 국민국가의 경계를 넘어 지리적 확장의 의지를 널리 뻗어 나갔던 시대였고, 기차와 철도는 어디든 닿는 곳이면 공간적 통합을 가능케 하는 문명의 수단이었다. 최남단의 지방 도시에 살던 박화성에게 호남선과 기차는 근대적 삶을 향해 나아갈 수 있는 기반이 되어주었음 직하다. 그런 만큼 식민지 시기 박화성의 소설에는 집 떠남과 귀향의 모티브가 많다.

「신혼여행」(1934, 조선일보)은 부르주아 출신의 미래가 보장된 신혼부부의 길 떠남 그리고 길 위에서의 여정과 체험에서의 인식의 변화를 다루고 있다는 점에서 여행소설의 플롯을 취하고 있다. 여행소설은 여행 중에 일어나는 이야기를 서술자 관찰과 자기고백의 형식으로 풀어놓으며, 대개의 경우에는 젊은이들의 자기 성장과 발견 여행으로서의 의미를 지닌다.[172] 의대생 준호는 경성에서 결혼식을 올리고 20일간의 신혼여행 길에 오른다. 경성에서 출발하여 대전을 거쳐 목포까지 이어지는 철로는 이 소설의 뼈대를 이룬다.

대전에서 시작된 호남선[173]은 목포항을 연결하는 간선철도로 농산물의 수송 및 연변 일대의 개발을 목적으로 1911년 10월 착공, 1914년 1월에 개통되었다.[174] 일제는 철도와 도로 항구의 운송체제를 갖추고 호남선을 토지수탈과 경제침탈의 수단으로 이용했다. 호남선으로 연결되는 지역들은 곡창지대와 평야지대였고, 그곳에서 생산된 쌀과 면화는 호남선을 통해 항구로 운반되었다. 기차역 부근으로 일본인 경영의 대단위 농장들이 대거 포진되었다는 사실에서 일제의 침탈 의도는 더욱 분명해진다. 소설은 신혼여행이라는 무겁지 않은 소재로 지식인 부부의 이상적인 가정생활의 비전을 제시하는 것 같지만, 여행자의 관찰자 시점을 통해 호남선 주변 농촌의 참상과 빈궁의 현실, 식민지 도시 목포의 타락상과 식민지 사회의 구조적 모순 등을 고발하고 있다.

> 기차는 남으로 달렸다. 달려가는 기차의 속력에 반항하여 차창으로 바람이 부자연하게 들어오다가도, 기차가 정거장에 닿을 때는 바람 역시 정지하여 버리고 무더운 땅 기운과 기차 안의 후덥지근한 더운 김이 서로 마주쳐 숨길이 막힐 듯하였다. (…) 기차는 다시 달리기 시작했다. 차창 밖으로 휙휙 지나가는 논에는 검푸른 빛

---

172 이미림, "박화성 여행소설 연구: 1930년대 전반기 문학을 중심으로", 『국어국문학』 제153호, 국어국문학회, 2009, p. 295.
173 호남선 정거장: 대전-서대전-흑석리-두계-영산-논산-강경-함열-황등-이리-부용-김제-신태인-정읍-사가리(백양사역)-신흥리-장성-임곡-송정리-나주-다시-고막원-학교-몽탄-명산-삼향-임성리-목포
174 변화영, 2006, p. 367.

의 벼가 가득히 들어서 있고 밭에는 김매는 여인들이 손을 놓고 꿈틀거리며 지나가는 검은 괴물을 바라보고 있다.

"복주는 경부선 어디까지 가 보셨소."

"대구까지요."

"호남선은요?"

"호남선에야 도무지 못 가 봤지요."

「신혼여행」, pp. 181-182.

남쪽으로 달리는 기차 안에서 복주는 차창으로 들어오는 바람을 느끼고, 기차가 정거장에 멈출 때면 후텁지근함을 감각한다. 차창 밖으로 지나가는 논과 검푸른 벼를 '보고', 밭에서 김매는 여자들이 잠시 일손을 놓고 '검은 괴물' 같은 기차를 '바라보고' 있는 것을 '본다'. 여기에서 차창 밖으로 지나가는 논을 보는 주체는 기차 안의 복주이고, 복주가 탄 기차를 보는 주체는 기차 바깥의 김을 매는 여자들이다. 기차를 "검은 괴물"이라는 위압적인 외양과 속도감으로 인식하는 주체는 기차 밖 김매는 여자들의 시선을 대리한 '서술자-작가'다. 이렇듯 위의 장면은 이동하는 기차 안에서 서로가 서로를 대상화하는 여러 겹의 시선이 중층적으로 겹쳐 있다.

이런 게 다 부자들의 창고를 채워 줄 풀밭이거든요. 좀더 가서 논메(論山) 강경 들 하며 금제 만경 들을 보시오, 전국의 부는 다 거기서 나오거든, 당신네 논도 거기 제일 많이 있을 게요. 아마 우리 아버지 몸뚱이에 흐르는 기름도 거기서 가장 많이 짜 왔을 걸요.

「신혼여행」, p. 183.

끝이 없는 여름 들판이 넓게 펼쳐져 있고 준호는 들판의 수확물이 농민이 아닌 '부자들'의 몫이 되는 모순을 지적한다. 창밖으로 향하던 시선을 내부로 돌리게 만든 것은 "넘어질 듯 몸을 가누지를 못허"는 팔십 노파에게 준호가 자리를 양보하면서부터다. 이제 준호와 복주는 경청하는 사람의 위치에 선다. 노파의 처지가 직접 노인의 육성으로 전달이 되면서, 비참한 참상은 더욱 생생한 육체성을 띤다. 노파는 원래 강경 사람으로 이번 홍수로 인해 집과 논밭을 잃고 가족 모두가 뿔뿔이 흩어져 살고 있다. 기차가 정류장에 멈췄다 다시 미끄러져 나가기를 반복할 때, 복주는 창밖으로 지나가는 "홍수의 비참한 자취를 목도"하고 동정심을 갖는다. 동정은 대상과 거리를 두었을 때 발생하는 반응으로 주체의 우월성을 전제로 한다. 그럼에도 '보는 주체'인 복주의 인식은 시간이 지나면서 서서히 변화해 간다. 이는 차창 밖의 농촌 풍경과 팔십 노파의 사연이 '부르주아지 속물'인 복주에게 체험 교육의 효과를 불러일으켰기 때문으로, 복주는 "경부선의 승객은 일본 사람이 많았는데 호남선의 승객은 줄곧 가난한 농민이 많이 오르고 내"린다는 것을 깨닫게 된다.

소설에서 준호는 스스로 여행 안내자의 역할을 자임한다. 이때 준호의 시선은 시종일관 우위를 점하고 있는 리얼리즘에서의 서술자의 태도와 닮아 있다. 근대적 리얼리즘의 인식적 기반은 거리와 이동의 상대성의 체험으로부터 출발한다. 이는 "국민국가라는 지리적 범주에 대한 구체적인 체험과 실감 및 재현"[175]의 문제와도 결부된 것으

---

175 조형래, 「이태준의 성북동; 이태준의 단편소설 및 "무서록"에 나타난 '교외'와 '구석

로,「신혼여행」과 같은 재현의 형식에서 바깥의 풍경은 이동하는 '시선의 위치'에 따라 그 의미가 달라진다. 인식의 준거가 되는 것은 인물의 주관적인 시선의 감각이다. 기차 안에서 내다보는 창밖 풍경은 여행자가 일정한 거리를 두고 포착하는 것으로, 이동과 거리를 경험의 차원에서 실감하는 이러한 시점은 창밖 세태를 대상화하여 '객관적'으로 포착하는 힘을 가진다. 이러한 인물 시점은 판단이 개입된 리얼리즘에서의 서술자의 태도와도 일치한다.

기차가 목포에 도착하자 신혼부부의 눈에 가장 먼저 띈 것은 '유달산'이다. 더 구체적으로는 유달산 중턱에 다닥다닥 붙어 있는 조선인 거류지다. 식민지 근대화는 어떤 계층에게는 부를 축적할 수 있는 '중심부'의 기회를 주고, 다른 누군가에는 부에서 소외되는 '주변부'의 자리만을 허락하는 계급적 불평등을 야기한다. 목포의 비약적인 발전은 배후지 조선인의 희생을 대가로 한 것으로, 실제 조선인들의 생활은 비참했다.

> 큰길 좌우에는 음식점이 거의 한 칸도 거르지 않고 먼 거리까지 죽 연해 있었다. 그 음식점이나 기름머리를 치켜 빗고 분을 하얗게 뒤집어 쓴 여인들의 삼사 인씩 번들거리는 인조견 치마들을 지르르 끌고 길거리에 나와 서서 콧노래를 부르고 몸을 흔들거리면서 그럴듯한 행인들에게 낚싯대를 걸고 있다.
> "이것이 조선에서도 첫째로 칠만한 목포 공설 시장이라우."

진 곳'의 의미에 대하여」,『상허학보』 51집, 상허학회, 2017, pp. 141-180; 2011, pp. 167-238.

준호가 왼쪽에 보이는 큰 건물을 가리켰다. 그 맞은편 카페에서는 비속한 레코드의 소리가 흘러나오고 여급들이 웃는 억지웃음소리도 들려왔다.

"이것이 카페 아리랑."

"아니, 목포에도 이런 큰 카페가 있어요?"

복주는 활짝 열어젖힌 카페 정문으로 집안을 기웃 들여다보며 놀라워했다.

"흥, 목포에 카페가 몇 개나 되는지 알우? 조선 카페가 큰 것으로만 네 개 일본 카페는 아마 열 개쯤이나 될걸."

"술집이 이렇게두 많은데 웬 카페가 또 그렇게 많아요? 아니 목포 사내들은 술만 먹구 카페만 다니나?"

"그러기에 기가 막힌단 말이에요. 술과 계집으로 하는 장사가 목포처럼 번창하는 곳은 아마 전 조선에 없을 걸. 자, 이렇게 술집과 카페가 전성하여 가는 반면에 헐어지고 무너지는 집이 있다우, 나만 따라오시오, 내 보여주리다."

준호는 이층집의 유리창에서 장구소리와 노랫소리가 새어나오는 고급 요리점이 줄을 지어 있는 길거리를 지나 컴컴한 골목으로 들어서더니 큼직한 집 앞에서 우뚝 발을 멈췄다.

"자, 이것이 역사 깊고 일 많았던 목포 청년회관이었소."

준호는 감개무량한 듯이 말을 시작했다.

「신혼여행」, pp. 190-191.

"황혼 빛 속에서 목포 시가는 번화한 얼굴과 아담한 자태로"(189) 신혼부부를 맞아주었고, 여관에 짐을 푼 신혼부부는 목포 시가지로

'관광'을 나선다. 1930년대 목포는 기형적인 모습의 타락한 식민지 도시로 급격하게 변해가고 있었다. 민족적 자각을 일깨웠던 거리에는 온통 근대 자본의 소비적 유흥시설이 넘쳐난다. 일본인들이 세운 근대적 시가지에는 술집과 카페가 들어섰다. 시가지 좌우로 펼쳐진 고급 음식점과 공설시장, 카페를 지나고, 마지막으로 컴컴한 골목길로 들어가 발길을 멈춘 곳은 청년회관이다. 「헐어진 청년회관」의 주인공 효주와 마찬가지로, 준호 또한 회중전등을 꺼내 내부를 비추어 본다. 향락가를 지나 마지막으로 다다른 곳이 '청년회관'이라는 점에서 박화성의 소설적 지향이 어디로 향하고 있는지를 어렵지 않게 짐작할 수 있다. 소설 속의 목포 시가지의 타락은 이제 '30년대 한국사회의 표본'으로 그 의미가 확장된다.

30년대 중반 목포 지역에 기반을 둔 지식인들에 의해 간행된 『호남평론』[176]을 대상으로 지역문화담론을 분석한 송병삼의 연구[177]를 보면 이채로운 것이 눈에 띤다. 지식인과 지역 유지 중심의 담론가들은 "목포-호남이라는 자기 영역을 설정"하고 "그 영역 경계선 내지 자기 내부의 문제성"을 비판적으로 검토하고 다루는 방식으로 "지역 공동체 담론"을 전개해 나갔다. 「신혼여행」에서 준호의 시선으로 포착되고 있는 목포의 도시문제와 호남선을 관통하는 호남-지역의 문제, 다도해(多島海) 섬마을의 생활의 문제는 『호남평론』에서 다루었음직한 지역 현안의 성격을 띤다. 박화성이 「신혼여행」이라는 소설을 통해 보여

---

[176] 『호남평론』은 1935년 4월에 창간, 1937년 11월에 종간된 지역종합잡지로 지역 현안과 시사, 문예를 다루었다. 박화성의 수필 "호남 소년소녀 웅변대회를 보고"(1935, 10)와 단편소설 "중굿날"(1935, 11)이 이 잡지에 실렸다.
[177] 송병삼, 2012, pp. 271-295.

준 식민지 도시 목포의 타락은 『호남평론』에서도 다뤄진 바 있는 문제였다. 달리 말하면 『호남평론』에서 글쓰기를 통해 지역 현안을 다루는 담론의 방식이나 박화성이 「신혼여행」을 통해 목포의 문제를 다루는 방식이 어딘지 모르게 닮아 있다. 소설의 결말이 계몽의 서사로 귀결되는 이유 또한 이러한 지역 현안을 해결하고자 하는 담론의 창구로서의 소설의 역할을 강조하는 것처럼 보인다. 아래의 인용글은 『호남평론』에 실린 박화성의 글이다.

> 그동안 목포에는 건물로서 높다란 굴뚝을 가지고 있는 공장이 몇 개 붙어있는 외에 전에는 납작한 초가 속에서 이삼 인의 매소부(賣笑婦)를 두고 있는 순배 술집이 대대적의 장족진보를 하여 큰 길 좌우에는 높은 누각을 가진 주점이 그야말로 한집도 거르지 않고 장사의 행렬을 지어있어 각각 오륙 인 혹은 칠팔 명의 작부들이 밤이면 농장금의(濃粧錦衣)로 행인에게 추파를 보내나니 누구나 목포에 와본 나그네로서 전조선에서 주점 많기로는 목포가 단연 그 왕좌를 차지하리라는 탄성을 발하지 않는 사람이 없고 다음으로 본래부터 있는 여러 개의 카페는 말하지 말고라도 연연히 배수로 불어가는 조선인 경영의 5, 6개 카페에도 밤마다 대번잡을 이뤄서 주민의 인구에 비하여 중년, 청년의 카페 중독자가 많기로는 역시 목포가 전선에서 그 수석을 점열하는 영예를 가졌으니 거리에는 노골적인 색채에 화려한 무늬를 놓은 첨단적의 의상을 입은 여자가 행인의 사분의 삼을 차지하여 가벼운 연보를 옮기며 신설된 각 축음기상점에서는 애끓는 노래가 새어나와 연희로 밤을 새우는 이 거리에는 술의 향기가 흐르고 노래의 꽃이 피며 미기(美妓)

와 여급군(女給群)의 웃음이 안개와 같이 자욱하게 끼어있나니 장재장재(壯哉壯哉)라 신흥목포의 찬란한 면모여! 아무리 그 환락의 소리 속에 전 시민 팔 할의 굶주리니 무산자를 숨기고 있기로니 그 뉘라서 기름기가 돌고 윤기가 흐르는 목포를 가리켜 초토라 할까 부냐?[178]

주체의 두 시선, 형무소와 유달산

「두 승객과 가방」(1933. 11. 조선문학)[179]에서는 인식하는 주체의 시선에 따라 표상의 의미가 달라진다. 소설은 목포역을 출발해서 대구로 이동하는 기차[180] 안을 행위공간으로 하고 있으며, 달리는 기차는 인물들의 서로 다른 상황적 조건이 대별되는 "이동 중인 장소"다. 두 인물의 서로 다른 사회적 위치는 달리는 기차 안의 풍경으로 배치되는데, 서사는 식민지와 근대성이 함께 달리는 형국을 띤다.

작가의 서술 전략은 정채의 시점과 서술자의 시점을 번갈아 가며 취한다. 목포역 주변은 정채의 시점으로 서술되며, 기차 안의 두 사람을 포착하는 시선은 서술자의 시점이다. 전자의 시점에서는 정채의 핍진한 삶이 부각되고, 후자의 시점에서는 서로 다른 인물의 상황과 구조적 모순이 폭로된다.

---

[178] 『전집』 18권, pp. 227-228; 박화성, "호남 소년소녀 웅변대회를 보고", 『호남평론』, 1935. 10.
[179] 상허 이태준은 이 작품을 이전의 「하수도공사」, 「떠나려가는 유서」, 「비탈」에 비해서 "원래 생리에서 우러나는 것으로 짜임새가 더 예술적인 작품"으로 평가한 바 있다. (『전집』 14권, pp. 185-186.)
[180] 목포에서 떠나는 기차는 「헐어진 청년회관」의 효주가 타고 떠난 것과 같은 시간대의 것으로 목포발 6시 45분 대구행 급행열차다.

정채는 생계를 위해 대구 공장으로 일자리를 찾아 떠나는 길이다. 생계형 이산가족이 되어 기차를 타고 대구로 가는 정채의 정체성은 복잡하고 중층적이다. 남편이 형무소에 갇히게 되자, 남편을 옥바라지하면서 동시에 가족의 생계를 책임지기 위해 젖먹이를 떼어놓고 멀리 대구까지 공장을 찾아 떠나게 된 것이다. 이 시기에는 저임금의 열악한 환경 속에서 정채처럼 고향에 가족을 두고 타지 공장에서 숙식하며 돈벌이를 하는 기혼여성이 많았다. 일제하의 공업화로 인한 여성의 경제활동이 증가하였기 때문인데, 이 시기 직업을 가지고 있는 여성의 비율은 1922년 20.5%였던 것이 1930년에는 33.7%로 상승한 것으로 나타난다.[181]

이와 달리 형무소장은 영전하여 그의 가족과 함께 대구로 가는 기차 안에 있다. 형무소장이 영전하게 된 배경에는 정채의 남편과 같은 '혁명가'와 그의 가족들의 피눈물이 보태어졌다. 달리 말하자면 정채가 가족과 떨어져 대구까지 가게 된 배경에는 형무소의 최고 권력이자 식민 권력의 상징인 형무소장 같은 감시와 처벌자가 존재하기 때문이다. 형무소장의 영전과 그의 가족의 안녕이 식민지 조선의 혁명가 가족의 희생에 기반하여 보장된다는 점에서 아이러니가 발생한다.

정채와 형무소장의 상황적 조건은 계급과 젠더 입장에서도 전혀 다른 삶의 양태로 대립된다. 유산계급의 남성 가부장과, 무산계급의 여성 가부장의 대비가 그것이다. 정채의 현실은 모성뿐 아니라 기본생존권조차도 박탈이 된 상황이며, 여기에다가 식민지 상황까지 고려한다면 정채와 형무소장의 관계는 더욱더 복잡해진다.

---

[181] 이미림, 2009, p. 294, 재인용; 강이수외, 『여성과 일』, 동녘, 2001, p. 59.

> 흰 정복에 검정 정도를 쓴 간수들이 정거장 뜰에 뒤덮여 있고 양복 입은 사람들이 너른 정거장 울 안에서 물끓듯한 말소리를 내고 있었다.
> 정채는 사람 틈을 헤치고 달려들어 높직이 바른 편 벽에 걸린 시계를 보았다. 여섯 시 이십 오 분! 아직도 차시간까지는 이십 분이나 남았건만 시계가 없는 탓으로 퍽 허덕였던 자신이 어리석게 생각되었다.
>
> 「두 승객과 가방」, p. 149.

정거장에는 "흰 정복에 검정 정도를 쓴 간수"들과 양복 입은 사람들 틈에 "작고도 뚱뚱한" 형무소장이 있고, 지역 유지들과 귀부인, 고등여학교 학생들도 형무소장 가족을 전송하기 위해 나와 있다. 때마침 형무소 면회를 다녀오느라 허둥대며 역에 도착한 정채는 "고리짝처럼 된 여행가방"을 들고 기차에 오른다. 가방은 남편이 유학 시절 지하운동 할 때 여공들과 함께 먹을 '점심밥'을 담아갔던 것으로, 지금은 젖을 짜낼 때 쓸 '양재기'(153)가 들어가 있다. 정채의 삶에서 소중한 것들이 가방 안에 담겼음을 알 수 있다. 남편의 얼굴이 가방과 함께 오버랩 되는 순간, 배웅나온 사람들이 형무소장을 향해 내지르는 "만세" 소리와 함께 기차가 출발한다.

> 점점 멀어지는 유달산과 그 산 밑 빈민굴 속의 하나로 있는 자기의 집을 바라보면서 전신의 피가 머리로만 모여드는 듯한 흥분을 느꼈다. 그러나 일등 객차의 O씨는 멀어지는 유달산을 바라보며

감사와 기쁨의 웃음 섞인 석별의 목례를 보내었다. 기차는 속도를 빨리 하면서 성당산을 돌아 형무소 앞을 지난다. (…)

정채는 몸을 일으켜 북망산 아래 즐비하게 자리 잡은 형무소에 분명한 시선을 던져 감개 깊은 줄기 줄기의 보이지 않은 추억의 줄로 그 집 전체를 휘감고 돌았다.

O씨는 자기의 사무소이었고 작업 감독 장이었고 또한 오늘날 영전의 발돋움이 되어준 이 정다운 건물에게 축복과 감격의 인사를 드렸다.

삼향역을 지나고 몽탄강을 건너고 나서야 정채는 자기의 앞에 닥쳐올 일을 상상해보았다.

「두 승객과 가방」, p. 152.

정채와 형무소장을 태운 기차가 유달산과 성당산, 형무소를 지나 목포를 빠져나온다. 두 사람이 마지막으로 본 유달산과 형무소에 대한 인식은 응시하는 주체의 위치에 따라 그 의미가 달라진다. 정채는 목포의 유달산과 그 아래 빈민굴을 보면서 "전신의 피가 머리에 몰리는 듯한" 분노와 설움을 느끼고 북망산 아래 형무소를 보면서는 남편과의 깊은 추억에 잠겨든다. 반면 형무소장은 멀어지는 유달산과 형무소를 보며 "감사와 기쁨의 인사"를 보낸다. 두 사람의 삶에 밀접하게 개입된 '형무소'는 식민지 본국의 감시체계가 가장 첨예하게 작동하고 있는 장소다. 소설에서 그 공간은 제국과 식민지, 계급, 젠더를 인식하는 주체의 위치에 따라 다르게 인식되고 의미화된다.

기차는 어둠을 뚫고 북으로 북으로 달린다. 천 갈래의 각기 다른 환상의 세계를 품에 안은 채로 바퀴는 구르고 구르다가 문득 한 휴게소에서 숨을 돌린다.

환상의 몇 세계는 여기서 깨뜨려지고 다시 몇 개의 새로운 세계가 전개된다.

이들의 세계는 한 시간에 만 개씩 불어도 가고 또한 천 개씩 줄어도 간다. 불거나 말거나 기차는 그저 이 모든 환상을 안고 달리고만 있다. 달리는 기차에도 밤은 깊어간다. (…)

기차는 어느 굴속을 통과하려는지 기적소리를 울리면서 바퀴소리가 요란스럽게 커져간다.

「두 승객과 가방」, p. 153.

기차와 철로는 이동의 수단이자 근대적 시간을 표상하는 근대성의 상징물이다. 서양의 근대를 축복과 이기로 인식한 반면, 식민지 시기 조선인들에게 기차와 철로는 제국주의의 침략과 수탈의 통로로 인식되었다. 형무소와 기차는 소설 공간에 나란히 배치되면서, 식민지 근대의 모순을 인식할 수 있게 도와준다. 6시 45분 목포역에서 출발한 기차는 기적소리와 바퀴소리를 요란하게 울리면서, 식민지 내부의 모순을 '환상'처럼 안고 달린다. 기적소리와 바퀴소리는 식민지 근대성에 대한 막연하면서도 불안한 미래를 암시하는 것처럼 보인다.

4. 도회지(都會地) 목포와 배후지(背後地)

이번 장에서는 목포 인근의 지역들과 목포와의 관계를 배후지와 도회지의 관계 속에서 살펴보고자 한다. 목포의 지형은 바다와 내륙을

끼고 있어서 호남 내륙과 서남해안의 섬에서 유입된 인구가 많았고, 박화성 소설에는 목포 인근의 섬지역이나 인근 내륙의 무안, 함평, 강진, 나주, 영산포, 영광, 광주 등과 같은 호남 지역이 자주 등장한다. 박화성의 소설에서 인근의 농어촌 지역은 '목포-호남'이라는 지역공동체로 묶여 있다. 뱃길로 연결되는 목포와 인근의 다도해(多島海) 섬들은 같은 생활권역으로, 섬사람들에게 도회지 목포는 중요한 거래처이자 생활의 기반이 되는 곳이다.

일반적으로 도회지(都會地)는 "인구가 많고 상공업이 발달하여 많은 문화적인 시설을 갖춘 번화한 곳"을 가리키며, 배후지(背後地)는 이러한 도회지의 경제적, 문화적, 사회적 세력권에 들어가 자원을 뒷받침하는 주변 지역을 일컫는다. 배후지 사람들은 지역에서 나는 쌀, 면화, 소금, 개젓 등과 같은 농산물과 수산물을 도회지 목포의 시장에 공급하고, 그곳에서 나는 생산품을 다시 사들여서 도회지 상권의 소비를 촉진하는 역할을 한다. 뿐만 아니라 공장이나 그 밖의 산업에 노동력을 제공하고, 학교, 병원과 같은 공공의 시설이 유지될 수 있는 기반을 제공한다.

> 도회지에는 영남 지방의 수해에 관한 신문호외와 태풍경보가 몇 번이나 돌고 돌았다. // 상상할 수도 없을 만큼 참혹한 수해지와 이재민의 형언할 수 없는 참상에 눈썹 한번 찡그리고만 말아 버리던 도회지의 사람들도 태풍 경보에만은 눈을 둥그렇게 뜨지 않을 수 없었다. // 지주들은 자기의 전답에 미칠 영향을 생각하여 이맛살을 찌푸리고 어장주(漁場主)들은 어장배들을 불러들이는 한편 바다가 뒤집혀 고기 떼가 멸하여질 것을 염려하였다. 목화장사

들은 모처럼 잘된 목화 다래가 떨어질 것을 애달파 하고 사람들은 각각 자기 지붕에 새끼줄을 다 넣고 울장에 못짓을 하였다.// 유달산 허리에 닥지닥지 붙은 오막살이집들과 호남정(湖南町) 근방에 즐비하게 있는 움집 사람들까지 지붕을 손보고 양철지붕은 큰돌멩이로 눌러놓기까지 하였다. //그러나 온 동네를 다 털어야 신문 한 장 보는 집이 없는 하숫들, 샛들, 다너밋들이며, 남북악리와 같은 궁벽한 농촌의 농민들은 이러한 소식을 알 길이 없었다.// 다만//
"영산강이 넘었다더라. 나주들이 바다가 되었다더라."// 라는 어디로선지 누구의 입으로 선지 오는 곳 모르게 퍼져오는 소문만에 가슴을 조리며 근심을 하였다.

「비탈」, pp. 125-126.

「비탈」(1933. 8-12, 신가정)의 중간지점에 "신문호외"와도 같이 삽입된 위 인용문은 소설 속에서 전후 서사와의 맥락없이 태풍 관련 소식을 전한다. 「추석전야」의 '목포지리'와 마찬가지로, 작가의 개입이 뚜렷한 서술이다. 서술자는 도회지 목포에 살면서 신문을 통해 영남 지방의 수해와 태풍경보 소식을 접하고, 목포와 그 주변 지역을 걱정한다. 인용문에서 서술자가 인식하는 목포는 주변 농어촌 지역과의 경계가 모호한 듯 보인다. 대신 위의 글은 지주(농촌)-어장주(어촌)-목화장사(상업)가 혼재되어 있고, 거기에 더하여 유달산의 오막살이집과 호남정(湖南町)의 움집 같은 목포-조선인 마을, 하숫들, 샛들, 다너밋들과 같은 남북악리의 궁벽한 농촌, 거기다가 영산강 주변의 나주까지 구체적인 지명이 대거 호명되면서, 이 시기 박화성이 관심을 가지고 재현한 "목포-호남"의 "지역성"을 지리적으로 감각할 수 있게 해 준다.[182] 「추석전야」(1925)의 "목포 문학지리"와는 또 다르게 「비탈」(1933)의 위 장면은 박화성의 작가 의식이 "목포-호남" 주변의 농어촌으로 확장되고 있음을 보여주는 대목으로, 이때의 도회지 목포는 배후지역까지를 포함한 호남지역이 된다.

농촌의 붕괴, 기차와 삼향역(驛)

「비탈」(1933, 8-12, 『신가정』)은 무안군 삼향 일대와 목포를 배경으로 하는 소설이다. 삼향[183]은 행정구역상으로는 1910년에 '목포부'에 소속되었다가, 1914년 '무안부'로 다시 편입된 곳이다. 소설에서 정찬과 주희는 삼향과 목포를 드나들며 문맹 퇴치 운동뿐 아니라, 여공들의 '동맹파업'에서도 지도적 역할을 한다. 삼향역과 임성역 일대가 고향인 이들 청년들은 같은 보통학교를 졸업한 선후배, 친구 사이다. 경성과 동경에서 유학하고 있으며, 하계 방학을 맞아 고향에 돌아왔다. 소설의 중심 서사는 고향을 방문한 이들이 펼치는 계몽 활동과 연애 이야기다.[184]

---

[182] 실제로 이 시기의 박화성은 나주, 영산포, 함평 등지의 농촌을 배경으로 한 소설을 여러 편 발표했으나, 「비탈」 이외의 농촌소설은 분석 대상에서 제외되었다.

[183] 2005년 전라남도 도청이 광주에서 이곳으로 이전되었다.

[184] 「비탈」은 잡지에 연재한 중편소설로, 연애서사의 통속적 요소(작위성, 상투성, 도식성, 감상성)를 갖추고 있으며, 그 이면에는 농촌 계몽적 메시지가 짙게 깔려 있다. 그러나 당대의 농촌의 모순을 폭로하고 일제의 농업정책에 대한 비판적 메시지를 읽을 수 있다는 점에서 단순히 통속소설, 계몽소설로만 치부할 수 없는 작품이다. 통속성 관련해서는 1928년 11월 9일에서 20일까지 『조선일보』에 발표한 김기진이 "계급문학의 소설이 널리 읽히지 않는 폐단을 시정하기 위해서 그 특징을 받아들인 잡통속의 작품을 이룩할 필요가 있다"고 하면서 "그런 성향을 비판하고 배격하기보다는 널리 읽히는 작품을 쓰는"것이 중요하다고 말한 바 있다. 조동일(2003, p. 355.)은 "그 자체에 충실한 순통속이 있는가 하면, 다른 목표를 지닌 소설이 통속소설의 성향을 필요에 따라 지닌 잡통속"이 있는데, 박화성의 이 작품을 '잡통속'에 속하는 작품으로 평가한 바 있다.

이 시기의 농촌 현실을 생각했을 때 주목되는 활동 중 하나가 청년들의 농촌계몽운동이다. 1931년 7월 동아일보가 창간 10주년을 맞아 '브나로드'라는 기치를 내걸고 여름방학이 시작되기 전부터 대대적으로 학생들을 모집하게 되면서 기존의 "기독교청년회(YMCA), 기독교여자청년회(YWCA)"를 중심으로 전개되던 농촌운동은, 대중적인 농촌계몽운동으로 확장되어 나갔다.[185] 문맹자들에게 문자를 보급하고, "간이농사강습, 위생강화, 신용조합의 설치" 등과 같은 구체적이고 실천적인 활동이 주를 이뤘다.

소설의 도입부는 삼향역(내려올 때는 삼향역, 올라갈 때는 임성역)에서 내려 '오 리나 되는 거리의' 논밭 길을 걸어 늦은 저녁이 되어서야 고향 집에 도착한 수옥의 모습을 오래도록 보여준다. 수옥은 경성에서 전문학교에 다니다 신경쇠약을 얻어 고향에 내려오는 길이다. 마당에는 '모깃불'이, 마루 끝에는 '남폿불'이 걸려 있는, 전통 시골 농가의 풍경이 함께 펼쳐진다. 수옥이 경성에서 내려왔다는 소식을 듣고 일가친척들이 모여드는 장면에서는 당시의 농촌 친족 공동체의 일면을 엿볼 수 있다. 시골집에는 칠십 가까운 아버지 유생원과 어머니가 살고 있으며, 동생 수진은 가정형편이 어려워 학교를 중퇴하고 철도회사에 역무원으로 취직해서 수옥의 학비를 지원해주고 있다.

수옥에게 초여름의 시골은 밭두렁 길, 목화밭, 옥수수 나무, 호박잎과 같은 것들로 "극히 보드랍게 감촉"되는 것이며 주희와 함께 "뒤뜰에 멍석을 깔고 누워서 밤하늘을 쳐다보며" 도시 생활에 지친 심신을

---

185 조남철, "1930년대 농민소설의 전개양상: 이기영의 「고향」을 중심으로" 이선영 편, 서울: 한길사, 1990.

치유하는 곳이다. 이러한 자연의 풍경은 수옥의 짧은 치마, 비단양말, 보이루치마, 손목시계와 같은 도시적 이미지와 대조를 이룬다.

> 타작할 보리이삭을 잔뜩 한집씩 지고 들어오는 일꾼들은 다섯 사람이었다. 그들이 밭에서 손수 비어가지고 지고 온 것이다.
> 그들은 마당 복판에 타작할 보리마당을 만들었다. 열댓줄이나 되게 사각으로 놓여진 보리이삭들은 장차 당할 고난을 기다리는 듯이 가만히 누워있다.
> 다섯 사람은 이쪽과 저쪽으로 갈라서서
> "에잉"
> 소리를 함께 발하면서 도리깨를 꼭 같이 들어쳤다. 그들은 소리와 도리깨를 꼭꼭 맞춰가며, 도리깨질을 한다. 그들이 도리깨를 들었다 놓을 때마다 팔뚝의 근육의 불룩불룩하고 장대 잡은 손에는 굵은 힘줄들이 툭 솟아오른다. 도리깨 발들은 공중에서 휘 휘익 소리를 내면서 뺑 돌아 떨어지군 하였다. 어떤 때는 보리이삭이 따라 올라가 빙글 돌다가 떨어지기도 하고 잘라진 이삭모개가 도리깨 끝에서 튀어서 당치도 않은 곳에 떨어지기도 하였다.
>
> 「비탈」, pp. 103-104.

수옥의 고향집 마당에는 보리타작이 한창이다. 이 장면은 수옥이 마루에 앉아 농부들의 타작마당을 주의 깊게 관찰하는 대목으로, 이 책의 3장에서 다루는 서울 소설 『사랑』의 철공소 쇠 다루는 장면과 함께 노동 현장을 실감 나게 전달하고 있는 명장면 중 하나다. 농촌계몽운동을 하는 정찬이 일러준 대로 수옥은 농촌 현실을 제대로 인식하기 위해 노력하고 학습한다. 이와는 별개로 유생원의 심산은 편치가 않은데, 오늘 수확한 생산물이 자신이 아닌 삼향 일대의 소작촌에서 "제왕(帝王)으로 군림"(110)하는 김부자의 몫으로 돌아갈 것이기 때문이다.

> 유생원은 생선을 다루면서도 마음이 슬펐다. 전에는 논 섬지기나 착실히 가진 호농(豪農)이었던 것이 아무리 부지런히 일을 하고 절약을 하여도 점점 빚을 지게 되어 금융조합에니 척식회사에니 논을 저당하게 되었다. 나중에는 친분이 깊은 김부자에게 전답전부를 저당하고 돈을 얻어 조합과 회사에서 논문서를 찾고 막대한 이자를 물었다.
>
> 「비탈」, p. 109.

식민지 이전만 하더라도 유생원은 삼향 일대에서 조상 대대로 농사를 짓는 호농이었다. 그러나 지금은 김부자에게 땅을 빼앗기고 작인으로 전락했다. 호농의 몰락은 식민지 국가의 지주제 중심의 농업정책과 밀접하게 관계가 있었다. 당시 총독부는 본국으로 이출할 농산물의 생산량 증대를 목표로, 지주를 통해서 품종이나 새로운 영농기술의 보급을 소작농들에게 전파했다. 지배 계급인 지주를 통해 농민들을 간접적으로 통치하는 전략을 펼친 것이다.[186] 소작농들은 재래종과는 다른 새롭게 보급된 개량품종의 농법에 새롭게 적응해야 했으며, 인상된 소

---

[186] 식민지 농업정책에 관하여는, 전희진, "식민지 시기 소작쟁의와 농업정책의 변화", 사회학석사학위논문, 연세대학교, 2000을 참조하였음.

작료와 시비 비용의 문제로 이삼 중의 고통을 겪어야 했다.

> 지주와 소작인의 관계에서 일방적으로 소작인의 권익이 침식되는 와중에 이에 더하여 농업자금의 유통 문제가 발생한다. 금융권의 문제는 그 자금이 그 지방의 고리대금업자나 혹은 지주에게만 대출되어서 실제적으로 농민들은 자금을 쓰기 위해서 지주나 고리대금업자에게 더 높은 금리로 돈을 융통해야만 했으며, 이러한 과정에서 농민들은 자신들이 빚을 갚을 능력이 못 되었을 때, 오히려 자신의 토지를 빼앗기는 경우가 발생하게 된다.[187]

당시에 저리자금을 배분했던 동양척식회사와 식산은행은 부동산을 저당잡아 돈을 빌려주었는데, 그 대상은 대토지를 소유하거나 자금 동원이 가능한 조선인 대지주와 일본인 지주들이었다. 실질적으로 이 제도는 농사를 짓는 대다수의 농민들에게는 해당이 되지 않았다. 호농이었던 유생원도 처음에는 돈을 빌릴 수 있었으나, 빚만 늘어나자 이후 김부자에게 고리대금을 빌리게 되면서 더 큰 나락으로 떨어졌다. 유생원의 몰락은 '금비'나 '암모니아'와 같은 화학비료의 현금 구입 자금도 한몫했다. 새로 보급된 신품종은 갈수록 화학비료를 필요로 했는데, 총독부는 생산성을 높이기 위해 비료 사용을 유도하였고, 비료를 구입하기 위해서는 돈이 필요한 악순환이 이어졌던 것이다. 빌린 돈을 갚지 못하는 신세가 되자 조상 대대로 내려오던 "역사 깊은 옥토"(110)는 김부자의 손으로 넘어갔고, 유생원은 그의 땅을 빌어 농사

---

[187] 전희진, 2000, p. 41, 재인용; 朝鮮總督府官房文書課, 1926. 10.

를 짓는 작인 신세로 전락했다. 김부자의 땅은 갈수록 넓어졌고, 이 지방 사람들은 대지주-자본가인 김부자 한 사람을 위하여 농사를 지어야 하는 모순된 상황에 처하게 된다. 이는 지주에게 전략적으로 힘을 실어주고, 지주로 하여금 농민들을 통제하게 했던 일제의 잘못된 농업정책 때문이었다. 고생해서 보리농사를 지었지만 생산물은 김부자의 몫으로 돌아갈 것이고, 농사를 지은 당사자인 자신은 또 빚을 안게 될 생각을 하니, 유생원은 몹시도 쓸쓸한 심경이 된다.

이러한 사회적 상황 속에서 농촌은 갈수록 피폐해졌고, 농촌 사회의 지주와 소작농 사이의 갈등은 심해졌다. 소작쟁의의 형태로 표출되기도 했지만, 이때 농민층의 다수가 농촌을 떠났다. 그들은 도시로 유입되어 노동자층과 빈민층을 형성하게 되는데, 20-30년대 들어서 꾸준히 증가한 목포 인구는 이러한 인근의 농촌 사회의 붕괴와 관련이 깊다.

다른 한편, 소설에서 수옥의 집은 "삼향역"을 중심으로 지리감을 획득하고 있다. 삼향역은 호남선 철로 중 1913년 5월 15일 목포에서 학교간 구역이 개통(목포역-임성리역-삼향역-몽탄역-학교역)되면서 일로읍 월암리에서 영업을 시작한 곳이다. 1938년 '삼향역'에서 현재의 '일로역'으로 역명이 변경되었다. 소설에서 삼향역은 "삼향역과는 반대 방향의 북악리"(113)와 같이 지리적 좌표 역할을 한다.[188] 역무원인 수진이 근무하는 "XX역" 또한 삼향역으로 추측해도 문맥상 큰 무리가 없다. 수진은 인물들이 외부로 나가거나 내부로 들어올 때 역

---

188 소설 속 삼향은 남북악리에 위치하는데, 실제로 삼향 일대에 북악리는 없고, 남악리라는 지명이 있다. 작가는 실제 지명과 허구 지명을 섞어 사용하고 있고, 수옥의 집이 있는 마을 또한 정확한 지명을 알 수 없지만 역과의 거리를 통해 삼향 일대의 한 농촌 마을임을 어렵지 않게 추측해 볼 수 있다.

전에서 차표를 받는 등 정거장에서 서술을 지연시키는 역할을 한다. 장소와 인물 사이에 하나의 '결절점'이 생김으로써, 기차역의 장소감이 살아나는 것이다.

「비탈」에서 삼향역(驛)은 기차라는 이동수단과 더불어 근대적 시간을 감각하게 해 주는 장소다. 정거장과 기차는 인물들과 목포를 연결하는 매개체이며, 이때 목포는 종착지이자 출발지로서의 의미가 있다. "목포에서 열 시에 떠나는 완행차의 삼향역을 지나는 기적 소리", "목포로 내려가는 막차의 소리" 등 인물들의 의식은 기차와 목포를 연결시키고 있다. 소설에서 인물들의 목포와 삼향 사이의 잦은 이동은 도회지와 배후지로서의 관계를 보여준다. 인물들은 삼향역에서 기차를 타고 종착지인 목포에 가거나, 목포에서 출발하는 삼향 가는 기차를 탄다. 원래는 삼향에서 목포까지 걸어서 "삼십 리 거리"였는데, 철도가 놓임으로써 더 가까운 일일 생활권역이 되었다.

> 1) 오늘이 보리타작 하는 날이라 수옥의 동생 수진은 생선과 마른반찬을 사기 위해 첫차로 목포에 갔다. (99)
> 2) 유생원은 정거장 쪽을 바라보며 아홉 시 십 분에 목포에서 떠나는 급행차로 돌아올 수진이를 기다린다. (104)
> 3) 일꾼들의 샛밥이 한참일 때, 목포에서 열 시에 떠나는 완행차의 삼향역을 지나는 기적 소리가 들린다. (106)
> 4) 목포로 내려가는 막차의 소리가 들린 다음에야 주희의 방아질은 끝났다. (113)
> 5) 기적소리가 뛰 하고 나며 목포로 가는 급행열차가 헐떡거리고 달려와서 요란스러운 소리를 내고는 덜커덕 땅에 붙어버렸

다. (123)

    6) 다너밋재에서 주희를 만나기로 한 정찬은 (목포에서) 다섯 시 차로 출발했다. (127)

    7) 목포로 향하는 최종 열차가 힘찬 소리를 지르며 월암산 모퉁이를 돌아올 때, 수진은 역에 나온 누이 수옥을 만난다. (130)

    8) 수진이가 수옥을 찾아 목포 아주머니집에 도착했을 때 열한 시 반이었다. (131)

    9) 수옥의 큰아버지 대상날이라 하여 유생원은 새벽 첫차로 목포에 간다. (135)

    10) 열 시 차가 기적을 불면서 (목포역)정거장에 닿을 때, 철주와 수옥 말고 또 다른 사람이 유달산에 오른다.

「비탈」, p. 142.

  보리타작 하는 날 수진은 '놉들'에게 줄 식사 준비를 하러 첫차로 목포에 갔고, 아버지는 멀리 정거장을 바라보며 목포에서 급행차로 돌아올 수진을 기다린다. 이 장면은 도회지 목포와 배후지인 농촌이 일일생활권으로 묶여 있음을 보여주는 사례다. 흥미로운 것은 도시에서 살다 온 수옥이 손목에 차고 있는 시계로 시간을 인식하는 것과 달리, 아버지 유생원은 삼향역을 중심으로 한 기차의 기적소리로 생활의 시간을 감각한다는 것이다. 이는 자연의 변화로 측정되던 농부의 몸이 역을 중심으로 한 근대적 시간 규율에 적응해 가고 있음을 보여주는 증거다. 신체가 체현하는 시간 감각이 역을 중심으로 재편되고 있다. 기차가 지나가는 소리의 반향은 농부들의 일상 속에 깊이 침투해 들어와 있다.

농민의 저항, 다도해(多島海)의 섬지역

1930년대의 식민지 조선은 농업 중심(전체 인구의 80%)의 사회였고,[189] 거대 지주 중심의 농업정책으로 빚어진 토지 집중화 현상으로 인해 토지를 잃은 수많은 소작농이 양산되었다. 소작농의 증가는 농민들의 삶의 조건을 악화시켰고 이는 소작쟁의의 원인이 되었다. 소작쟁의는 농민들이 자신이 처한 상황적 조건을 바꿔나가기 위한 그들만의 저항의 방식이었다.

「논 갈 때」(1934, 문예창조)의 용곡농장에서 일어난 소작쟁의는 "딸린 작인이 백 명"이라는 점에서 대규모 소작쟁의에 해당한다. 목포 인근에는 소설에 등장하는 장선동, 서봉리와 같은 다도해(多島海)의 수많은 크고 작은 섬이 자리하고 있다. 「논 갈 때」는 섬마을의 두 청춘 남녀의 사랑 이야기로, 표면적으로는 서봉이의 부재로 인한 해선의 그리움이 서사화된다. 부재의 이면에는 '용곡농장'의 소작쟁의가 자리하고 있다. 서봉은 섬지역의 활동가로 '읍내 용곡농장'의 소작쟁의 주모자다.

1920년대 중반 목포 인근 지역에서는 진보적 성향의 여러 단체가 등장하기 시작하는데, 특징적인 것은 '부'나 '군' 단위의 청년회보다 섬 단위의 청년단체들의 활동이 활발하게 전개되었다는 것이다.[190] 암태

---

[189] 조남철, 1990.

[190] 1924년 목포에는 사회주의 성격을 띤 무산청년회가 등장했다. 무산청년회는 노동자문제, 농촌문제와 같은 사회주의적 성향이 강한 활동을 펼쳤는데, 이들은 대부분 독립만세 운동 경험이 있거나 20년대 섬지역의 소작쟁의에 참여한 인물들로, 1925년 1월에는 목포와 주변 지역의 청년단체 결속을 위해 무목청년연맹을 조직했다. 이러한 흐름 속에서 1925년 8월 30일 사상단체인 전위동맹이 창립되었고, 이는 섬 단위의 청년운동으로 이어졌다. (최성환, 2016, p. 44. p. 47.)

청년회, 비금청년회, 도초청년회, 자은청년회, 임자청년회, 지도청년회 등이 조직되었고 1923년 암태도 소작쟁의를 시작으로 도초도, 자은도에서도 소작쟁의가 발생했다. 목포 농민운동의 중심에는 「논 갈 때」의 서봉이와 같은 섬 지역 출신의 활동가들이 많았다. 당시 섬 지역의 간척사업으로 대지주가 된 이들이 많았고, 이들은 신흥도시 목포에 자본을 투자해서 사업가가 되기도 했다. 소설에서의 서봉과 같이 섬 단위의 의식 있는 청년들이 중심이 되어 소작쟁의를 벌여 지주-자본가 계급에 저항해 나갔음을 짐작할 수 있다.

「논 갈 때」 작품은 나루 하나를 격하여 있는 두 섬 '서봉리'와 '장선동'을 배경으로 하고 있다. 장선동 해선의 집은 연정(戀情)으로 가득 찬 곳으로 봄날의 '살구나무'가 서봉을 향한 해선의 마음을 표상해준다. 해선은 "이웃집 면서기의 시계"가 열 시를 칠 때까지 몇 번이고 살구나무 밑을 서성이다 나루 선창으로 나갔다. 그곳에서는 멀리 "밤의 향락"(157)이 시작되는 목포의 밤풍경을 볼 수 있었다. 도시의 밤 열 시는 화려한 불빛으로 반짝이지만, 섬마을의 열 시는 "자정을 말하는 듯 고요"하기만 하고, "가끔 선창 주막"에서 들리는 뱃사람들의 막걸리 주정 소리가 고요를 깨뜨린다. 해선은 밤바다 건너 "길이 넓어지고 집이 헐리고 담뱃가게가 생기고 일본 상점이 많이 늘"어난 서봉리를 떠올린다. 소설의 공간은 이렇듯 일본 상점이 늘어선 서봉리와 화려한 밤의 도시 목포가 선창 주막의 주정 소리와 함께 지리적 배경으로 놓인다.

「논 갈 때」의 플롯은 서봉의 부재와 함께 소작권 문제로 고통받고 있는 해선 아버지의 서사를 겹쳐 놓는다. 소작권은 농민들이 일정한 소작료를 지급하고 다른 사람의 토지에서 농사를 지을 권리를 말한다. 그러나, 소작권 이동은 지주가 다수의 소작인 중에서 소작인을 임의로 변경할 수 있는 권리가 있음을 인정하는 제도다. 이로 인해 해선 아버지와 같이 논을 떼이거나, 터무니없이 높은 소작료를 내거나 하는 등 농민들을 위협하는 요소가 되었다. 생계의 위협에 마주한 소작농들은 쟁의를 통해 이러한 조건에서 벗어나고자 하였다. 논을 떼인다는 것은 더 이상 농사를 지을 수 없게 된다는 것을 의미하기에, 소설에서처럼 논 떨어진 사람들은 지주와 소작인의 중간 역할을 하는 또 다른 착취자인 마름을 쫓아다니며, 경쟁적으로 뇌물을 바쳐야 하는 상황에 처하게 된다.

> 해선이는 살구나무 밑에 서서 아버지의 밭가는 모양을 바라보았다. 보통 때면 아침밥을 먹고 나가건마는 박 참봉 집에 가서 하루를 보낼(박 참봉 집에는 작인들이 장보듯이 모였기 때문에)것이므로 공복(그나마 어젯밤 풋나물 죽 먹은)에 허덕거리고 소를 몰아가는 양이 너무도 애초로웠다.
> "그래도 소를 일찍 내어 주느라고."
> 해선이는 멀리서도 무거운 듯이 쟁기를 몰아가는 아버지의 희끄무레한 뒷모양을 보다가 얼른 부엌으로 들어갔다.
> 「논 갈 때」, p. 159.

마름 집에 가는 날, 해선의 아버지는 첫 새벽에 나가서 밭을 갈았다. 해선은 그런 아버지를 살구나무 밑에 서서 바라보고 있다. 살구나무는 해선이의 두 마음, 즉 서봉이를 향한 연정과 논을 떼인 아버지를 향한 애처로움을 동시에 담고 있다. 소설의 마지막에 아버지를 찾으러 살구나무 밑으로 간 해선의 눈에 아버지는 안 보이고 "쟁기가 뒤적여 놓은 밭"만 "검게" 보인다. 서봉을 향한 연정과 아버지를 향한 애처러움이 "쟁기가 갈아놓은 검은 밭"(163)으로 집중되면서 소설은 이후 발생할 소작쟁의와 농민들의 저항을 암시하고 있다.

「논 갈 때」에서는 섬 마을이 '전면화' 되고, 도회지 목포는 학교가 있는 곳, 제사를 지내는 곳으로 '배경화'된다. 이때 배(ship)는 도회지와 배후지를 연결하는 역할을 담당한다.

"첫배로 오셨구만. 어머니는 왜 안 오시오?"
"고모님은 할머니 제사 보시고 오신다더라."

「논 갈 때」, p. 160.

종수는 목포에서 첫배를 타고 고모집인 장선동 해선의 집을 방문한다. 당시 목포항에서는 매일 아침 6시에 첫배가 떴고, 섬 지역은 물론 호남 내륙 각지를 연결했다.[191] 섬 마을과 목포를 드나드는 배는 인물들의 이동을 도우며 도회지와 배후지의 지리적 감각을 일깨워준다.

여성의 성과 지역성

근대적 의미에서 도시에 거주하는 인구의 대부분은 2차, 3차 산업에 종사하는 것으로 알려져 있으나 농어촌에서 목포로 이주해 온 사람 중에는 성공한 상인 층도 있었지만, 대부분 소상공인, 부두 하청노동자, 공장노동자가 되었다. 이들의 생활은 도회지의 생활과는 확연

---

[191] 오장근, "목포시 '남촌'의 공간적 기억과 서사 읽기", 『지역과 문화』 4(3), 한국지역문화학회, 2017, pp. 17-36.

히 거리가 먼 것이었고, 한 곳에 뿌리를 내리지 못하고 유목 생활을 하는 경우가 많았다. 도회지 목포는 정착과 유목이 혼재된 도시였다. 인근 배후지에 살면서 생계를 찾아 공사장의 '한바'에서 숙식하며 노동으로 돈을 버는 "나이 지긋한 나주 사람"(「하수도공사」)이나, 도회지에 돈 벌러 나가 면화공장의 노동자가 되었던 금례의 아버지의 경우(「중굿날」)도 목포의 유목민에 해당한다.

「중굿날」(1935, 11, 호남평론)은 논둑길, 뻘밭, 해안가 언덕, 국범의 집, 나룻가 등이 공간지표로 제시되는 소설이다. 면화공장과 상업학교가 도회지 목포의 공간지표로 제시되고 있어서, 이곳이 목포 인근의 섬마을임을 짐작할 수 있게 한다. 삼향처럼 평야가 드넓게 펼쳐진 농촌이 아니라, 근접한 곳에 '산'이 있고 뻘밭이 있는 작은 농어촌 마을이다.

소설은 여자아이가 논둑길에서 참새를 쫓는 장면으로 시작된다. 추레한 복장을 하고 노래를 부르는 계집아이는 금례의 동생 은례다. 저편 논둑길에서 '키가 큰 계집애'와 올망졸망한 계집애들이 은례를 부르며 다가오는데, 은례와 키 큰 계집애 사이에 싸움이 벌어진다. 욕설과 지역 사투리의 난무 속에 이 작품의 중심 사건이 들어 있다.

> "아이 대답해봐야 누가 잡년이냔 말이어 응? 옳제. 느그 성 금례란 년이 목포로 팔려간께 느그가 잡년이란 말이지야? 몸 팔려 목포로 간께 느그가 잡년 아니냐? 이 더러운 개잡년아!"
>
> "워따메 저런 잡년 보소. 이년아 느그가 술장사 한다치고 각시 데려다가 장사한다고 온동네 소문났어야. 이년아 누가 목포 가? 저런 년은 정말 개잡년이어."

하는 은례의 뺨은 한번만 더 건드리면 울음이 터질 듯이 통통 부어있었다. (…)

"아따 저년 거짓말 하는 것 잔 보소 이 달 보름날 팔려 간다고 날짜까장 정해놨는디 아니라고 딱 잡어띠네, 에이 간나구 잡년."

"이년아 느그압씨가 날마다 우리 집이 와서 울아버지하고 울어무니를 졸라싼께 우리성이 목포로 가게됬제 이년아 제대로 목포 가는구만, 이년아 느그 애비가 꾀어서 팔러 간단다. 아냐? 이년아! 어메 분해 죽겄네 으으으."

은례는 기어코 울음을 터치고 말았다.

「중굿날」, pp. 301-302.

은례에게 욕설을 퍼붓는 계집아이는 칠순이다. 칠순이는 "각시 데려다가 장사한다고 온 동네 소문"(302)이 파다한 '술장사 딸'이고, 은례는 목포 술집으로 팔려간다는 금례의 동생이다. 향토색이 짙은 두 계집아이의 언어는 막힘이 없고 직설적이다. 목포로 몸 팔러 가는 '더러운' 행위라는 말 속에는 어른들의 성도덕 의식이 반영되어 있으며, 이때 성 상품화의 대상인 금례의 몸은 비하와 혐오의 대상이 된다. 금례가 목포로 팔려가는 일에 동네 포주격인 칠순 아버지가 개입되어 있다.

소설 「중굿날」은 목포로 팔려가게 된 금례와 그런 금례를 연모하는 국범의 안타까운 사랑 이야기다. 여타의 다른 박화성의 소설처럼 금례가 목포로 팔려 갈 수밖에 없는 삶의 조건에 관심을 기울이면서, 식민지 시기 농어촌 지역의 핍박받는 '민중'의 삶을 핍진성 있게 그려낸다. 이때 도회지 목포는 배후지 농어촌 지역 여성들(용순, 금례)의 성과 노동력을 착취하는 구조 속에 놓여 있다.

금례네는 '논 한 마지기'로 겨우 연명하는 소작농이었고, 생계가 어려워 아버지가 목포로 나가 면화공장에 취직했다. 그러나 공장에서 사고로 다쳐 반신불수가 되어 치료비를 대느라 많은 빚을 지게 되었고, 급기야는 딸의 몸을 팔아야 하는 상황에까지 이르게 된 것이다. 금례가 목포로 팔려가게 된 배경에는 아버지가 있고, 아버지가 불구가 된 배경에는 목포의 면화공장이 있다.

> 끝없이 가 없이 열려갈 듯 싶은 바다이언만 조그마한 섬들이 길을 막아 있는 탓으로 바다는 겨우 큰 그라운드 만큼밖에 열려있지 못하였다.
> 그러나 게를 잡는 아낙네의 수효는 많았다. 중굿날이 내일 모레이건만 햇볕은 여름처럼 따가웠다.
>
> 「중굿날」, p. 305.

'조그마한 섬들이 길을 막'고 있는 서남해안의 다도해(多島海)에서 금례는 아침밥도 굶고 개바라지[192]노동을 한다. "흉년만 이태째"(312), 이제는 가족이 끼니를 굶다시피 하게 되자, 금례의 어머니는 새벽 발동선을 타고 지역 특산품이라 할 수 있는 '소금'을 팔러 목포로 나갔다.

> 그들은 면화 밭가 풀밭에 앉아서 어린 달빛을 담뿍 받은 바다를 솔나무 새로 내다보았다. (…)
> "너 그래 정말 목포로 가 버릴래?"

---

192 갯벌에서 자잘한 해산물을 채취하는 일.

하고 계집애를 들여다보았다.
"그러면 어떻게 해? 안 갈 수가 있어야지."
남녀는 잠잠하였다. 벌레 소리가 쭉쭉쭉쭉 났다.

「중굿날」, pp. 309-310.

    해안가 목화밭은 국범과 금례의 만남의 장소다. 국범은 이십 남짓한 청년으로, 목포 상업학교를 다니다가 "쫓겨나" 고향인 섬으로 돌아와 야학을 하고 주재소를 들락거리는 신세가 되어 있다. 섬에서는 그래도 있는 집안의 자손이지만, 금례가 목포로 팔려가게 되자, 자신도 외삼촌이 감독으로 있는 면화공장에 취직하겠다고 한다.

    그러나 계집애는 잠잠하였다. 면화 공장에 다니다가 허리를 다쳐서 완전히 반신 불수가 되어 누어서만 일생을 보내는 자기 아버지 일을 생각하면 면화란 말만 들어도 몸소리가 쳤다.
    하얗게 피어 있는 솜을 똑똑 따서 입에 넣고 잘근잘근 씹고 앉았던 금례는 면화 공장 얘기가 나오자 못 씹을 것을 입 속에 넣고 있는 듯이 '튀' 하고 솜을 뱉어 버렸다.

「중굿날」, p. 311.

    금례는 목포의 면화공장에 대해서 부정적으로 인식하고 있다. 소설은 섬→목포→섬→목포라는 도회지와 배후지의 길항 관계를 보여준다. 금례의 아버지는 돈을 벌기 위해 섬을 떠나 면화공장에 취직했다가 그곳에서 병을 얻어 다시 고향으로 돌아왔다. 국범은 섬에서 목포 상업학교로 유학을 갔다가 학교를 졸업하지 못하고 다시 고향으로 돌아왔다. 금례 어머니는 섬에서 난 '소금'을 팔러 목포로 나가고, 칠순 아버지는 섬 나루에서 술장사하면서 포주처럼 '섬처녀'들을 목포의 유곽으로 보내는 일을 한다. 금례나 용순은 고향에서 뿌리를 내리지 못하고 목포의 유곽으로 팔려간다. 이처럼 소설 속 인물들은 목포라는 도회지와 긴밀하게 연결되는 삶을 살고 있다. 아버지가 '일하던' 면화공장, 국범이가 '쫓겨 온' 상업학교, 금례가 '팔려 갈' 유곽은 인물들의 삶에 부정적인 요소로 작용하고 있으며, 소설에서의 목포는 여성의 성과 노동력을 착취하는 장소로 기능한다.

「신혼여행」(1934, 조선일보)에서 준호와 복주는 목포의 여관에서 하룻밤을 보낸 후 다음 날 발동선을 타고 목포 해안으로부터 멀리 떨어져 있는 A섬을 방문한다. 뱃길을 건너면서 이들 신혼부부는 섬사람들의 비참하고도 궁핍한 생활을 체험한다. 이때 준호의 시선에 포섭되는 것은 계몽의 대상으로서의 '어촌'이다. 경성이 아닌 이곳에 병원을 개업하고 청년회관을 재건하겠다는 의지가 그것이다. 이는 식민지 근대성을 비판하면서도 한편으로는 비 문명화된 벽촌 사람들을 돕기 위한 근대화를 지상명제화하는 이중적이고도 분열적이며, 모순적인 지식인의 태도다. 이 소설이 계몽소설이라는 점을 감안하더라도, 또 다른 측면에서 이러한 준호의 태도는 일본 제국이 국민국가라는 틀 안에서 미개한 조선인들을 문명화시키는 전략을 통해 '외지'를 주변화시키는 동시에 스스로의 중심성을 더욱 확장해 나가는 것과 어딘지 모르게 닮아 있다. 이는 식민지 조선인 지식인들의 내면에 중심과 주변이라는 강한 경계의식이 의식화되어 자리 잡고 있기 때문이다. 그러나 근대사회로의 이행을 실천함에 있어서, 준호와 복주가 낙관적으로 설정한 실천 단위가 중심-주변을 벗어난 "지역성"이라는 점은 의미심장하게 다가온다.

제3장 전후 분단도시 서울(1950-60년대), 낙관의 이중성

제1절 서울(50-60년대)과 소설의 공간

　전후 분단 상황에 놓인 한국사회는 전통적인 가치관과 사회·문화적 제반 시스템이 붕괴된 상태였다. 1950년 6월 25일에서 1953년 7월 27일까지 이어진 한국전쟁은 동족 살상이라는 민족의 대참사였으며, 전후의 한국소설에서 전쟁은 "재난의 상상력"[193]을 불러일으키는 중대한 사건이었다. 1955년 8월 한국일보에 『고개를 넘으면』을 연재하면서 다시 작품 활동을 시작한 박화성은 이후 『거리에는 바람이』(63, 6-64, 2)의 연재를 마칠 때까지 꾸준히 소설을 발표했는데, 이번 장에서 분석하게 될 9편의 장편소설이 이에 해당한다.
　식민지 시기 만주 도문까지 확장되었던 박화성 인물들의 지리 탐색

---

[193] 이재선, "전쟁과 분단의 인식", 『현대 한국 소설사(1945-1990)』, 서울: 민음사, 1991.

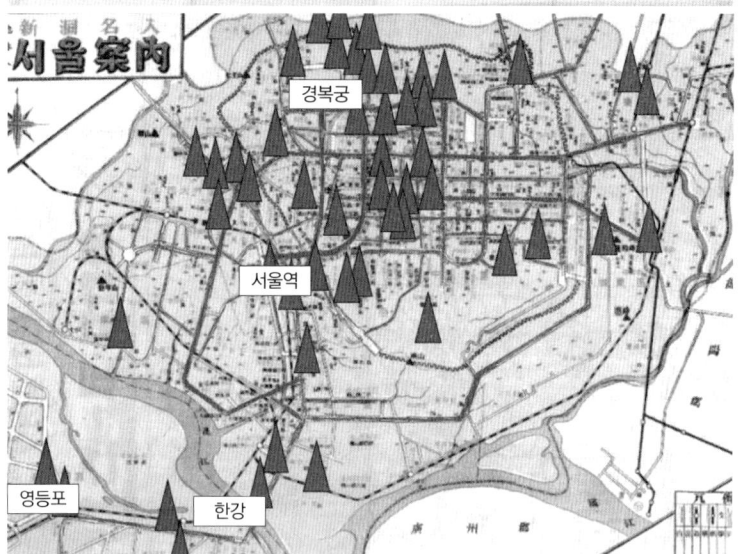

그림 6[194] 서울 지도(1946)와 소설의 주요 공간지표

은 이제 38분계선 아래에서 멈춘다. 분단 상황에서 좌우 이념의 문제, 친일 역사 청산과 같은 난제가 박화성 인물들의 삶 속에 특수한 상황적 조건으로 작용한 것이다. 소설에서 도시 공간은 북촌의 고궁과 종로, 명동 일대를 중심에 두고 크게 남쪽과 북쪽을 향하여 펼쳐진다. 60년대를 거치면서는 북촌 일대의 도심의 역할이 차츰 약세를 보이고, 한강 이남과 서울 외곽의 교외 지역이 새로운 활동 무대로 등장한다.

이번 장에서는 전후 도시 서울의 역사적 배경을 살핀 후, 9편의 소설에서 전후 분단도시 서울이 재현되는 양상에 주목하면서, 소설 속에 반영된 실제의 도시 공간과 장소의 의미를 "낙관의 이중성"이라는 키워드를 중심으로 구체적으로 분석, 탐색할 것이다.

1. 전후 서울, 도시 확장의 징후들

조선총독부가 '경성부 시가지계획'을 수립한 것은 1936년이었다.[195] 그 이전 조선의 한성은 성곽을 경계로 도성 안과 밖의 통행이 제한된 도시였다. 순종이 즉위한 1907년, 성벽처리위원회가 일본 황태자의 방한을 빌미로 남대문 북쪽 성벽을 철거하고 남대문정거장에

---

194 지도 출처: https://museum.seoul.go.kr/archive/archiveNew/NR_archiveView.do, 서울역사아카이브. 좌측의 지도는 본고에서 도시 공간을 분석하기 위해 활용한 지도 원본으로 지도명은 「地番入新洞名入서울案內」(1946)이다. 1943년에 지성당에서 발행한 「경성안내」를 저본으로 제작한 것으로, 광복 이후 문영당(文榮堂)에서 바뀐 동명을 쉽게 찾을 수 있도록 동명을 표기한 것이다. 좌측의 지도는 본고의 분석대상 작품의 주요 공간지표를 표시한 것으로, 원본의 일부 색깔을 보정하여 사용했다.

195 손정목, 『서울 도시계획 이야기 1』, 서울: 한울, 2003, pp. 9-11.

서 경복궁에 이르는 도로를 신설하기로 하면서 본격적인 성곽훼철이 시작되었다.[196] 이는 식민지로의 이행을 알리며 성곽으로 둘러싸였던 한성의 공간에 변화를 가져왔다. 일제에 의해 전차궤도가 부설되면서 도성 안과 밖으로는 전차가 왕래하게 되었고, 남대문 남쪽, 동대문 북쪽, 남쪽의 수문에 이르기까지 성곽훼철이 진행됨으로써 한성은 식민지 도시 경성으로 빠르게 탈바꿈했다.

1936년 일제는 대경성 도시계획을 목표로 이전의 4배에 이르는 규모로 도시를 확장했다. 1936년 당시 서울의 인구는 70만이었는데, 도시계획은 30년 뒤인 1965년 경성의 계획인구를 110만으로 예측하여 수립한 것이었다. 1945년 일본인들이 서울을 떠났을 때, 일제가 남기고 간 서울은 "겨우 70-80만 명 정도가 거주하기에 적당한"[197] 규모의 도시였다.

1930년대 경성부는 인구가 증가하고 교통난이 가중되었으며, 이즈음 도심과 교외를 연결하는 대중교통망도 확장되었다. 먼저 전차와 버스 노선이 확충되었고, 전차가 운행되지 않는 곳은 경전버스 노선이 신설되어 교외 지역까지 차츰 교통망이 뻗어 나갔다. 이는 포화상태에 이르는 도심의 인구를 교외 지역으로 이동하여 교통난을 해소하는 정책과도 맞물린다. 전차가 좁은 도심 지역을 운행 범위로 한다면 버스는 전차보다 넓은 지역을 이동 범위로 한 것이었다. 이렇듯 서울의 도시계획은 교통기관의 운행 노선과 맞물리면서 지리적인 확장을 꾀하였고, 서울 사람들의 생활반경을 넓혀나갔다. 전차가 운행한 곳을 따라 시가

---

[196] 최인영, "서울지역 전차교통의 변화양상과 의미(1899-1968)", 문학박사학위논문, 서울시립대, 2014, p. 205.
[197] 최인영, 2014, p. 171.

지가 형성되고 도시화가 진행됨에 따라 오늘날의 서울의 모습이 토대를 갖추게 된 것이다.[198] 본고에서 교통이동수단에 관심을 가지는 것은, 소설 속 인물들의 도시 공간 이동을 돕는 주요 수단이기 때문이다. 문학작품 속에서 도시는 경관이나 건축물, 거주지 또는 이동과 연결을 돕는 각종 교통·통신들과 같은 구성 요소들을 통해 표상된다.

해방 후인 1949년에 서울의 행정구역은 또 한차례 확장되었다. 경기도 고양시 숭인면 9개 동리와 뚝도면 14개 동리, 은평면 18개 동리, 시흥시 동면의 3개 동리(모두 44개 동리)가 서울에 편입된 것이다.[199] 한국인에 의한 최초의 도시계획은 1952년에 발표[200]되었는데, 사실상 전쟁으로 폐허가 된 서울 시가지계획의 전면적인 재검토, 재정비에 가까웠다. 아래의 인용문에서 전후 서울의 모습을 상상해 볼 수 있다.

> 1953년 7월 27일, 한국전쟁의 휴전협정이 정식으로 조인되던 당시의 서울은 과연 어떤 모습이었을까. 서울시내, 또는 서울시가지라는 것은 어디에서 어디까지였을까. 서대문 안은 일단 시가였다. 동대문을 나가면 신설동까지 큰길가에는 집이 들어차 있었지만 그밖은 논과 밭이었다. 신설동 남쪽에는 경마장이 있었으나 인가는 별로 없었다. 신당동에는 집이 들어서 있었지만 지금의 금호동, 옥수동 일대는 산이었다. 왕십리에도 큰 길을 따라 양쪽에는 집에 연이어 있었지

---

[198] 최인영, 2014, p. 6.
[199] 서울 행정구역 개편에 관하여는, 서울특별시, 『서울 시사계획』, 1965, pp. 67-72; 서울특별시 도시계획위원회, 『도시계획 기본자료조사서』, 1962, p. 478을 참조하였음
[200] 손정목, 2003, p. 81.

만 지금 한양대학교가 있는 일대에는 주택보다는 미나리꽝이 더 많았다. 성동교도 나무다리였고, 그 동쪽에는 논과 밭뿐이었다.[201]

식민지 시기 '경성'이 전차노선 주변으로 도시 공간을 확대했다면, 해방 후의 '서울'은 버스 노선을 중심으로 도시 공간이 확장되었다. 전후 복구사업의 하나로 도심을 벗어난 한적한 논밭과 모래밭에 이재민을 위한 공공주택도 건립되었다.[202] 전후에 형성된 신흥주택지로는 전차 대신 버스와 합승택시의 노선이 들어섰고, 시발점과 종점의 역할을 하면서 도심과의 연결을 도모하였다. 1953년에는 서울로 몰려든 시민들이 집을 짓기 전에 간선도로폭과 뒷골목의 도로폭을 확보하는 사업을 시작했다. 이때 전차노선이 복구되면서 유일하게 경인 지역의 관문인 영등포선이 연장되었다.

이후 서울은 넓어졌고, 인구는 또다시 증가했으며, 교통이동수단의 필요성이 높아져 버스와 합승택시의 노선도 증가했다. 그 중심에는 수도 서울의 공간 변화가 큰 비중을 차지하고 있었다.[203] 실제로 "1955-1960년 센서스 기간 중 증가한 총 도시인구 174만 중 절반이 서울로 집중"했고 이 시기 구도심인 종로구와 중구 지역의 인구수용 능력은 최고점에 달했다. 그러던 것이 60년대 초반에는 도심의 수용

---

[201] 손정목, 2003, p. 131.
[202] 1953년 대한주택영단이 984호를 건설하기 시작하였고, 1956년 답십리(303호)가 추가되었다. 또한 1955년에는 총 334호의 희망주택이 지어졌으며 이태원동에는 외인(外人)주택이 들어섰다. 1956년에는 육군공병대에 의해 신당동과 청량리 일대에 100호의 부흥주택이 건설되었다. (최인영, 2014, 참조)
[203] 손정목, 2003, pp. 13-14.

인구가 감소하는 추세를 보이는데, 이는 세계적 대도시에서 발생한 바 있는 현상으로 "도심이 새로운 다양한 기능을 수용하는 대신 거주지를 밖으로 밀어내면서 지역적 분화를 촉진"시켰기 때문이다.[204]

한국전쟁이 끝나고 10여 년 후인 1963년에는 2배 가까운 구역으로 도시가 확장되는데, 일제강점기 도시계획이 강북지역을 중심으로 이루어진 데 반해 이 시기의 도시계획은 한강 이남을 염두에 둔 것이었다. 1962년 시작된 제1차 경제개발 5개년계획은 이후 20여 년간 진행되면서 한강의 기적을 이룩했고, 대한민국은 고도성장의 시기로 진입했다. 1963년에는 경기도 관내 90개 동이 서울시에 편입되면서 서울은 종전의 2배 이상이 지리적으로 확장된 규모의 도시가 되었다. 서울시의 주택지, 도로, 상수도, 하수도, 지하철 등의 기본구조는 대부분 1966-80년대의 15년간에 갖추어진 것이다.[205]

그러나 서울의 발전과 도시의 성장 이면에는 반공규율을 기반으로 한 국가 재건과 국가 주도의 근대화 기획이 맞물려 있었다. 전쟁으로 폐허가 된 도시의 재건 사업은 민족국가의 중심으로서의 수도 서울의 역할을 강화했다. 전후 한국사회는 정치적으로는 반공규율 사회였으며, 식민지배와 해방, 한국전쟁은 1950-60년대 한국사회의 특수한 도시화, 산업화 국면을 말해준다. 박화성의 서울 인물들은 이러한 특수한 국면의 도시를 경험한 주체들로, 이들이 경험한 서울은 식민 제국의 규율 권력과는 다른 이중의 구속에 놓여 있었다.

---

[204] 이기석, "20세기 서울의 도시성장", 서울시정개발연구원, 『서울20세기공간변천사』, 2001, p. 54.
[205] 손정목, 2003, p. 18.

2. '서울 소설'의 공간지표

1950-60년대 박화성의 장편소설은 대부분 대도시 서울을 행위지대로 하고 있으며 주로 서울 (구)도심 인근에 집중되어 있다.[206] 실제 1963년 행정구역이 확장되기 이전의 모습으로, 도시 공간의 소설적 활용은 경복궁 주변의 구도심의 분포도가 현저히 높다.[207] 발표한 시기별 기준으로 보면 50년대 후반 소설로 갈수록 인물들의 행위지대와 배경이 1949년 도시계획으로 확장된 서울의 행정구역으로 퍼져나가는 것을 볼 수 있다.

50년대에 발표한『고개를 넘으면』(1955-56),『사랑』(1956-57),『바람뉘』(1958-59),『내일의 태양』(1958)에서는 인물들의 지리적인 움직임이 상·하의 운동성으로 드러난다. 서울에서 해남, 목포, 광주, 상주 등으로 내려가는 하향성 못지않게, 한국전쟁이 휴전 상태에 들어간 지 얼마 지나지 않은 시기에 쓰인『고개를 넘으면』의 경우에는 북쪽의 양주와 같은 상향성도 활발하다. 전후 갈 수 없게 된 평양 기림리, 평북 영변, 흥남, 원산과 같은 이북지역은 인물들의 투사공간(projected space)으로 제시되며, 기억의 매개체인 회상의 장소가 된다.

박화성 소설의 50년대 소설과 60년대 소설을 가르는 분기점은『창공에 그리다』(1960, 2-9)다. 4·19혁명이 일어나기 전에 연재를 시작해서, 혁명을 통과하고 난 이후의 시기를 다루고 있는데, 시작점과 끝

---

[206] 소설의 시간은『거리에는 바람이』(한국전쟁-4·19까지, 10년)를 제외한 나머지 모두 집필 당시의 50-60년대 현재 시간이다.
[207] 실제로 작가 박화성이 거주했던 지역은 대부분 구도심 쪽에 분포되어 있다. 본고의 1장 2절 "작가가 거주했던 목포와 서울"을 참고할 것

점 모두 서울이라는 점에서 다른 작품과는 차별화된다. 예를 들어 60년대 소설에서 인물들은 서울에 거주하면서 인근 교외로 이동하거나, 시골로의 귀향을 시도한다. 『고개를 넘으면』, 『사랑』, 『내일의 태양』은 서울에서 시작해서 각각 광주, M시(목포), 경북 상주에서 끝이 나는 소설이다. 또 다른 작품『바람뉘』는 고향인 목포 인근의 바닷가마을에서 시작해서, 서울과 부산을 경유한 후 다시 고향으로 회귀하는 특징을 보인다.

『창공에 그리다』는 서울 구도심을 중심으로 인물들이 도심 내에서 지리적 원운동을 반복하고 있는 모습으로 그려진다. 그러한 운동성이 외곽으로 확산한 작품이 『태양은 날로 새롭다』(1960-61), 『이브의 후예』(1963)다. 이 시기는 서울 구도심에서 한강 이남인 노량진, 시흥, 안양 등으로의 교외의 움직임 또한 활발한데, 60년대에 발표한 『너와 나의 합창』(1962-63)의 경우에는 조금 다르다. 서울에서의 입지가 뚜렷하지 않고 서울보다는 오히려 시골인 C시(목포)에 서사와 플롯의 중심이 있다.

『거리에는 바람이』(1963-64)는 한국전쟁 중인 1951년에서부터 4·19 혁명까지 약 10여 년의 시간을 다룬다. 부산에서 출발한 소설은 서울로 중심 무대가 옮겨진다. 처음 5개의 장은 부산 광복동과 동대신동, 송도 일대를 배경으로 하며, 6장에서부터 서울이 전면에 등장한다.

이상은 박화성의 9편의 서울 소설에서의 공간지표[208]를 행위지대와 배경, 투사공간을 중심으로 간략하게나마 살펴보았다. 이를 표로 정리하면 다음과 같다.

---

[208] 공간지표의 개념 정의는 본고 1장 2-1절 "'목포 소설' 공간지표"의 설명을 참고할 것

작품명 (발표년도)	소설의시간	행위지대	배경	투사 공간
고개를 넘으면 (1955.8-56.4)	55년 6월-현재	서울, 해남, 광주, 양주	장사동, 가회동, 서린동	평양 기림리 136번지
사랑 (1956.11-57.9)	55년 추석-12월	서울, M시(목포)	화동, 낙원동, 혜화동	M시
바람뉘 (1958.4-59.4)	봄-겨울	하당나루 서울, 부산	원서동, 가회동, 안국동	
내일의 태양 (1958.6-12)	5월-12월	서울, 안양, 경북 상주	돈암동, 명동, 백궁다방, 종로, 덕수궁, 창경원, 안암동	평북 영변
창공에 그리다 (1960.2-9)	1959년 현재	서울, (동경, 수원)209	송월동, 충정로, 청량리 B 여대, 갈월동, 한강, 충무 로, 평동, 삼청동 (신촌)	붉은벽돌 집 -서대문 형무소-
태양은 날로 새롭다 (1960.11-61.7)	4·19혁명의 해 추석-봄	서울, 시흥	노량진동, 상도동, 종로, 명동, 한강	4·19 혁명장소
너와나의 합창 (1962.7-63.1)	4·19혁명-5·16 혁명 전후	서울, C시	회현동, 남산	C시
이브의 후예 (1963.3-9)	2월 하순경-	안양, 서울	신당동, 삼청동, 장충동, 우이동	
거리에는 바람이 (1963.6-64.2)	1951년-1960 (한국전 쟁-4·19)	부산, 서울, 인천, 양구,	한강, 도동, 남대문시장, 동대문시장, 합동(蛤洞), 명동, 광릉, 고려대 앞	흥남, 원산

〈표 6〉 서울(1950-60년대), 소설의 행위지대 및 배경

---

209 과거 회상은 ( )표기하였음

제2절 도시 공간의 재현, '서울'의 문학지리[210]

1. 혼종의 공간, 역사적 알레고리

분단의 알레고리, 북촌 장사동

『고개를 넘으면』(1955, 8-56, 4)은 박화성이 오랜 기간의 침묵을 깨고 목포를 떠나 서울에서 집필한 첫 장편소설이라는 점에서 작가의 전후 현실인식을 엿볼 수 있는 작품이다. 소설은 장사동 집을 중심에 두고 주인공 한설희가 친부모를 찾아가는 여정을 보여준다. 이 소설에서 38 분계선은 분단의 비극을 상징하는 매개체로, 훼손된 장소애(Topophilia)를 상기시킨다. 분계선은 인물들이 경계를 넘어 북쪽으로 이동하는 것을 저지하지만, 아직은 '미결정인 상태'로 남아 있으며, 머지않아 해소될 장벽이거나, 어쩌면 허물어질지도 모르는 '수상쩍은' 것으로 인식된다. 박화성이 주인공 한설희의 친모의 주소지를 "평양부 기림리(箕林里) 136번지 이명제(李明宰)씨 댁"으로 정확히 명시하고 있는 것은 통일에 대한 기대와 염원을 반영한 장치로 풀이된다. 작가는 미래에의 전망을 장사동 한설희라는 인물을 통해서 구현하고자 하는데, 한설희는 옛 궁궐로 대변되는 무의식적인 기억으로서의 민족의 역사를 상징한다. 그 중심에 장사동이 있다.

장사동 한설희의 집은 세월의 풍화와 흔적이 곳곳에 아로새겨진 옛 궁궐 주변에 자리 잡고 있다. 높은 솟을대문과 정원을 갖춘 전통 가옥

---

[210] 본고의 분석대상 텍스트와 작품의 연보는 2004년 푸른사상에서 나온 『박화성문학전집1-20』(서정자 편)을 기준으로 하였다.

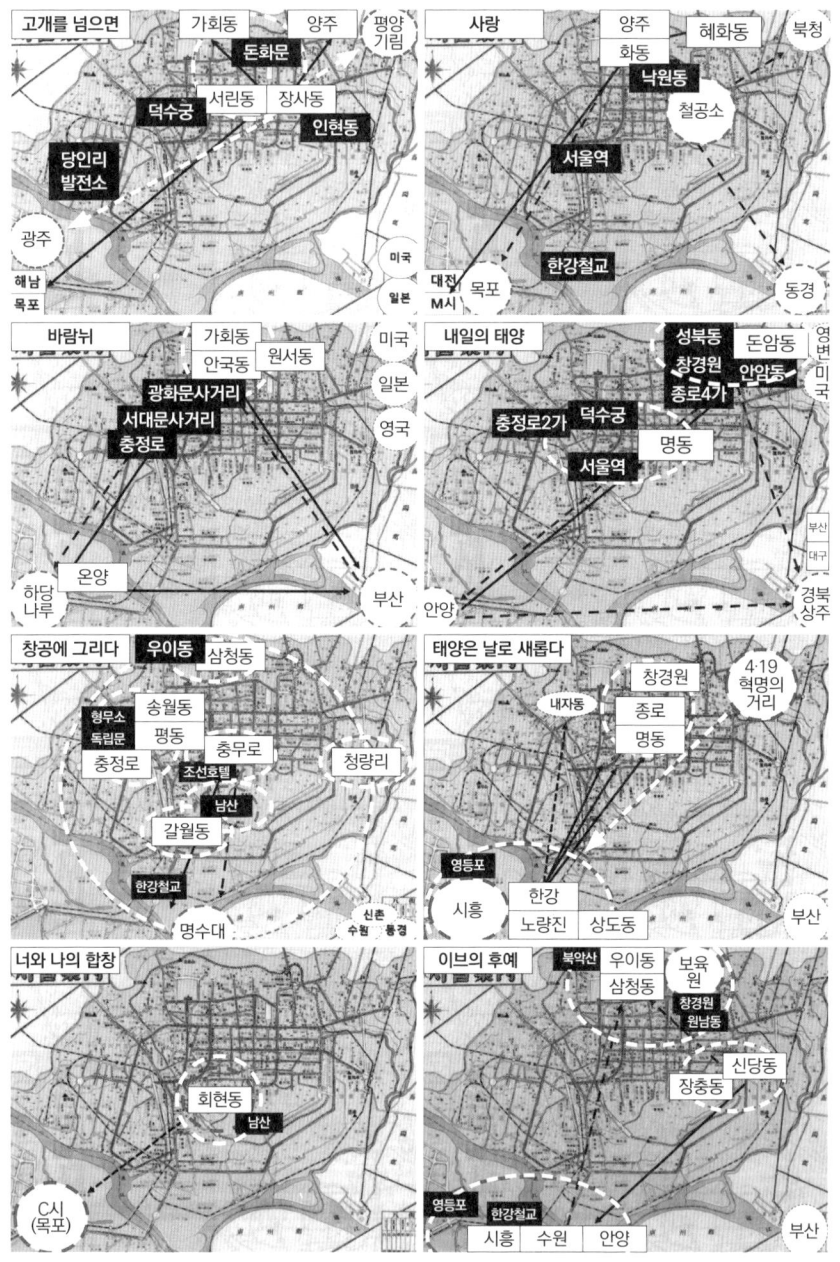

그림 7 박화성 소설(50-60년대)의 서울 문학지리

(303)으로 햇빛과 자연의 이미지, 평화스러움이 부각된다. 전쟁 이전까지만 해도 장사동은 한설희의 출생지였다. 그러나 한국전쟁으로 아버지가 돌아가신 후 장사동은 한설희의 출생과는 관계가 없는 "허구의 장소"가 되어 혼란을 겪고 있으며, 서로 다른 가치가 혼재되어 있고, 세대론적 갈등을 배후에 깔고 있는 장소다. 이곳에 살고 있는 한설희는 여전히 과거에 묶여 있는 것처럼 보이는데, 이는 아버지 세대의 봉건적 가치관에서 벗어나지 못했음을 의미한다. 설희의 방에 놓인 아버지의 물건들이 이를 말해준다.

> 바른편 아랫목 쪽으로는 아담한 책상이 놓이고 그 위 벽에는 자하 선생의 정신일도 하사불성(精神一到 何事不成)을 두 줄 행서(行書)로 쓴 사각의 작은 액이 걸려 있다. (…) 동창 아래로는 책이 가득한 사치스러운 책장이 있고 우편 벽에는 겸재선생의 금상산 단발령도가 오랜 세월을 증명하며 (…) 아래층에는 각종의 크고 작은 붓이 꽂혀있는 이조백자 필통이 놓여 있으며 (…) 전체로 아버지의 계획인 듯 순수한 동양적의 아취가 풍기는 이 방을 누구라서 가장

> 현대적인 첨단의 감각을 가진 영문과 여대생 한설희의 방이라고
> 할까보냐.
>
> 『고개를 넘으면』, p. 36.

    방 안의 사물들은 아버지의 분신인 듯, "아버지의 계획인 듯" 구석구석을 채우고 있다. 그것은 한국의 전통을 상징하는 것으로, 맞은편으로는 영문과 여대생인 딸 한설희가 '모나리자의 미소'를 걸어놓음으로써 장사동은 동·서양의 문화가 대비되는 공간이 되는가 하면, 서로 다른 전후 세대의 차이가 공존하는 장소가 된다. 게다가 '날아갈 듯 서 있는 블란서 인형'은 설희의 방을 더욱 미묘한 혼종의 공간으로 만들어놓는다.
    친부가 광주 출신이고 친모가 평양 출신이라는 설정에서 한설희의 몸은 "남과 북"이라는 역사적 알레고리로 의미화된다. 이때 광주는 일제강점기 독립운동의 본거지로서 식민지 역사를 상기시키며, 평양은 한국전쟁의 분계선을 인식해주는 장소가 된다. 여기에 더하여 '이복형제' 모티브는 분단 상황을 환기하는 장치로 기능한다. 분단선은 미·소 두 나라의 38선 구획으로 구체화되었고, 이는 한몸에 두 개의 이데올로기 체제가 공존하게 되는 것을 의미한다. 소설에서 한설희의 몸은 이러한 분단 상황이 내재한 영토의 역할을 대신하는 알레고리다.
    소설의 공간은 돈화문을 시작으로 멀리 광주 항일독립운동가의 묘지에 이른다. 이러한 공간 활용은 전쟁과 분단에 대한 알레고리로, 장사동은 남과 북을 대리하는 광주와 평양의 장소성 그리고 일제강점기와 해방, 한국전쟁까지를 모두 포함하고 있는 역사적 시공간으로 재현된다.

가회동의 근대화 담론과 상류사회

가회동 영옥의 집(『고개를 넘으면』)은 사간 대청이 있는 한옥으로 젊은이들의 공부모임 '봐인클럽'의 집결지이다. 유복한 가정의 대학(원)생인 회원들은 전도유망한 최고의 수재들로 구성되어 있으며, 스스로 "지도자의식, 엘리트의식으로 무장"[211]하고 대한민국의 대도시 서울의 재건과 산업화, 공업화로의 도약을 기대하며 조국 근대화의 기수를 자처하는 청년들이다.

한국소설(개화기에서부터 해방 전후, 80년대와 그 이후)에서 '대학생'은 현대사의 독특한 역사성이 투영된 '호명'으로, 지도자적 위치에서 시대의 역사적 상황을 인식하는 주체로서, 시대의 문제를 극복하고 해결하는 역할을 담당해 왔다.[212] 식민지 시기 박화성 소설의 지식인 청년들(상업학교, 일본 유학생)이 주로 계급과 사회주의 사상으로 무장한 독립(노동)운동가였다면, 가회동에 모인 대학(원)생들은 전후 한국사회의 재건을 꿈꾸며, 단일국가 중심의 근대화 담론을 강화하는 역할을 담당하고 있다. 그러나 쉽게 달성될 것 같은 미래에의 낙관은

---

[211] 엘리트의식과 지도자의식은 박화성 인물들의 특장과도 같은 것으로 식민지 시기 소설에서부터 전후 시기까지 지속적으로 이어져 오고 있다. 『바람뉘』를 제외한 작품들에서 대학생은 중요한 인물군으로 등장하는데 대표적으로는 『고개를 넘으면』, 『사랑』, 『내일의 태양』, 『창공에 그리다』, 『태양은 날로 새롭다』, 『이브의 후예』를 꼽을 수 있겠다.

[212] 이재선은 이러한 대학생 인물이 소설에 등장하게 된 요인을 크게 두 가지로 설명하고 있다. 그중 첫 번째는 우리 사회가 유교적 규범으로서의 문(文)을 숭상하는 전통에 기반하고 있다는 점이고, 두 번째는 교육열이 높은 사회에서 대학생에게 요구하는 지도자의 역할의 중요성에서 찾고 있다. 식민지 시기에는 민족독립과 해방의 기수의 역할이 요구되었고, 민족분단의 상황에서는 문제제기와 비판자로서의 역할이 요구되었으며, 4·19혁명 시기에도 참여와 실천의 영역에서 앞장선 지도자의 역할이 요구되었다고 볼 수 있다.

근거가 취약한 것처럼 보인다.

한편 가회동은 전축과 레코드가 그득하게 쌓여 있는(62) 근대적 공간이자, 한복과 양장, 달빛과 촛불, 전등불이 공존하는 혼종의 공간으로 재현된다. 인물들은 전깃불도 제대로 들어오지 않은 가회동 한옥에서 한복을 입고 탱고, 블루스, 왈츠를 번갈아 추는가 하면, 영어와 프랑스어가 무분별하게 섞인 언어로 대화를 나눈다. 이곳에 모인 젊은이들은 신문물(전등, 전축)에 취해 있으며, 인물들의 행위는 과잉된 흥분으로 인해 연극적으로 느껴지기까지 한다. 가회동 집에서 설파한 청년들의 낙관에 대한 희망이 근거가 취약하고 애매모호한 이유는 "무한히 솟구치는 정열"(157)과 과장된 젊음만 있기 때문이다. 전·후 분단국가에 대한 냉철한 역사적 현실 인식은 부재한다. 이는 재난으로서의 전쟁과 사건으로의 분단을 인식하는 태도와 관련된 것으로, 인물들은 식민지 시기의 이념적 치열성 대신 역사가 나아가야 할 당위로서의 근대주의를 지지하고 있다. 때문에 소설에서 신·구세대의 갈등은 그 원인의 불명확함으로 말미암아 쉽게 봉합되고 화해의 결말에 이른다.

『바람뉘』(1958, 4-59, 4)는 서울 북촌에 있는 옛 궁궐 주변의 가회동, 원서동, 안국동을 행위지대와 배경으로 한다. 세 집의 위치는 산책하듯 들를 수 있는 도보 거리에 있다. 각각의 집은 한옥 또는 한옥을 개조한 혼합형(외형은 양식, 내부는 한식) 주택으로 경관으로서의 차별성도 강조되지만, 그보다는 집에 거주하는 '안주인'의 출신 배경과 캐릭터를 통해서 차별화된다.

세 집은 각각 삼 형제의 집으로 설정이 되는데, 가회동 큰며느리는 미국 유학파이며, 안국동 둘째 며느리는 일본 유학파로 둘 다 중매 결혼했다. 셋째인 운희는 원서동에 살고 있는데, 여고를 졸업한 시골 출신으로 남편과는 연애결혼했다. 운희는 한국전쟁 중 남편을 잃었고, 홀로 자녀들의 교육이며 생계를 책임지고 있는 실질적인 여성 가장이다. 소설에서 원서동 집에 대한 묘사는 거의 없고, 가옥에 대한 정보는 가회동 신애리의 집에 집중된다.

가회동 집은 대감마님, 가회동 마님, 안국동 마님이라는 호칭에서 알 수 있듯이 전통의 관습이 유지되는, 상류층의 거주지다. 가회동 주택단지에 "덩그렇게 높이 올라앉은 양옥"으로, 파란색으로 페인트칠한 "쇠창살"과 "영국산 검고 누른 개"(98)가 호위하는 그곳에는 주인 내외와 딸 모두 미국 유학파인 큰집 가족들이 산다.

> 응접실에서도 볼 수 있는 자리에 높직이 원숭이 장이 달려 있었다. 멍키는 창살을 두 손으로 부여잡고 눈을 깜박거리며 손님들을 내려다보고 있었다.
> 앞뜰에 나지막이 피어있는 개나리가 정원수와 황혼의 그늘에서 꽃들만이 유난스럽게 곱게 보였다. 양쪽 구석에 놓인 새장에서 새들이 안타깝게 파닥거렸다.
> '우리 미영이가 이번에 달려오지 않았드람 저 원숭이나 새처럼 조롱신세 되는 거와 다를 게 무엇이었을까?'
> "작은아씨 안녕하세요?"
> 소녀가 차를 가져다가 티테이블에 놓으면서 가만히 물었다.
> 『바람뉘』, p. 100.

운희가 큰동서를 만나기 위해서 가회동에 들러 대청(응접실)에서

"대감마님께서 옵시라"는 식모의 전갈을 기다리는 장면이다. 건물 외부에는 영국산 개가 으르렁거리고, 내부에는 창살에 갇힌 원숭이가 높이 매달려 있는 곳, 새장에 갇힌 새들이 "안타깝게" 날갯짓하는 가회동 집 내부 풍경은 기이하다. 다른 한편 둘째가 사는 안국동 집 또한 상류층의 거주지로 "대궐 같은 높다란 솟을대문"(120)이 있는 한옥이다. 둘째 동서 이옥진이 "꽁지 빠진 할미새마냥"(121)풀어 헤쳐진 헤어스타일을 하고 거울 앞에 앉아 있다. 한때 이옥진은 동경 여자전문학교를 졸업한 신여성이었으나, 지금은 유한 마담들과 어울려 다니며 사교댄스에 빠져 있다.

박화성은 고관대작의 부인들이 사는 가회동과 안국동 집을 부정적인 공간으로 묘사하며, 이들의 생활상을 통해 전후 한국사회 상류층의 부패와 타락상을 폭로한다. 그 반대편에 한국전쟁으로 남편을 잃고 원서동 큰집에 세 들어 사는 "전쟁미망인" 운희가 있다. 전쟁의 피해 당사자인 운희는 현실에 낙담하고 절망하기보다는 시종일관 굳세고 명랑하며, 전쟁으로 엄마를 잃은 황석 남매에게도 지극한 모성애를 보인다. 이후의 소설에서 여성 인물들이 마약성의 연애나 춤에 빠져 거리를 헤매거나 허무에 빠져드는 것과는 달리 전후의 '억척어멈' 운희가 기대하고 있는 것은 희망의 기반이다.

삶의 방향 설정, 고궁 주변 도로

『바람뉘』는 도시 공간의 소설적 형상화에 있어서 크게 두 장소를 활용한다. 하나는 북촌에 있는 원서동, 가회동, 안국동 일대의 주거지이며, 두 번째는 거리의 스펙타클을 활용하는 것으로, 이때 인물의 위치는 충정로를 출발해 서대문, 광화문의 거리를 이동 중이다.

산란하고 외로운 심경을 겨우 가라앉히며 서대문 네거리에 나오니 갑자기 교통이 막히면서 사람이 우글거렸다. 운희는 혼잡 틈에서 버스를 기다렸으나 쉽사리 통행이 해제될 것 같지 않아서 발가는데 까지 걸어볼 양으로 걸음을 옮겼다.

그러나 한 발도 뗄 수 없었다. 광화문에서 서대문 쪽으로 오는 우편 인도(人道)는 완전히 차단되었기 때문에 좌편으로만 몰려드는 통행인이 콩나물처럼 들이박혀졌다. (…) 서대문 쪽에도 경관이 두 명이나 서서 그 속에 들어갈 수 있는 자격자의 고급 승용차만을 안내하였다.

『바람뉘』, pp. 186-188.

일자리를 알아보러 충정로에 갔다가 돌아오던 운희는 서대문 네거리에서 갑자기 혼잡한 인파 속으로 빠져든다. 그날은 한국과 외국 명사들의 연회가 열리는 날로, 경관들이 도로를 통제하는 바람에 운희는 버스를 놓치고 영사관 앞 군중 속에서 거리의 광경을 눈여겨본다. 광화문에서 서대문 일대의 도로는 일반인들의 통행이 금지되었고, 도로는 오직 '고급 승용차'만이 통행 가능한 구역이 되어 버렸다. 화려한 한복이나 이브닝 드레스로 "요란스럽게 멋을 낸 부인"들이 고급 승용차에서 내려 수위의 안내를 받아 "경사진 넓은 보도를 올라가 높다란 붉은 대문 안으로 사라"(188)진다. 군중들은 "자기네와는 아무 상관도 이해도 없는 먼 거리"의 축제에 도취되어 일순간의 행복을 맛보려고 "입을 헤벌리고 키를 솟구"친다. 눈에 익은 세단을 타고 차에서 내린 사람은 다름 아닌 가회동 마님 신애리과 안국동 마님 이옥진이다. 순간 운희는 자신 또한 "그들 틈"에 끼어 있는 환상 속으로 빠져든다.

하지만 운희는 상류사회의 혜택받은 몇몇의 사람들 때문에 "무수한 트럭, 버스, 택시, 지프차들"은 길을 찾지 못해서 갈팡질팡 헤매는 광경을 한탄하며 그곳을 빠져나온다. 광화문 거리에서 재현되는 "상류사회의 스펙타클"은 전후 한국사회가 해결하지 못한 무수한 역사적 난제를 보여준다. 화려하게 치장을 한 상류층 두 여성이 미국과 일본 유학파라는 것을 참작한다면, 이들 배후에 도사리고 있는 외세의 개입을 어렵지 않게 떠올릴 수 있다.

서대문에서 광화문으로 이어지는 도로는 운희에게 어떻게 살아갈지 방향을 제시해주고 다짐을 강화해주는 역할을 한다. 운희는 전후의 힘든 상황 속에서도 축복받는 소수의 사람들이 존재하고 있음을 비판적으로 인식한다. 이를 계기로 운희는 자신의 앞길은 스스로 개척하고 용감하게 살아가겠다(189)고 다짐한다. 그 다짐은 '풍랑'을 예고하지만, 소설의 마지막 장면에서처럼 유쾌하고도 희망적이다.

또 다른 소설 『내일의 태양』(1958, 6-12)에서 고궁인 창경원과 덕수궁은 전통과 민족의 역사를 환기시키며, 삶의 의미를 강화해주는 장소로 의미화된다. 이 소설의 인물들은 을지로 2가 내무부 앞에서 택시를 타거나 시공관 앞이나 근처 다방에서 만나 중국집에서 식사하고 밀회를 즐긴다. 인물들이 한 장소에서 다른 장소로 이동하는 것이 빈번하므로, 특정 도시 공간이 도드라지게 장소성을 띠는 건 아니지만, 만남의 장소로 활용되는 창경원과 덕수궁은 예외다.

> 평생을 그늘에서 태양을 등지고 살아갈 줄 알았던 자기가 윤형진이라는 건실한 청년과 서로 사랑을 약속하여서 결혼에 이르는

첫째 단계로, 오늘 부모형제들과 한자리에 모이게 된 것은 분에 넘치는 영광이었다.
　더구나 천년의 역사와 전설을 간직한 고궁! 그러면서도 진기한 짐승들과 아름다운 꽃들이 만발한 푸른 동산에서, 풍치 있는 정자에서 시종 웃음으로 음식과 더불어 즐기던 몇 시간!

『내일의 태양』, p. 211.

　양가 상견례 장소로 활용이 되는 창경원은 수정궁(대중식당)과 그 앞의 연못이 경관으로 자세히 묘사된다. 남희라와 윤형진의 가족은 창경원에서 만나 혼인 날짜를 잡지만, 윤형진 어머니의 반대로 파혼을 맞게 된다. 이후 창경원은 인물들이 다시 찾게 되는 추억의 장소가 되어 가장 행복했던 한 시절을 되돌아보게 하는 삶의 장소로 의미화된다. 마찬가지로 데이트 장소로 등장하는 덕수궁(117)은 석어당 뒤 동산, 작약 꽃밭, 함령전 좁은 대문 등 인물들의 심리를 짐작할 수 있는 경관으로 묘사되며 장소로서의 의미를 획득한다. 만남의 장소로 활용이 되던 고궁이 넘치는 인파로 몸살을 앓게 되면서 이후 소설에서 인물들은 더 한적한 공간을 찾아 교외로 떠나게 되고 그즈음부터 고궁의 활용은 줄어든다.

　어머니께서 얼마나 기두리실까.
　이런 생각을 하며 창덕여중의 시커먼 건물을 지나오려니까 굵은 빗방울이 후둑후둑 떨어지더니 그대로 속도가 빨라 간다. 한은 우산을 받치고 부지런히 걸었다. 불조차 가버려서 달은 있을 텐데도 비오는 거리는 어둡기만 하다. 비는 더욱 기세를 돋구어 마루

좍좍 쏟아진다.

땅바닥에서 튀어 올라오는 흙물 방울과 몰아치는 비 거품에 숨이 막힐 듯하다.

몽몽한 빗발 속으로 어둠 속에 무한히 크게 버티고 서 있는 돈화문이 무시무시하도록 무섭기가 들어 단성사 쪽 큰길을 꺾어 들 때는 머리끝이 다 쭈뼛했다. (…)

문득 뒤에서 철버덕 철버덕 뛰어오는 소리가 들려 그 경황없는 중에서도 뒤를 돌아보니 시커먼 그림자 하나가 폭우 속을 뚫고 달려온다.

"실례합니다." (…)

한은 깜짝 놀라 움짓하고 한편으로 비켜서며 침입자를 쳐다보았다. (…)

"어디로 가십니까?"

『고개를 넘으면』, p. 28.

『고개를 넘으면』의 주인공 한설희가 가회동에서 장사동 자신의 집으로 향하는 장면에는 돈화문, 단성사, 파출소, 창덕여중과 같은 공간지표가 제시되어 있다. 고궁 주변 도로의 전등불은 꺼져 있고, 포장이 안 된 '땅바닥'에서는 흙탕물이 튀어 오른다. 옛 궁궐 앞의 '흙탕물' 도로는 이후 '양주' 가는 길에서 마주치게 되는 미군부락의 신작로 "대리석"(198) 길과 대비를 이루며, 인물(민족)이 처한 상황을 우회적으로 암시하는 것처럼 보인다.

창덕궁의 정문인 돈화문과 옛 궁궐은 묘지와 같은 죽음의 시간을 함축하고 있다. 창덕궁은 조선의 궁궐 중 가장 오랫동안 임금이 머물

렀던 장소로, 우리 민족의 전통과 역사성을 상징하는 장소다. "축조할 당시의 시끌벅적함"과 달리, 지금은 역사적 시효가 다하여서 "곧 세월과 풍운의 흐름에 따라 사라질 숙명에 처한 것"[213]이다. "무한"하고, "크"고, "버티"고 "서 있는" 그것이 무시무시한 것으로 인식되는 것은 '시간의 소멸감' 때문일 것이다. 돈화문 앞 도로에서 한설희는 한 명의 '침입자'를 만나 "어디로 가십니까?"라는 질문을 받게 되는데, 이 시기 박화성의 인물들이 자주 하는 질문으로 이들은 자신이 가야 할 방향을 설정 중이다.

남과 북을 가르는 분계선은 인물들의 삶의 공간을 분절시키고, 북쪽의 땅은 이제 누군가의 회상의 형식으로 기억된다. 삶의 터전을 서울에 둔 인물들은 전쟁으로 인해 삶의 정주지를 상실한 채 끊임없이 어디로 가야 할지 방향을 물으며 위치를 탐색하는 특징을 보인다. 이들은 서울 태생인 경우도 있지만, 남쪽이나 북쪽에 고향을 둔 이향민인 경우가 많다.

갈월동의 향락과 미국의 영향력 용산

북촌의 가회동(『고개를 넘으면』)이 미래를 낙관하는 젊은이들의 장소였다면 용산의 갈월동(『창공에 그리다』)은 자연과 인공, 전근대와 근대의 문물이 기이하게 섞여 있는 '기성세대'의 향락의 공간이다.

> 그들이 앉아 있는 방과 연하여서 넓은 양실이 있는데 오일스토브가 적당한 온도로 훈기를 돋우고, 서너 개나 되는 티테이블에는

---

[213] 조형래, 2017, p. 173.

> 한창 만발한 시클라멘과 프리지어와 송이 굵은 붉은 카네이션의 화분이 놓여 있었다. 키 큰 포인세티아의 멋들어지게 흰 가지가지에는 새빨간 꽃잎이 만들어서 붙인 듯이 기묘한 형태로 활짝 피어서 구석구석을 환하게 밝혔다.
>
> 『창공에 그리다』, pp. 30-31.

갈월동 신학장의 집은 넓은 정원을 가지고 있는 큰 집으로, 사회 지도층으로 보이는 사람들이 "장방형의 넓은 방"에 모여 생일파티를 즐기고 있다. "농담과 웃음으로 소란"해진 실내에 "주기(酒氣)가 피어나는 얼굴들", 이들은 제각각 숨은 재주들을 선보이는데, 시조에, 육자배기, 단가, 노래, 곱사춤, 재주넘기, 짐승의 흉내 등이다.(31) 여기에 반하여 젊은 측에 속하는 대학교수 애영과 남혁은 각각 영어로 노래를 부르고 하이네의 시 <선언>을 낭송한다. 갈월동 집은 서로 다른 이질적인 성질이 "만들어서 붙인 듯한 기묘한 형태"의 꽃들만큼이나 묘한 분위기를 자아낸다. 실내에 '인공의 온실'을 가지고 있는 집은 근대의 경험이 가능한 곳이면서 동시에 시조와 단가 등의 문화가 시연되는 전근대적 공간이다. 이러한 문화의 혼종성은 양장과 한복을 동시에 갖춰 입고 있는 여성 인물들의 외관을 통해서도 드러난다. "시선을 자극하는 꽃들"은 이곳이 '향락에 취한 인간들'(31)의 집합소임을 알려준다.

『거리에는 바람이』(1963, 6-64, 2)에서 도시 공간은 도동과 남대문시장, 동대문시장, 합동, 명동, 용산이 등장한다. 이는 전쟁 중 월남한 윤주가 1952년 부산에서 서울로 상경한 후에 이동해 다니는 지리적 경로다. 전쟁이 끝난 후 윤주가 마지막으로 정착한 곳은 용산으로, "세속적인 관계를 청산"하고 박애주의 신념으로 살고자 마련한 거처다. 용산에서 윤주는 미국인 선교사의 도움으로 한국을 떠날 결심을 하는데, 그의 삶에 미국인의 영향력이 크게 작용하고 있음을 알 수 있다.

그러나 박화성은 윤주가 거리에서 4·19 민주화운동을 목도하는 장면으로 소설의 결말을 배치한다. 이를 통해 1960년의 역사의 흐름과 변화를 감지할 수 있는데, 윤주는 미국으로의 도주가 아닌, 서울 안암동의 4·19 광장에서 주체적인 미래의 삶을 새로이 설계하게 될 것이다. 안암동은 1960년 4·19혁명이 일어난 고려대 앞 거리[214]로, 소설의 결말에서 연동 교회, 원남동, 동대문 경찰서와 같은 지표가 함께 시위 현장으로 재현된다. 윤주는 연동 교회에서 부흥회를 마치고 돌아오는 길에 청년들의 시위 현장을 체험하게 된다.

2. 폐허의 도시에서 번창의 도시로

서울의 표상, 한강

당시의 서울은 한강이 끝이었다. 오늘날의 강남은 잡초가 우거

---

[214] 1960년 4월 18일 석양에 김동리와 함께 세브란스 병원에 입원 중인 김말봉을 문명하고 오는 길에 4·19를 목격하게 되었다. 3·15 부정선거가 참사와 비극으로 이어진 것이다. 김씨(김동리)와 헤어져 정릉으로 합승을 모는데, 종로 4가 천일극장 앞에서 차는 정지했다. 고려대학의 데모 행렬로 이리저리 길을 피해서 달려왔던 터라 나는 고개를 내밀어 밖을 내다보았다. (…) 깡패들이 습격하여 난투를 벌린 바로 뒤라, 여기저기에 학생들은 떼로 몰려서 부상자들을 끌어내는 중이었다. 머리의 타박상으로 피가 철철 흐르는 학생을 우리 차에서 실어다가 병원에 보냈는데 승객들은 다투어 말했다. 『눈보라의 운하』 전집 14권, p. 322.

진 야산과 전답이었고 거주하는 사람은 몇 만명에 불과했다. 강남으로 오가기 위해서는 나룻배를 이용할 수밖에 없었고 한강은 백사장의 연속이었다.

    서울시민의 행동반경은 사대문 안이었고 세종로(중앙청)에서 한국은행까지를 직경으로 원을 그리는 내부, 명동, 충무로, 을지로, 종로 네거리가 도심부였으며 이 도심부의 끝에 남대문, 동대문 두 개 시장이 있었다. 충무로, 을지로 골목 안으로 들어가면 뜰에 몇 그루 나무를 심은 목조가옥들이 밀집해 있었고 남대문에서 종각까지는 서울 최대의 비즈니스 거리도 높은 건물이라야 겨우 5층이었다. 당시의 서울에서 가장 높은 건물은 8층밖에 안 되는 반도호텔이었고 아파트라는 것은 남의 나라의 말로 여겨지던 시대였으니 서울은 평면적, 입체적으로 만원일 수 밖에 없었다.[215]

  '한강'은 목포의 유달산처럼 작가 박화성이 가장 관심을 두는 서울의 표상으로, 인물들의 눈길과 발길이 자주 머무는 장소다. 50-60년대 박화성의 소설에서 '한강'은 크게 두 가지의 의미로 재현된다. 첫째, 한국전쟁 중 수많은 사람의 생명을 앗아간 비극적 장소로, '한강철교'는 인물들에게 비극의 한국사를 불러들이는 매개체가 된다. 인물들은 한강 위 철교의 잔해를 바라보며 역사의 주체로서의 책무를 느끼는가 하면, 삶의 존재론적인 질문을 던진다. 두 번째는 서울을 벗어나거나 서울로 귀환할 때, 교외와 서울, 시골과 도시의 경계선으로 인식된다. 한강을 건넌다는 것은 곧 서울을 벗어나는 것을 의미하며, 역으

---

[215] 손정목, 2003, pp. 291-292.

로 서울로의 귀환을 의미한다.

『거리에는 바람이』(1963, 6-64, 2)에서 한국전쟁은 기억되는 과거의 시간으로 서술되며 현재 속에 지속, 잠복하여 있는 상처의 근원이다. 작가가 서술하는 시간이 사월 혁명의 거리에서 멈춤으로써, 이 소설의 시간은 다시 서술된 과거의 시간으로 되돌아가는 구조를 취하는데, 현재와 과거라는 10여 년의 사이에 서울은 폐허의 도시에서 번창하는 도시로 변모해 간다.

소설의 주인공 윤주는 1952년 전쟁이 한창일 때, 서울에 첫 입성을 하게 된다. 부산에서 기차를 타고 영등포역에 내린 윤주가 처음 인상적으로 본 것은 한강 다리다. 전쟁 중 서울에 간다는 것은 한강을 건넌다는 것을 의미했고, 강을 건너기 위해서는 '도강증'이 필요하던 때였다. 도강증이 없는 사람들은 목숨을 걸고서라도 비밀리에 배를 띄워 강을 건넜다. 소설은 비교적 자세하게 윤주가 한강을 건너는 과정을 상세히 서술한다.

> 그들은 당장 떠나려는 지프차에 겨우 올라탔다. 주위는 컴컴했다. 앞서 온 사람들은 벌써 가버렸는지 몇 사람만이 동행이 되었다. 군인들까지 십여 명이나 되는 듯한 일행틈에 짐짝처럼 끼어 가면서도 윤주는 강 건너에서 반가운 사람이 맞아 줄 것이나 같이 기뻐했다. (…) 임시로 다리를 만들었는지, 차는 뒤뚱거리며 다리를 건넜다. 물빛조차 보이지 않는 컴컴한 좌우에서 그래도 물빛은 허여스름하게 보였다. 이것이 한강인가, 수 많은 사람들의 생명을 앗아간 한 깊은 강물아.
>
> 『거리에는 바람이』, p. 221.

컴컴한 밤에 "수많은 생명을 앗아간" 한강은 '물빛'조차 보이지 않았다. 뒤뚱거리는 지프차에 실려 임시로 만들어놓은 한강 다리를 건넌 윤주는 가방을 머리에 이고 책보를 양손에 든 채 서울역을 지나 "마주 뚫린 언덕길을 올라가서"(222) 도동의 아주머니집까지 걸어간다. "서울역 부근의 집들은 성한" 곳이 없고, "우뚝 솟은 큰 벽돌집이나 콘크리트 집들에는 벌집 모양 구멍이 뽕뽕 뚫려 있어서 전쟁의 흔적이 완연했다. (236) 윤주의 첫 거처는 도동으로 이후 정서방의 성추행을 피해 거리로 나온 윤주가 이북이 고향인 친구 미경과 함께 살게 된 합동의 집과 마찬가지로 "불을 때서 생활"하는 등 아직은 전통적인 생활 방식이 남아 있는 곳이다.

명동과 종로 일대는 박화성의 50-60년대 소설에서 젊은 남녀의 데이트 장소로 자주 활용되는 곳이다. 인물들은 명동을 걸으며 데이트를 하거나 미도파 백화점에서 선물을 고르기도 한다. 하지만 박화성 인물들이 쇼핑을 하는 경우는 극히 드문 사례[216]로, 명동의 거리와 백화점의 상품보다는 한강과 같은 역사적 장소 앞에서 더 반응을 보인다.

『사랑』(1956, 11-57, 9)에서 인식과 찬애는 추운 날씨에도 불구하고 데이트 장소로 한강을 선택한다.

"어디로 가실까요?"
"한강으로 나가요!"

---

[216] 『창공에 그리다』, p. 297.

인식이가 천연덕스럽게 명령했다.

"추운데 한강엔 왜요?"

"우리도 드라이브를 한번 해보게요."(…)

과연 한강의 철교가 터널의 입구마냥 다가왔다. (…)

"이왕 왔으니 우리 한강 물이나 좀 보고 갈까요? 차 좀 세워줘요!"

인식의 명령대로 운전수는 다리 중간에 있는 로타리 한쪽 길가에 차를 세웠다. (…)

"난 여기를 지날 때마다 저 끊어진 다리에서 눈을 떼지 못해요."

육이오 동란 때 수많은 생명이 낙화처럼 떨어졌다는 철교의 잔해를 바라보며 찬애도 한숨을 쉬었다.

"한강을 우리 나라의 심장처럼들 알고 있지만 난 한강에 와서 이 시퍼런 물만 보면 고맙다는 점보다는 언제나 야속하고 두터운 생각이 앞을 서요."

인식의 연회색 춘추복에서 새빨간 넥타이가 팔팔 날렸다.

『사랑』, pp. 298-302.

"터널의 입구마냥" 눈앞에 버티고 서 있는 철교는 잔해가 노출되어 있다. 인식은 "끊어진 다리"에서 눈을 떼지 못하고 찬애는 '한숨'만 쉰다. 끊어진 철교를 바라보는 인식의 말에 "도전의 가시"가 박히는 것은, 청년으로서 응당 가져야 할 역사 의식 때문일 것이다. 이 작품에서 박화성은 한강 철교가 안고 있는 민족의 비극사와 개인의 가족사를 서사로 연결 짓는다.

행방불명이 된 인식의 형은 전도유망한 지역의 정치인이 살해당한 사건의 배후에 있는 중심인물이다. 그는 해방 이후 복잡하게 얽혀 있는 정치적·이념적 상황을 대변하고 있다. 갈등과 대립, 화해와 용서라는 두 축에서 요동치는 이 인물의 행적은 부모세대와 자식 세대가 역사를 바라보는 관점의 차이를 반영하는 것이기도 해서 서사 전개상 대부분 베일에 가려져 있었다. 친일청산의 문제, 좌우 이념의 대립 등의 난제가 이 인물을 중심으로 얽혀 있는 것이다. 다른 장소에서는 발설되지 않던 가족의 비극이 끊어진 한강 철교 앞에서 인식의 말을 통해 발화되면서, 비극적인 가족 서가가 점점 표면으로 떠오르기 시작한다. 이때 한강은 소설이 짊어지고 있는 역사의 난제를 발화하게 하는 만드는 서울의 표상으로 기능한다.

다른 한편 한강 주변의 몇몇 장소가 소설 속으로 들어와, 당대의 문화사를 엿볼 수 있게 한다. 한강 산책을 끝낸 인식과 찬애가 식사하러 들어간 곳은 '아서원'[217]이다. 아서원은 을지로 1가 지금의 롯데호텔 자리에 위치한 유명한 중화요리집으로, 일제강점기 이래로 일상적인 모임은 물론이고, 창립총회나 정치인과 지명인사들의 회합, 조선공산당의 결성이 이루어지던 곳이다.

『창공에 그리다』에서 '명수대'는 인물들의 만남의 장소로 활용된다. 명수대는 일제 강점기에 동작구 흑석동에 있었던 지명으로, 일본인 기노시타 사카에가 그곳에 별장을 짓고 일본식 연못을 만들어 이후 주변으로는 130여 세대의 일본인이 거주하였다고 전해진다.[218] 광복 이

---

[217] https://www.minjok.or.kr/archives/124837; 민족문제연구소, 2022. 2. 3. "소설 「자유부인」에도 등장하는 중화요리점 '아서원'의 내력 역관 홍순언의 일화가 얽힌 '곤당골' 지역의 공간변천사".

[218] 디지털동작문화대전(https://dongjak.grandculture.net/dongjak/toc/GC08200146)

후에 철거되어 사라지고 지금은 흑석동 부근의 몇몇 장소에서 명수대의 흔적을 발견할 수 있다. 소설에서 명수대에 있는 수향(水香)은 이층의 건축물로 식당(요정)과 작업실을 겸한 기묘한 공간이다.

> 남혁이 팔뚝시계를 보다가 시계를 벗겨 태엽을 감았다. 서울역을 지나 지프차는 그저 앞으로 달리기만 했다.
> "어디루 갔음 좋겠어요?"
> "글쎄요 기껏 간대야 시내밖에 더 되겠어요?" (…)
> 차는 한강을 건너자 바른길을 버리고 명수대로 기어올랐다. 서서히 언덕을 감고 돌아 아담한 정원에서 멈췄다.
> 『창공에 그리다』, p. 70.

인용문에서 남혁은 마치 다른 시간 다른 공간으로 이동하려는 듯 시계태엽을 감고, 한강 다리를 건너 명수대에 도착한다.(70) 이곳은 충정로 집을 나온 남혁의 글 쓰는 작업실이면서 동시에 남혁과 애영의 밀실로도 활용된다. 이 장소가 주목되는 것은 한강을 한눈에 내려다볼 수 있는 조망을 갖고 있기 때문이다.

> 이왕이니 다리나 함께 건너실까 하구요.
> 정말 오랜만이에요, 육이오 전에 오고는 못 왔으니깐요.
> 강의 상류 쪽은 엷은 안개에 싸여서 꿈의 이상향인 듯 신비롭게 보였다. (82) (…) 애영은 찰랑이는 물을 가리켰다. 물 속에 잠긴 달은 찢어질 듯 찢어질 듯이 펄럭였다. (…) 남혁은 잠잠히 걷기만 하였다.
> 『창공에 그리다』, p. 85.

남혁과 애영은 명수대의 수향을 나와 한강 철교 위를 걷는다. 밀애의 장소이지만, 소설에서 두 사람의 사랑은 '한강대교'가 상징하는 '역사성'을 통과해야만 하는 것처럼 보인다. 애영은 "물 속에 시퍼렇게 잠긴 하늘을 내려다보고 눈앞에 좌악 펼쳐진 강줄기를 더듬"(70)으며 생각에 잠긴다. 소설에서 애영과 남혁이 겪은 한국전쟁의 의미와 현실정치의 인식은 애매하고 추상적이다. 박화성의 인물들은 한국전쟁으로 인한 상처 즉, 가족을 잃거나 행방불명인 경우가 대부분인데, 애영의 경우도 마찬가지다. 남동생은 한국전쟁 때 전사했고, 남편 김민수 또한 실종되었다. 분단의 상처는 박화성 인물들의 내면에 억압되어 있으며, 쉽게 서사화되지 못한다. 그러다보니 전쟁의 인식 자체가 추상적이고 모호하게 처리되어 버린다. '한강'은 '어떤' 역사적 발화를 가능하게 하는 공간이지만, 반공과 이념에 관련된 '어떤' 발화에 관하여는 역사의 진실 속으로 진입하는 것을 방해하는 서울의 표상이다.

생활의 가능성 남대문시장, 변화하는 명동

『거리에는 바람이』(1963, 6-64, 2)의 서윤주는 이북 흥남 출신으로 미군 엘에스티(LST)를 타고 "부산 항구"(73)로 월남했다. 이때부터 시작된 10년간의 고난살이는 한국전쟁으로 인한 여성의 수난사를 반영한 것이다. 서윤주는 부산에서 서울로 다시 거처를 옮기며 온갖 시련을 견디어내는 강인한 여성으로 그려지는데, 박화성 소설에서 유일하게 상업을 하는 인물이다. 부산 광복동의 '미제장사'를 시작으로, 전쟁으로 폐허가 된 서울에 도착해서 장사를 시작한 윤주는 뜨개질, 통신사, 비서, 선교 활동 등 여성으로서 갖은 고초를 겪는다.

박화성은 전쟁의 참상이나 폐허에 관심을 기울이기보다는 생동하는 삶의 현장성에 더 관심을 둔다. 전시에도 사람들로 넘쳐나는 남대문시장은 윤주에게는 생활의 터전이 될 가능성의 장소다.

> "이게 남대문이랍니다."
> 정 서방의 알리는 소리에 윤주는 고개를 들었다.
> "남대문!"
> 말로만 듣던 남대문이다. 윤주는 잠깐 걸음을 멈추고 외관을 바라보았다. 평양에서 보던 대동문과 비슷하나 그 구조의 정묘함이나 기상의 장엄함이 가히 견줄 바가 될 수 없었다.
> 『거리에는 바람이』, p. 237.

남대문시장에 가는 도중에 보이는 남대문은 전쟁 중에도 몇백 년의 시간을 이기고 당당하게 서 있다. 그것은 "역대 왕조의 흥망성쇠와 인간 존망의 빈부 귀천의 엄연한 큰 증인"(237)이 되어 주고 "민족과 영원히 운명을 함께 하는 까닭"[219]에 서울에서 살아갈 윤주의 삶의 지표가 되어준다.

> 정진태는 으슥한 자리에 주르륵 늘어앉은 처녀 비슷한 젊은 여인들을 가리켰다. 그들은 고물 비슷한 사기 그릇을 몇 개 놓았거나 치마 저고리 같은 의복들을 벌여 놓고 있었다. 그릇은 대개 병, 주

---

[219] 『창공에 그리다』, p. 247

발, 주전자 같은 그런 기명이요, 은수저를 몇 벌씩, 혹은 은잔이나
은주전자 같은 것을 진열하기도 했다.

『거리에는 바람이』, p. 239.

시장에는 양반집 규수가 자기 집의 귀한 물건을 팔러 나오는 경우도 있었지만, 전쟁 중에 빈집에 들어가 훔친 물건을 팔거나 장판에서 싸게 산 물건을 다시 비싸게 '들고치는' 사람들도 많았다. '귀한' 물건들이 돈으로 거래되는 것은 '전통'이라는 역사가 "전리품"이 되어 현대의 '자본'으로 환산되는 순간을 포착한 것이며, 전시의 남대문시장은 전리품을 둘러싼 자본의 체계가 작동하는 장소로 재현된다. 윤주는 "보기에도 값이 나갈 것 같은 젖빛의 백자"를 싸게 사들여서 지나가는 외국인 장교에게 큰 이윤을 남기고 되판다. 이 전리품 시장의 질서에 '외국인 장교들'로 표상되는 '미군'이 개입된 것이 흥미롭다. 미군(미국인)은 이후에도 지프차로 밤거리를 질주하며 윤주를 '스칠 듯이' 희롱하거나(259) 용산에서의 선교 활동에 앞장서거나 양구에서의 이상촌 건립에도 앞장서는 등 소설에 등장하여 인물들에게 지대한 영향을 미친다.

자! 보세요. 여기가 명동이래요
질펀하게 흙더미와 부서진 기와들이 깔린 황량한 폐허를 가리키며 정서방은 탄식처럼 말했다.
서울에서 제일 참혹하게 피해를 입은 장소가 여기랍니다
그 전엔 물론 건물이 많았겠죠?
하 많은 정돌 겁니까? 그저 빈틈없이 빽빽하게 들어박혔던 제일

변화한 거리였죠, 우리네 같은 시굴뜨기는 감히 발을 못 들여놓을 이방 지대였으니까요.

『거리에는 바람이』, p. 247.

폐허가 된 명동의 한복판은 "큰길이라야 폭만 넓을 뿐 옛날의 번화가였다는 자취"를 찾아 볼 수 없게 되었다. 이 시기에는 "월북했거나 몰수한 부역자의 적산가옥"들이 관계 당국자들에 의해서 거래가 되고, 이로 인해 부동산 신흥부자들이 많이 생겨났다. (248) 윤주는 명동의 복덕방(265)에 들러 인달의 집을 찾고, 동대문시장에서 우연히 만난 양사장의 도움으로 통신사에 취직하기도 한다. 높은 경쟁률을 뚫고 통신사에 취직한 윤주는 "자격과 능력만 있으면 한 사람이 몇몇 기관의 사장이라도 될 수 있는 남한의 자유로운 분위기"에 만족감을 느낀다. (277)

> 윤주는 앞만 바라보고 불규칙한 걸음을 계속했다. 정다웠던, 할아버지가 있던 복덕방이 이제는 번쩍거리는 이발소가 되어서 쓸쓸하게 지나가는 윤주의 하늘색 코우트가 거울 속에 담겼다가 없어졌다.
>
> 『거리에는 바람이』, p. 345.

휴전협정과 포로 교환이 있고 난 뒤 국회가 환도를 끝내자 서울의 복구사업은 활기를 띠었다. 피난 갔던 사람들이 옛집으로 다시 돌아왔다. (329) 명동에 있는 인달의 집을 다시 찾았을 때, 이정표 역할을 했던 복덕방은 없어지고 이제 그곳에는 새로운 이발소가 들어섰다.

작년이 옛날이라는 듯 서울은 빠르게 변화하고 있었다. 얼마 전에 양 사장과 들렀던 빵집에는 훌륭한 다방이 들어서(288) 있었고, 단층이었던 건물의 외관(481)은 높아졌으며, 서울은 그야말로 번창의 시기로 들어서 있었다.

이 시기 윤주의 생활은 매우 불안정하며, 직장과 주거지가 계속 바뀌고 있다. 이러한 잦은 이동성은 전시 또는 전후라는 상황적 조건에 더하여, 윤주가 이북에서 월남한 이향민이라는 데 원인이 있다. 이향민에게 남과 북을 가르는 분단선은 삶의 공간을 분절시키는데, 시대의 혼란과 불안정이 윤주의 삶의 궤도와 같이 움직이며 잦은 이동을 부추기는 것이다. 소설은 윤주가 우연히 사월 혁명의 현장을 목도하게 되면서 끝이 나는데, 이는 윤주의 또 다른 삶의 국면을 예고하는 것이다. 지나온 10년의 역사적 시간을 불러와 연대기적으로 펼쳐나가는 윤주의 서사는 역사를 성찰하고 미래를 전망하고자 하는 태도와 다름없다.

『내일의 태양』(1958, 6-12)은 초반부터 변화가인 명동의 최신식 다방을 무대로 하면서 독자의 이목을 집중시킨다. 다른 여타의 작품에서 명동과 종로 일대의 다방이나 음식점이 만남의 장소로 활용된 반면, 이 작품에서는 주인공 남희라의 직장[220]으로 등장한다는 점이 이

---

[220] 여성 인물들의 직업이 은행원, 출납원 등 서비스 직종으로, 일반적으로 전통적인 도시는 농업에서 제조업과 같은 산업분야로 전환되고 난 이후에 서비스 기능이 활발해지는 반면, 전후의 서울은 전쟁으로 인한 특수한 상황으로 인해 과도한 인구집중 현상을 겪었고, 도시의 기능은 서비스 분야가 먼저 들어서고 이후 산업화로 전환되는 과정으로 진행되었다. 제2차 세계대전 이후에 독립한 많은 국가의 도시 성장이 우리와 비슷한 과정을 겪었다. (이기석, "20세기 서울의 도시성장", 서울시정개발연구원, 『서울20세기공간변천사』, 2001, p. 62.)

채롭다. "다방이란 피엑스보다두 훨씬 유혹이 많은 데"라고 하지만 남희라(27세)에게 백궁다방은 수입이 두 배나 되는 엄연한 직장이다.

소설의 플롯은 처음 얼마간, 돈암동과 백궁다방(명동)을 오가는 남희라를 중심으로 펼쳐지고, 중반부터는 안양과 서울의 왕복운동이, 후반부에는 경북 상주로의 하향이, 마지막은 중심인물들이 상주로 결집하면서 끝이 난다. 서울 도시 공간은 명동의 백궁다방과, 돈암동 남희라의 집, 종로와 명동 일대의 다방과 음식점, 창경원과 덕수궁이 주요 배경으로 등장하며, 충정로 2가의 큰아버지 집, 안암동 형진의 집, 성북동 혜경의 집이 지표로 제시되어 있다.

소설은 날마다 다방에 찾아오는 청년 윤형진과 카운터를 지키는 남희라의 연애서사다. 백궁다방은 명동에 새로 생긴 다방으로, 자본주의의 물결이 거세어진 시대적 추이를 반영한 장소다.[221] 실제로 60년대 이후 다방은 본격적인 상업적 공간으로 변화하는데, 소설은 이러한 세태를 반영하고 있다. 백궁다방의 위치는 '시공관'이라는 지표가 대신해주고 있다. 시공관(市公館)은 서울 명동에 있는 극장으로, 해방 전까지는 명치좌로 불렸다. 1930년대 일본인들의 위락시설로 주로 일본영화를 상영했고, 광복 후에도 한동안 일본인 소유의 국제극장으로 불리다가 서울시가 시공관으로 개칭하였다.[222] 1959년 뒤늦게 환도한 중앙국립극장이 본거지를 물색하던 중 시공관을 공동 사용하기로 하여 '국립극장'으로 간판을 새로 달았다.

---

[221] 김병덕, "현대소설에 나타난 다방의 심리지리",『비평문학』34호, 2009, pp. 29-47.
[222] https://encykorea.aks.ac.kr Article(한국민족문화대백과사전)

그의 눈은 무심코 광고판으로 갔다. 현재 시네마코리아에서 상영중인 〈사라도라〉의 포스터와 오는 이십팔 일에 이화대학 강당에서 열린다는 리차드 턱커의 독창회의 큰 포스터가 나란히 붙어 있었다. (…) 이슬비이기는 하지만 거리는 여전히 붐볐다. 들이비치는 각색의 비옷을 걸친 여인들은 대체 이 명동 바닥에 무슨 볼 일들이 저렇게 많이 있다는 말인가.

비옷이 가지각색이듯이 그들의 머리 모양도 갖가지였고 걸음걸이도 다 달랐다.

손을 내저으며 목청껏 떠들어대는 남녀도 있거니와 우산을 받고도 점잖게 째를 부려서 걷는 신사 숙녀도 있었다.

『내일의 태양』, pp. 27-28.

백궁다방에서 '케쉬어(출납계)'를 보고 있는 남희라가 오후 네 시 한가한 틈을 타서 밖의 거리를 내다보는 장면이다. 명동 거리의 화려함은 남희라의 시선을 통해 독자에게 전달된다. 남희라는 한국전쟁의 시기에 아버지를 잃었고, 스물두 살에 영변 출신의 군인과 결혼해서 아이를 낳았다. 그러나 갑자기 이북에서 혼인한 그의 부인이 나타나는 바람에 자식마저 떠나보내야 했던 비운의 여성이다. 하지만 본격적인 상업공간으로 변한 백궁다방 카운터를 지키는 남희라의 얼굴에는 그런 비극적인 과거사를 찾아 볼 수 없다. 이즈음 한국전쟁의 그림자는 인물들의 배후에서 점점 더 멀어져 가는 것처럼 보인다.

이향민 공동체, 노동과 리얼리즘

『사랑』(1956. 11-57. 9, 한국일보)에서 독립을 결심한 찬애가 혜화동 집을 나와 발견한 장소가 도심 속 '화원시장 뒤쪽'의 리얼리즘적 공간 철공소다. 혜화동 로터리에서 소화동 가는 버스를 타고 을지로 시가에서 내려 화원시장 뒤쪽으로 걸어가면, 막다른 골목길에서 만나게 되는, "무슨 공장같이 보이는 허술한 집"으로 묘사된 철공소는 그 시절 이북이 고향인 사람들이 많이 살았던 화원시장 근방이다. 철공소는 공동체의 가치를 실현할 수 있는 낙관적인 전망의 장소로, 노동하는 인간의 모습을 구체적으로 묘사하면서 생생한 리얼리즘 공간을 확보하고 있다. 북청에 고향을 둔 이혁, 남쪽에 고향을 둔 민우, 찬애, 남혁의 사연이 얽히는 교차점으로, "고향과 서울의 중간지대"인 철공소에 모인 사람들은 전쟁으로 인해 가족을 잃었거나, 홀어머니 중심의 가족 구성에서 가장의 역할을 담당하고 있는 가난한 고학생, 고향을 떠나온 이향민들이다.

한국전쟁을 거쳐오는 동안, 서울의 고학생 중에는 자유행상인의 비율이 가장 높았고, 다음이 가정교사였다고 한다. 소설에서는 민우와 찬애가 가정교사로 생활하고 있으며, 춤선생을 하는 남혁과 달리 북청 출신 철공소 주인 이혁은 "노동력만을 팔아서 학업과 생계를 이어가는" 입지전적이고 강인한 인물이다. 그는 부산 피난살이 시절부터 착실하게 대장간 기술을 익혔으며, 환도 후에는 대장간을 직접 운영하면서 사업가로 변신했다.

> 그들이 막 들어서자 더운 김이 확 끼치며 우선 소란한 쇠망치 소리에 귀가 쨍-했다. 아까 이 골목에 들어서면서부터 땅땅 울리는

쇠 소리가 들리던 것은 이 집에서 나온 소리라고 찬애는 우선 성냥간[223] 안을 둘러보았다.

횡- 하게 넓은 흙바닥 한편 구석에는 쇠 토막, 철판의 파편(破片), 기계 부서진 쇠 조각들 그러한 것들이 자리를 넓게 차지하여 수북히 쌓여 있고 왼쪽으로 풀무간이 있는데, 지금 한창 작업중이라 민우 남매가 들어서도 그들은 눈을 팔지 않았다. (…) 창조의 신비성이, 창조의 정열이, 창조의 능력이 이 허술한 공장 안에 창일하여서 그들은 오직 묵묵한 가운데서 기계인양 움직이기만 하였다. (…) 민우는 방문의 목적을 잊었는지 주인을 찾으려고도 하지 않고 무슨 엄숙한 광경이나 목도하는 듯이 뒤쪽에 조용히 서 있어서 찬애도 함께 이 신성한 일터의 참관자가 되었다.

「사랑」, pp. 319-320.

인용문은 민우와 찬애의 눈에 비친 철공소 노동자들의 모습이다. 여타의 다른 도시 공간과는 비교할 수 없으리만치 서술과 묘사가 구체적이다. 노동하는 인간을 통해 미래를 낙관하게 만드는 장소로 제시되는 이곳을 박화성은 공을 들여 리얼리즘 기법을 활용해서 세부적으로 재현한다. 노동하는 인간의 모습은 찬애가 공장의 공동숙소에 입주하기로 결심하게 된 계기가 된다.

철공소가 등장하면서 소설의 전체 플롯에도 변화가 생긴다. 중심 플롯의 무게중심이 화동과 혜화동, M시에서 이혁의 철공소로 이동하면서 이곳은 미래지향적 장소로 의미화된다. 이혁은 식민지 시기 「하

---

[223] 대장간

「수도공사」의 동권처럼 작가의 비전을 보여주는 지도자적 인물이다. 황사장의 제분공장을 맡아 운영하게 되면서 홀어머니 밑에서 자란 시골의 가난한 고학생들에게 일자리를 제공해 줄 계획을 세우는 등 '계몽적인 역할'도 담당한다. 박화성은 철공소를 이상적인 생활공간으로 제시하면서 이혁의 사랑을 현실에서의 최고의 가치로 인정하는 것 같다. 이는 민우의 '패밀리 중심의 사랑'과, 장계선의 '애욕의 사랑'과는 차별화된 것으로 공동체적 가치를 지향하는 '실천적 사랑'이다.

하지만 친일 역사 청산의 문제로 빚어진 인물들의 첨예한 갈등이 철공소의 등장으로 쉽게 봉합되어 성찰과 반성, 화해에 이르는 결말은 많은 아쉬움을 남긴다. 박화성의 '위로부터의 계몽'은 이 작품(1956-57년 발표)에 이르러서도 여전하며, 낙관의 장소로 제시되는 철공소 또한 "성공과 발전"이라는 프레임 속에 갇혀 있다. 이혁의 지도자의식은 근대화 프로젝트에 포섭이 된 이의 것으로, 화원시장 근방의 철공소는 근대화 담론의 서사가 재생산되는 장소로 기능한다.

남산과 서울의 밤 그리고 서울살이

1962-63년에 연재한 『너와 나의 합창』은 이전의 소설에 비해 서울 도시 공간의 활용이 단순해진다. 명동과 종로 방면의 뮤직홀과 대중음식점, 당시 고급 샐러리맨들이 이용했던 "남산의 외교구락부"와 같은 장소가 데이트 코스로 등장하고, 광화문, 세종로 등의 지표가 제시되지만, 인물들이나 독자들이 느끼는 지리감은 약하다. 주변 묘사나 공간에 대한 서술도 극히 제한적이다. 넘치듯 범람하던 지표의 활용이 많이 약화되고, 홀어머니와 딸 중심의 가족공동체에서 부재하던 아버지가 건재한 모습으로 등장하는 것도 이례적이다.

소설에서 '서울'은 구체적인 지리감으로 다가오기보다는 '서울살이'의 배경으로 기능하면서 고단한 삶을 표상하는 집합소로 기능하고 있다. 이즈음은 전화가 일상적으로 사용되고, 자동차로의 이동 또한 특별한 일이 아니게 된다. '벌써', '일찍', '정각'과 같은 인물들의 시간 '강박' 또한 이전 작품에서는 볼 수 없는 것이다.

소설에서 '남산'은 젊은 남녀의 데이트 장소로 활용되며 케이블카, 의사당 건축지[224], 이승만 동상, 외교구락부 같은 공간지표가 함께 제시된다. 주인공 성훈은 의사당 건축지 앞에 차를 세우고, 케이블카가 공중에서 왔다갔다 불을 반짝이는 남산 중턱에서 진숙을 기다리고 있다. (32) 성훈과 진숙은 동향 출신의 선후배로 각각 회현동과 효자동에서 가정교사로 일하고 있다.

'흥, 화려한 세상이야, 돈만 있담 말이지.'
성훈은 다시 전광 뉴스에 눈을 주었다. 빙글빙글 돌아가는 글자를 알아볼 수는 없다. 갖은 빛깔의 전광으로 가장 수다를 떠는 저 건물이 시민회관이였다.

『너와 나의 합창』, p. 26

서울의 밤 시가지는 "별의 장막이 포근히 장안을 감싸고" 있는 가운데 "오색의 네온사인이 찬란하게" 불을 반짝이고 있다. "한낮의 개미

---

[224] 당시 남산 백범광장 근처에 국회의사당 신축부지가 있었는데, 1961년 5·16 군사정변 이후 계획이 무산되었다. 당시 설계공모 당선자가 김수근이었으며, 전후 환도하면서 국회가 부민관(현: 서울특별시의회 본관)을 고쳐 사용하던 때였다. (출처: 대한뉴스《남산에 세워질 국회의사당》, 1959, 보도; https://namu.wiki/w/%EB%8)

떼 같이 우글거리는 사람들도", "굼벵이떼처럼 새까맣게 이글대던 차들"도 보이지 않아서 좋다는 이성훈의 진술을 통해 그가 인식하는 서울이 사람과 자동차로 넘쳐나는 '부정적인' 것임을 알 수 있다. 그도 그럴 것이 그는 시골에서 올라온 고학생으로 대학 졸업을 앞두고 있지만, "종일 일자리를 구하러 다녀야 할 처지"이고, "될 듯 될 듯하면서도 어긋나기만 하는 취직 문제"로 고민이 많은 청춘이기 때문이다. '시민회관'마저도 화려한 불빛으로 치장을 하고, 그즈음의 서울은 온통 자본의 도시로 변모해 있다. 자신과는 반대로 하루가 다르게 변신을 거듭하고 있는 서울시가지를 내려다보면서 성훈은 불빛의 화려함과 '자본'을 연결시킨다. 두 사람은 '이박사 동상'을 찾아가는데 "광장은 간데 없고 깎아내려서 석축을 쌓고 철망으로 막"아 놓은 것만 보인다. 남산에 오르면 찾곤 하던 동상이 철거된 것은 당시의 정치 상황을 반영하는 것이다. 성훈과 진숙은 동상이 철거된 축대 앞에서 서울의 밤 시가지를 내려다본다. 이번에는 진숙의 관점에서 한강 인도교와 용산 일대의 풍경이 묘사된다. 진숙은 한강 '보트장'의 오색찬란한 불빛에 시선을 뺏긴다.

> "… 서울 아닌 딴 나라의 밤 도시를 보는 느낌이에요."
> "서울 아닌 딴 나라의?"
> "그럼요. 이게 그렇게나 소란하고 답답하고 먼지투성이 서울인가 싶어요. 이런 야경쯤 오빠에게도 보여주고 싶군요."
>
> 『너와 나의 합창』, p. 27.

진숙이 보기에도 서울은 '딴 나라'를 환기할 만큼 화려하게 변모했다. 미국이나 유럽의 발전된 도시처럼 보여서 '딴 나라'에 온 듯한 느낌마저 든다. 그러나 밤 풍경에서 환기되는 서울의 '소란'과 '답답'은 이성훈을 시골로 향하게 만드는 원인이기도 하다.

3. 부유하는 도시의 감각, 그 이면

중산층 주거지와 '이상 징후'들

1950-60년대 서울은 전쟁 후의 정치적 혼란과 폐허 속에서도 도시 재건을 표방한 변화의 속도감이 넘쳐나는 도시였다. 분단의 현실이 은폐된 도시 공간은 변화와 속도감으로 인물들을 끊임없이 미끄러뜨린다. 도시가 변화해 가는 속도감을 온몸으로 체험한 인물들은 근거가 취약한 미래에의 낙관에 취해 있으며, 과도하게 연애나 춤에 집착하는 등의 '이상징후'를 보인다.

1950년대 중반 이후 한국소설은 춤바람과 건강보조제, 곗돈 놀이와 같은 정신적인 이상 징후를 다루는데, 이는 전후의 "사회적인 삶의 내용이 고통과 이상성"[225]으로 가득 차 있다는 것을 암시하는 것이다. 박화성의 소설도 이와 크게 다르지 않아서, 화동과 혜화동(『사랑』)에서는 춤바람과 곗돈 놀이를, 신당동(『이브의 후예』)에서는 회춘약과 과도한 건강보조제를, 회현동(『너와 나의 합창』)에서는 성적 문란과 무분별한 이성교제를 문제삼고 있다.

『사랑』은 춤바람으로 인한 가족의 파멸과 곗돈 놀이로 인한 배금주

---

225 이재선, "전쟁과 분단의 인식", 『현대 한국 소설사(1945-1990)』, 서울: 민음사, 1991.

의 세태가 반영된 소설이다. 중심 배경은 화동과 혜화동 낙원동 일대이며 한강과 서울역을 비롯한 종로와 명동, 양주의 광릉이 인물들의 이동 공간이다. 화동과, 혜화동 집은 각각 민우와 찬애 남매를 초점화자로 서술하는데, 춤과 돈, 성적으로 타락한 장소라는 점에서 더는 가족 중심의 안락한 거주지가 아니다. 각각의 거주지는 고유의 특이성으로 서로 비교 대비되기보다는, '타락한 도시 서울'이라는 하나의 표상 속으로 수렴되는 양상을 보인다. 화동의 주인은 춤바람으로 파멸의 길을 걷고, 혜화동의 주인은 곗돈 놀이로 자본에 지배된 생활을 영위해 간다. 시골에서 도시로 유학 온 민우, 찬애 남매는 각각 화동과 혜화동 '얹혀살면서' 가정교사로 일하고 있다는 점에서 화동과 혜화동에 온 "손님들"이다.

  도시 공간의 소설적 활용은 화동보다는 혜화동에 집중되어 있다. 서울살이 9년째인 민우와 달리 이제 막 시골에서 올라온 찬애의 눈에는 서울의 모든 것이 낯설게 비친다.

    연초록의 '프리하우스'가 조심조심 화동 언덕을 내려서 골목을 빠져 나와 가지고는 안국동 로타리를 쓱 한바퀴 돌아 돈화문 쪽으로 나는 듯이 달리건만 찬애는 납덩이나 삼킨 것처럼 가슴이 뭉클하고 답답하였다. (…)
    그는 식모보다도 앞을 서서 정원을 지나 현관문을 열었다.
    발끝이 미끄러지려는 복도를 꺾어 돌아가니 안방이 있고 넓은 대청 맞은편에 양실이 있었다.
    "자 우선 여기들 앉으십시다."
    황부인은 안락의자에 장 여사와 찬애를 앉혀놓고 밖으로 나갔다.

> 찬애의 눈에 먼저 띄는 것이 저편 벽 아래 점잖게 앉아 있는 새까만 피아노와 그 곁에 걸린 큰 체경이었다.
> "이 집이말야. 밖은 양옥 같지만 응접실하구 이 방만 빼놓군 안은 다 한국식이란다." (…)
> 방안에는 오동나무로 만든 옷장 하나와 나지막한 책장과 책상이 준비되어 있고 찬애의 행장은 이미 먼저 와 있었다.
>
> 『사랑』, pp. 156-158.

인용문은 가정교사로 취직한 찬애가 혜화동 황사장 집을 처음 방문하는 대목이다. 혜화동 집은 겉으로는 "백악관과 같이 훌륭한" 양옥집이나 내부는 양식과 한식이 혼재된 공간이다. 집 안에는 중산층을 상징하는 피아노가 갖춰져 있으며, 주인인 황사장은 무역회사와 제분공장을 운영하고 있다. 황사장이 벌어들인 돈은 부인이 다시 사채와 곗돈으로 '눈사람' 굴리듯 하여 부를 축적한 사람들이다. 이혁은 황부인을 비판적으로 바라보는 인물인데, '돈뭉치'를 눈사람에 비유하며, 태양이 비추면 "눈사람의 최후"가 허무맹랑할 것이라고 조롱한다.

찬애가 외부로 나가기 위해서는 전차나 혜화동 로터리 앞의 버스정류소를 자주 이용하는데, 서울역 방향의 버스를 타고 안국동 정류소에서 내리면 오빠 민우가 묵고 있는 화동에 갈 수 있다. 낙원동과 혜화동 근처에서 창경원까지 걷거나 낙원동 남철의 하숙집을 방문하기도 한다. 남철의 하숙집은 꼬불꼬불한 골목길 허름한 곳에 있는데, 인근의 파출소, 덕성여중과 같은 공간지표가 함께 제시된다.

> 아까부터 근처 라디오 상점에서 들려오는 여러 가지 음악이 찬

애의 남철에게 대한 얼어붙으려는 감정을 녹여주기 시작하였다.

　음악으로서 맺어진 남철과의 교제라 좋은 음악을 들을 때마다 먼저 생각나는 사람이 남철이었고 그 남철이가 있는 서울을 막연히 그리워했건만 막상 서울에 와 가지고는 한번 마주서 볼 기회조차 가질 수 없었던 그들이었다.

　지금 감미롭고 애틋한 멜로디를 들으면서 남철에게 품고 있었던 달콤하고 부드러운 애정이 불꽃처럼 눈뜨려 하는 것을 심장으로 느끼며 찬애는 세 번째 부르는 남철에게 시선으로만 대답을 했다.

『사랑』, p. 211.

　낙원동 하숙집은 주변에서 흘러나오는 음악 때문에 화동과 혜화동과는 차별화되는 감각으로 인식되는 곳이다. 남철은 바깥의 상가에서 들려오는 음악을 들으며 춤을 배우고 춤선생으로 생계를 유지해 간다. 민우와 마찬가지로 시골에서 상경한 고학생이라는 점에서 남철이 사는 낙원동의 공간은 부를 축적하여 중산층에 이르는 화동, 혜화동과는 차별화된다.

　『이브의 후예』의 신당동 집은 중산층을 표상하는 "피아노 소리가 높은 담을 넘어"(32) 오는 곳이다. 표면적으로는 중산층 가정을 대변하고 있지만 내부적으로는 파탄 직전에 놓여 있다. 집 안에는 "양기와 홀몬을 북돋아 준다는 회춘약"(421)과 "피부가 고와진다는 선전문"이 붙은 고급화장품이(420)이 가득 '쟁여져' 있다. 집주인인 순영은 『사랑』의 민우, 찬애, 남철과 마찬가지로 한국전쟁으로 인한 비극적인 가족사를 안고 사는 인물이다. 한국전쟁으로 오빠를 잃었으며, 아버지는 납치되어 생사를 모른다. 그러나 순영의 비극적인 가족사는 표면적인 서사로 드러나지 않으며, 고통의 근원지는 '외도 또는 불륜'이라는 이상적인 행동 아래 가려져 있다.

전쟁의 상처가 치유되지 못하고 외부에서 봉합이 되어버린, 전후 중산층 가부장제 가정의 토대는 허술하고도 위태롭다. 가족 구성원들은 집이 아닌 외부에서 각각 무엇인가에 과도하게 집착하고 병적으로 골몰한다. 집주인인 윤병호는 일과 사업에, 부인인 순영은 춤바람과 불륜에 빠져 산다. 그러나 휴일에는 명동에 들러 함께 외식을 하고, 백화점을 순례(47)하는 등 표면적으로는 전형적인 중산층 가정의 모습을 보여준다.

『너와 나의 합창』의 중심 배경인 남촌의 회현동은 시골에서 올라온 청년 성훈이 가정교사를 하는 조건으로 거주가 허용된 곳이다. 이전의 소설과 달리 집 안에서는 아버지 최상무의 '목소리'가 지배적이고, '안주인'의 존재감은 찾아보기 힘들다. 회현동은 아버지가 가지고 있는 '자본'을 중심으로 가부장의 힘과 권력이 재편되고 유지되는 사적 공간이다. '성의 문란'이 당대의 사회문제가 되었던 듯한데, 성훈은 무분별한 이성교제의 비난 대상이다. 그러나 성훈을 사윗감으로 '점찍어' 둔 최상무는 다른 여성들과의 교제를 끊는 조건으로 뒤를 봐주고 일자리를 마련해주겠다고 제안한다. 회현동에서 성훈은 신분 계층 이동의 기로에 서 있다. 두 아이의 시험 성적을 고민해야 하는 가정교사의 위치에 있으면서, 안정된 직업을 보장받는 동시에 주인집 딸과의 결혼 여부를 고민해야 하는 갈등 상황에 놓인 것이다. 때문에 회현동의 성훈은 밤이 되면 복잡한 생각에 잠 못 들어 하고, 거주지로서의 안착감을 갖지 못한다.

이들 소설에서 집과 방에 대한 묘사는 전작에 비해 현저히 줄어들고, 거주지는 더 이상 편안한 휴식처나 정체성을 보장해주는 안전한 장소가 되지 못한다. 인물들이 도로의 차 안에서 지내는 시간은 많아지고, '집'의 장소성은 달리는 '차 안'에 일정 부분 자리를 내어준다. '집'은 불안정한 임시의 거처가 되고, 도로는 근대 자본주의를 표상하는 공간인 동시에 근대도시를 살아가는 사람들에게 '친숙'한 '애착'의 대상[226]이 된다.

장안의 드라이브와 변화의 속도감

박화성 소설의 서울 문학지리를 참고해 보면, 인물들의 행위지대가 서울 장안 내부로 수렴되는 작품은 『창공에 그리다』(1960, 2-9)가 유일하다. 박화성의 이전 서사에서 서울에 사는 인물이 교외의 시골이나 고향으로 이동했다가 다시 서울로 귀환하는 경로를 보였다면, 이번 소설에서 인물들의 행위지대는 서촌의 송월동을 기점으로 서울 장안 내부의 사방위로 펼쳐지면서, 주인공 중심의 하나의 '거점'이 아니라, 크고 작은 여러 개의 원운동으로 겹쳐진다. 소설의 플롯에서 각각의 서사를 품고 있는 갈월동, 충정로, 충무로, 삼청동, 청량리 B여대, 한강 명수대가 소설 공간의 좌표 역할을 담당한다. 이러한 작은 원운동은 다시 전체 문학지리의 구도 속으로 수렴되어 반복되는 "장안의 드라이브"와 함께 큰 원운동으로 감지된다.

소설은 주인공 장애영이 조선호텔 앞을 걷는 장면으로부터 시작된다. 애영은 직장 상사인 갈월동 신학장의 집에 가기 위해 동화백화점 앞까지 걸어가 용산행 합승에 오른다. 용산에서 내려 또다시 한참을

---
[226] 오세인, 2016, pp. 258-259.

걸어가는데, 백남혁의 지프차가 장애영의 옆에 선다. 백남혁은 애영과 같은 학교에서 근무하는 시간강사로 자유분방한 성격의 중견 시인이다. 두 사람이 가까워지는 배경에는 '자동차'가 있다. 이후 백남혁의 지프차는 소설의 주인공처럼 장안 구석구석을 굴러다니면서, 독자들에게는 서울을 안내하는 "안내자의 역할"까지 담당하고 있는 것처럼 보인다.

도로를 걸을 때와는 달리, 자동차가 등장하면서 '바라보는 시선'에 의해 도시의 풍경이 우연의 사건으로 소설 속으로 개입해 들어온다. 그때마다 서술의 시간은 지연된다. 이동하는 시점은 자동차의 속도감으로 말미암아 차창 밖의 경관보다는 방향성과 위치를 알려주는 지명 또는 지표를 포착하는 경향이 있다. 인물(또는 작가 서술자)의 시선이 머문 풍경의 '포착점'이기 때문에, 소설 속 도시 공간을 감각하는 데 중요한 요소가 된다. 예를 들어 조선호텔, 동화백화점, 용산행 등은 구체적인 지명이어서 독자들이 그것을 지표로 해서 인물이 위치한 곳과 그 주변의 도시 공간을 상상으로 채울 수 있게 도와준다. 장소감을 부각시킴과 동시에 실질적인 서울의 지리적 감각을 일깨우는 데 중요한 역할을 하는 것이다. 박화성의 서울 소설은 도심의 경관이나 장소에 대한 구체적인 묘사보다는 건물명과 동명, 지명 등의 지표를 적극적으로 활용하는 경향이 강한데, 특히 드라이브 장면에서 그렇다. 서울 내부의 지리는 대부분 '이정표-지명'으로 제시된다.

갈월동에서 송월동으로 이동하는 장면에서 남혁의 검은 지프차는 "오색의 불로 화려하게 단장한 서울역"을 지나 "남대문을 돌아 나오는 듯"이 하여 중앙우체국을 향하여 달린다. 충정로와 송월동 쪽으로 가려면 시청 앞을 지나 서대문 쪽으로 가야 하지만 멀리 돌아가는 것도

마다하지 않는다. 동화백화점 로터리를 돌고 "화신과 미도파의 지붕에서 번쩍이며 돌아가는 전광 뉴스며, 상점 머리마다 오색으로 빛나는 네온사인이 한꺼번에 뒤집혀서 애영의 품으로 기어드는 듯한 환각을 일으킬 만큼" 남혁은 거칠게 차를 몰았다. 차는 다시 퇴계로 커브를 돌고, 애영과 남혁은 멀리 대한극장에서 〈지지〉라는 두 글자가 깜빡거리는 것을 본다. 그들은 광고 불빛을 따라 극장에 들어가 영화 한 편을 보고 밤 10시에 거리로 나와 다시 근처 다방에 들렀다가 비로소 집을 향해 출발한다. "남대문 지하도 위의 선로를 달려 시청으로" 향하고, "아카데미 극장 앞"을 지나가다 우연히 동생 인영을 발견한다. 이들은 인영을 차에 태워 함께 송월동으로 향한다. 그나마도 송월동 집을 지나쳐, 서대문까지 다시 갔다가 서대문 로터리를 돌아 다시 집으로 온다. 남혁의 차는 "평창동의 까끄막길"을 올라 "관상대를 지나 판잣집 모퉁이" 앞에 정차한다.

위와 같이 소설은 갈월동에서 송월동으로 이동하는 경로를 매우 구체적으로 보여준다. 상도동 골목길을 걸으며 그들이 남긴 발걸음의 수만큼 가까워졌던 향운, 찬영(『태양은 날로 새롭다』)과는 달리, 자동차가 등장하면서 인물들은 차 안에서 지내는 시간이 많아진다. 이동 중인 차 안에서의 대화가 서사를 주도해 가면서 서술의 시간은 지연되고, 공간지표는 파노라마처럼 넓게 펼쳐진다.

『창공에 그리다』의 서사는 두 개의 삼각관계로 설명할 수 있다. 이들의 데이트는 주로 장안의 드라이브를 통해서 실행된다. 먼저 이용준과 장애영의 드라이브 코스는 송월동-유한양행 언덕-광화문 네거리-남산-외교구락부-스카이라운지-동상광장으로 정리해 볼 수 있다. 장인영과 백남혁의 드라이브 코스는 좀 더 복잡하다. 인영은 산책

길에 나섰다가 판잣집을 지나 "홍파동 세 갈래 길"을 지날 무렵 우연히 백남혁의 지프차와 마주쳤다. (239)

"어디 가십니까."
"네, 저기 잠깐 가느라구요."
"어디까지신지 모르지만 모셔다 드릴테니 타세요."
남혁은 대답도 듣지 않고 또 성큼 올라타 벌써 저쪽 문을 열었다. (…)
인영은 끌리는 듯이 들어갔다.

『창공에 그리다』, p. 239.

차는 "언덕을 내려 광화문 쪽으로"(242) 꺾이더니, 중앙청 쪽으로 향하여, 효자동 경무대, 안국동 길을 돌아 다시 방향을 잡았다. 차는 한국일보사 앞을 지나 '강한 속력'으로 돈화문까지 달렸고, 거기서부터는 속도를 늦추었다.

"여기서부터가 겨우 드라이브의 맛이 나는군요."
남혁은 창덕궁에서 종묘를 통하는 다리 아래를 지나오며 나직이 중얼거렸다.
차는 원남동의 로터리를 똑바로 건너서 대학가로 접어들었다. 인영은 서서히 미끄러지는 차창 밖으로 고색이 창연하면서도 어디에선가 위엄과 전통을 보이고 있는 대학의 건물을 찬찬히 바라보았다. (…)
남혁은 혜화동의 로터리를 돌아서 다시 원남동 쪽으로 나갔다.

"서울 길 중에서 제법 깨끗하고 아늑한 풍치를 풍기는 데가 창경원 앞길이거든요. 오늘은 드라이브니까 하는 수 없이 돌기로 마련입니다. 양해하시겠죠?" (…)

　차가 창경궁 정문을 향하여 돌아들려고 할 때였다. 남혁은 갑자기 차를 세우며,

"잠깐, 잠깐만 저걸 보세요."

하고 소리를 높였다.

『창공에 그리다』, p. 245.

　이들이 차를 멈추고 본 노을의 원풍경은 원남동 사거리에 이를 때까지 계속되었고 자동차는 느린 속도로 "황혼의 풍경을 맘껏 감상하면서 돈화문 쪽으로" 꺾어 들었다. 노을과 나무와 집들이 있는 이 풍경은 장애영과 백남혁의 드라이브로 한 번 더 반복해서 보여준다. 그리고 이 풍경은 최종적으로 장애영의 화폭에 담김으로써 작가 박화성이 전하고자 하는 도시에서 바라보는 자연, 즉 "자연과 인위의 대결"이라는 메시지를 대신하고 있다.

"쓸쓸하지 않습니까? 이 어두운 거리가 말입니다."

　그러지 않아도 죽은 집처럼 감각이 없는 국제극장의 시꺼먼 건물을 바라보며 전광이 없는 것을 혼자 탓하고 있던 참이라 인영은,

"왜 안 쓸쓸해요? 이게 뭡니까? 바로 폐허 같지 않아요? 전쟁 있는 나라에나 있음직한 일들을 곧잘 선포한단 말이에요."

하고 선뜻 대꾸하였다. (…)

"네온이 없으니까 달빛만은 더 선명하게 밝죠?"

> 남혁은 하늘을 쳐다보았다.
>
> "도시에선 불이 밝아야, 달은 농촌에서 밝아야 제격이거든요. 도시일수록 전광 뉴스가, 네온사인이 하늘을 태워야죠. 제한된 족속들이 무한한 낭비를 위하여서 전 시민에게 황량한 밤거리를 준다는 게 얼마나 큰 죄악이겠어요."
>
> 인영은 아카데미와 시네마의 두 극장 앞을 지나며 강하게 말하였다. (…)
>
> "… 아아 저것 보십시오! 저 불의 홍수를! 장관이죠?"
>
> 남혁은 바른손으로 핸들을 쥔 채 왼손가락으로 시청 앞 광장을 가리켰다. 동화백화점에서 흘러내리는 불의 흐름과 조선호텔과 을지로 쪽에서 밀려나오는 불덩이들은 세 갈래로 종류(縱類)가 되고 남대문에서 무교동쪽으로 또한 서로 그 반대 방향으로 나는 듯이 오고가는 불덩이들은 횡류(橫流)가 되어서 가로세로 감고 돌아 자동차의 범람과 불의 난무가 넓고 넓은 광장을 무대로 무한정 계속되고만 있었다.
>
> "과연 자동차가 많군요. 무한정의 수효 같죠? 이런 대도시에서 왜 광명에 인색한지 모르겠어요."(…)
>
> 인영은 갑자기 추워졌는지 외투의 깃고대를 치켜올리며 거리를 내다보았다.
>
> 『창공에 그리다』, pp. 246-247.

인영의 드라이브 장면은 공간지표를 최대한 활용하면서 도시적 감각을 다양하게 일깨워준다. 드라이브를 통해 두 사람의 서술 시간이 길어지면서 남혁을 사랑하는 인영의 마음이 독자들에게 무리 없이 전달된다. 자신의 의사를 똑 부러지게 전달하는 인영이지만, 사랑 앞에서는 함구하면서, 어디로 가야 할지를 모르는 청춘의 혼돈을 드라이브로 잘 표현하고 있다. 인영과 남혁은 불 꺼진 서울의 도심을 돌면서 도시를 온전히 감각하는 밤의 여행자가 된다. 서울 태생이지만 밤 도시를 처음 경험한 인영은 '풍경과 동화될 수 있는 감정'을 처음으로 맛보게 된다. 이들은 중계방송하듯이 서울을 독자들에게 안내한다. 전기세를 아끼기 위해 야간에 실시한 '관제등화'를 바라보는 인물들의 관점은 서로 다르다. 도시를 바라보는 관점 즉 근대성을 바라보는 관점의 차이 때문일 것이다. 장인영과 백남혁의 드라이브 지표를 정리해보면 다음과 같다.

> 홍파동 세갈래 길-광화문-중앙청-효자동-경무대-한국일보사-돈화문-창덕궁-종묘-원남동 로터리-대학가-혜화동 로터리-원남동-창경원-한강-중앙청-광화문 네거리-국제극장-아카데미 극장-시네마 극장-동화백화점-조선호텔-을지로-남대문-무교동-한강철교-서울역-필동-남산-의사당 건축지-동상 광장-필동-대한극장-을지로 5가-종로 5가-서울대학-혜화동-원남동.

이용준과 장애영의 드라이브에 비해서 공간지표가 더 풍부하다는 것을 알 수 있다. 소설에서 할당하는 서술의 시간 또한 다른 드라이브에 비해서 길다. 인물들은 추상적인 도시 공간 속에서 서울과 근교의 부분적인 지리를 별다른 설명 없이 중계방송하듯이 독자들에게 안내한다. 시간을 길게 늘여놓는 대신에 작가는 요소요소에 서울의 지명인 지리적 지표를 삽입한다. 도시의 지명은 사실상 풍부한 서사를 함축하고 있는 것으로, 또 다른 설명 없이도 독자들이 상상력을 동원해서 도시의 심상이나 역사적인 이야기를 만들어낼 수 있게 해준다. 당시 서울의 지리를 잘 알고 있는 독자와 그러지 않은 독자의 경우, 이들의 드라이브에서 감지하는 서울의 심상이나 감각은 서로 차이가 있었을 것이다.

　이 소설에서 작가의 도시 공간의 지표 활용은 속도감에 비례하여 전방위적으로 확장되며, 자동차의 속도감에 비례한 서울의 변모 또한 어렵지 않게 추측해 볼 수 있다. 한 장소에서 다른 한 장소로 이동하는 과정에서 개입해 들어오는 우연성이나, 계획 없이 저지르는 돌발적 행동은 서사의 중심을 와해시키는 역할을 한다. 이전 서사의 거점이었던 주거지의 중심성이 희미해지고, 부유하듯 어디론가 떠밀려가는 인물들은 거의 강박적으로 지표를 포착한다. 이는 공간의 확장이 끊임없이 방향성과 위치설정을 촉구하기 때문일 것이다. 인물들은 방향감을 상실한 채 어디로 가야 할지를 모르며, 드라이브로 감각하는 도시 서울은 안착감이 아닌 부유하는 감각을 불러일으킨다. 동 시간대에 발생하는 하나의 사건을 두 개의 시점으로 처리하거나 장소별로 초점화자가 바뀌는 등 작가의 서술전략을 통해 '부유하는 도시의 감각'을 강화하는 측면도 있다.

근대화, 서쪽 창문과 측량 도구

　『창공에 그리다』(1960, 2~9)의 송월동 집은 서촌의 서대문 가까운 곳에 있다. 이전 서사의 중심이었던 서울 동북쪽의 (구)도심에서 서촌의 송월동으로 소설의 도시 공간이 이동했음을 알 수 있다. 송월동 장애영의 집은 "출입구부터가 불결하고 환경이 좋지 않은" 곳으로, 서울기상관측소와 빈민촌인 판잣집을 통과해야만 한다. 주인공 애영은 "학교 통학과 출근의 교통편"을 고려해서 이 집을 선택했다. 하지만 보다 중요한 이유는 이층 서쪽 창문으로 보이는 풍경 때문이다.(57) 창밖으로 보이는 독립문과 빈민촌은 화가인 장애영의 투사공간으로, 궁극으로는 박화성이 작품을 통해 전하고자 하는 메시지와도 맥락을 같이한다.

송월동 집의 외관은 일본식의 자그마한 이층집이다. 거주지 건물의 높이가 한옥 일 층에서 양옥 이 층으로 높아지고 있음을 알 수 있는데, 이층집 창문 높이에 자리[227] 한 시선은 먼 거리의 전망까지도 확보할 수 있다. 이전 소설에서는 '위쪽'에서 아래로 향해 있는 '조감의 시선'은 드물었다. 일례로 기차를 타고 가면서 창밖 풍경을 포착하거나 뒷동산이나 언덕 위에 올라가서 바라보는 높이가 일반적이었다. 미국 유학길에 오르는 희숙과 선우억이 산에 올라가 아래를 굽어본다거나(『내일의 태양』), 박장훈이 남산에 올라 아래를 내려다보는 시선(『고개를 넘으면』)은 극히 이례적이었다.

집의 내부는 한식, 양식, 일식이 혼재되어 있으며, 일 층은 '아랫목'이 있는 한식으로 꾸며졌고, 이 층 다다미방에는 양식의 더블베드가 놓여 있다.(45) 이따금 자동차의 "바퀴 갈리는" 소리가 고요를 깨뜨

---

[227] 서울의 주거 형태는 1962년 대한주택공사가 발족될 때까지만 해도 대부분 2층 보다는 단층이었다. (장미현, "서울 주거지의 조성시기별 도시구조에 관한 연구", 석사학위논문, 이화여자대학교, 2002, p. 16.) 서울의 고층건물은 1960년대 말 광화문에 22층 높이의 정부종합청사 건물이 들어서면서부터다. 그 이전에는 낮은 건물이 대다수였다. (이규목, "서울 근대도시경관 읽기", 서울시정개발연구원, 2001, p. 138.)

리고, 커튼을 젖히면 서울의 풍경이 환하게 "눈 아래 깔린다."(57) 무엇보다도 서쪽 창문으로는 "유래 깊고 역사가 찬란한" 독립문을 볼 수 있다.

> 전차와 버스가 부지런히 왕래하긴 하지만 금화산 마루턱에 다닥다닥 붙어 있는 초가마을을 바라보노라면 한 세기(世紀) 이전의 풍물(風物)과 대면하여 있는 환각을 일으킨다.
> 비행기로 조석 식탁의 실과를 가져 나르는 세상에서 달세계에다가 로케트를 꽂아놓는 시대에서 문명이라는 두 글자와는 백년의 거리를 두고 막혀 있는 저 초가마을! 십대 조가 지은 집 그대로를 물려받아 썩어 가는 지붕에 잡초가 무성하여도 손 한 번 댈 수 없는 원시적인 빈한(貧寒)만이 깃들여 있는 동리!
> 애영은 그 속에서 대대로 가난과 불행만을 유산으로 받으며 자라나야 하는 자손들의 환경을 그려보며 제대로의 세계를 전하였던 것이다. 날마다 달라지는 계획과 추상을 낡아빠지고 헐어빠진 저 조개껍질 같은 지붕지붕에 얼기설기 펼치며 그는 틈만 있으면 이 창가에 서서 웅장한 도시의 배열(背熱)에서 낙오된 산기슭의 초가마을을 더듬는 것이다.
>
> 『창공에 그리다』, pp. 57-58.

이 층 창문은 과거와 현재를 보여주는 통로로, 미래에의 전망을 확보하는 데도 중요한 메시지를 담고 있다. 서창의 풍경은 단순히 풍경으로서가 아니라 애영(서술자인 작가)이 인식하고 있는 서울이라는 도시의 표상이다. 미래의 전망을 확보하기 위해서는 지나온 역사를 제대로 응시해야 하는 바, 애영은 서울이라는 "도시의 배열에서 낙오된" 자들의 삶, 즉 도시 서울의 서쪽 창문에 관심을 보인다. 나날이 발전하는 도시의 문명과 근대적인 도시의 삶 이면에는 가난과 불행을 유산으로 물려받은 빈한하고 소외된 사람들이 도시의 낙오자처럼 살아가고 있는 것이다.

『태양은 날로 새롭다』(1960, 11-61, 7)에서 인물들의 중심 거주지는 노량진과 상도동이다. 노량진 향운의 집에서는 "영등포 시가의 불빛이 찬연하게 빛나는 것"(44)을 볼 수 있으며 "영등포의 불빛"은 노량진 집의 위치를 알려주는 주요 지표로 등장한다. 노량진 향운의 집은 어머니 김난숙이 십 년 전 한국전쟁 때 남편을 잃고 세 자식을 키우면서 어렵게 마련한 집이다. 김난숙은 "남편이 유산으로 남긴 혜화동의 큰 저택을 줄여 안국동으로 옮겼다"(60)가 작년에 밀린 부채를 정리하고 노량진으로 이사를 했다. 서울 북촌에서 한강 이남 쪽으로 생활권이 이동한 것이다.

노량진의 아담한 기와집은 상도동에 사는 정찬영이 오가는 길에 들르는 장소로, 상도동 골목길에는 향운과 찬영의 발걸음이 찍히고, 그 발걸음의 수만큼 두 사람 사이도 연인으로 발전해 간다. 상도동 찬영의 집은 노량진 집에서 "평탄한 골목을 한참 올라"가면 나타나는 하얀 양옥집이다. 안채와 별채가 따로 분리되어 있고, 유리 창문이 있는 현대식 건물이다. 이 시기 박화성의 인물들은 국제법이나 외교의 문제, 전력과 공업화의 문제, 죄와 용서의 문제, 혈연과 관습의 문제, 결혼과 제도의 문제 등에서 전문적인 식견을 갖추고 있는 젊은이들이 많다. 이 소설에서 찬영은 엔지니어와 아티스트를 겸한 유능한 건축학도다. 상도동 찬영의 방은 도시계획과 관련되는 갖가지 제도용 측량 도구와 건축 모형들이 넘쳐난다.

> 왼쪽으로는 테이블만큼이나 한 네모 번듯한 제도판이 자리 잡았는데 그 위에는 일을 하다가 말았는지 T자 모양으로 된 큰 자와 삼각형의 작은 자가 놓여 있고, 이상스러운 연필이니 고무니 큰 삼각자와 깡통까지가 널려 있었다.
> 그 제도판에 딸려서는 이동식 형광등이 달려 있고, 제도판 위의 벽에는 석고상을 그린 목탄화가 걸렸으며, 자칫 낮게 캘린더와 야릇하게 기호가 적힌 시간표가 붙어 있었다.
> 저 큰 몸뚱이가 어떻게 앉나 싶게 작고 동그란 나무의자가 제도판 앞에 동그랗게 놓여 있었다.
>
> 『태양은 날로 새롭다』, p. 141.

찬영의 방은 "기역자로 된 곡선자니 삼각자니 또 목수들이 가지고 다니는 접혀진 절척(折尺)이 반쯤 펼쳐진 채로 걸려" 있어 "밤이면 자도깨비"가 출몰하리만치 측량 도구와 크고 작은 건축 모형들로 넘쳐나는 곳이다. (156) 이곳을 방문한 경운은 제도판에 깔린 트레싱 페이퍼, 벽에 붙여진 청사진 지적도 등 다채로운 사물의 풍경을 보고 황홀(143)감을 감추지 못한다. 건설 측량 도구들은 그만큼 세분되고 전문화된 것으로, 첨단의 새로움은 경운에게 기이한 감정을 불러일으킨다. 측량사 K의 도착을 알리듯, 1963년 이후 본격적으로 진행될 서울 근대 프로젝트에 사용될 측량의 도구들은 이미 정찬영의 방에 찾아와 있다. 결말에서 건축학도로서 정찬영이 바라보는 미래관이 곧 한국사회의 미래 전망이 되는 것도 이런 맥락에서다. 찬영은 아내가 된 향운에게 한국사회에서 신진 건축가들이 해야 할 역할을 이야기하면서 자신의 '근대화론'을 설파한다. 방의 주인공인 찬영의 세계관은 이후 본격화될 서울 근대 프로젝트를 전망하는 세계관을 반영하고 있다.

도심의 확장, 자동차와 교외

박화성이 신문에 소설을 연재하던 시기별로 중심 거주지의 전체적인 흐름을 살펴보면, 옛궁궐 주변의 북촌에서 서촌과 남촌으로, 그 다음은 한강 이남과 교외로 주거지가 이동하고 있음을 확인할 수 있다. 서울이 외곽으로 영역을 확장해 나갈수록 인물들의 행위지대도 확장되는데, 소설 속 허구의 도시 서울이 실제의 50-60년대 서울을 재현한 것임을 알 수 있다. 특히 노량진으로의 이동은 구도심에서 한강 이남으로 생활권이 이동했음을 알리는 것으로, 이후 안양, 시흥 등지의 경기권의 공간 활용이 증가하는 분기점이다. 이전 소설의 행위지대였던 북촌 일대는 과거 추억의 장소로 물러나게 되고, 인물들은 노량진 상도동을 중심에 두고 한강을 건너 도심으로 나가거나 시흥, 안양 등지로 내려가는 움직임을 보인다. 이는 60년대를 전후해서 서울로의 인구집중화 현상이 가속화되면서 서울 외곽지역으로까지 버스 노선이 신설되면서 공간의 이동이 자유로워졌기 때문에 가능한 일이었다. 소설에서는 서울이 만원임을 보여주는 증거가 정거장 곳곳에서 넘쳐나며, 자동차의 속도감에 비례하여 작가의 도시 공간의 활용은 전방위적으로 확장된다. 인물들의 이동 수단 또한 도보와 버스에서 점차 자동차로 변화하고 있음을 감지할 수 있는데, 자동차의 등장은 인물을 죽음에 이르게 한다는 점에서 폭력적인 속도감을 환기시킨다. 도시 공간의 문법은 거주지인 '집'과 '방'에서 자동차의 '시선'과 거리로 이동했다.

『태양은 날로 새롭다』(1960. 11-61. 7)의 진향운은 노량진 집 앞에서 곳간차를 타고 노량진역으로 가서 시흥 가는 버스를 탄다. '곳간차'는 서울 인구가 증가하고 늘어나 교통 수요를 감당할 차량이 부족했던 시절, 폐차를 개조해서 만든 것이었다. 해방 후 전차가 고장이 나도 부속품(일제)을 구하지 못한 상황에서 교통난 해소를 위해 취한 대책이었다. 실제로 폐차된 미제전차가 부산항으로 들어와 그중 일부가 영등포-노량진 노선에 배치되기도 했다.

1950년대 중반 이후 서울은 전차와 버스, 택시가 함께 운행되었다. 택시는 1955년 8월부터 군용 지프차와 유사한 형태의 시발자동차를 국내 최초로 조립, 생산하여 택시로 공급하게 되면서 성행하였다.[228] 이후 부족한 버스를 보충하고 교통난을 해소하기 위해 택시의 대형화가 추진되었는데 이때 버스와 같이 일정 노선을 운행하는 합승택시가 도입되었다. 합승택시는 대개 미 군용의 차량을 개조하여 만든 것으로, 1956년에 200대로 운행을 시작했다가 다음 해에 900대가 될 만큼 빠르게 증가했다. 도입 당시 6인승이었던 합승택시는 이후 9인승으로 차체의 규모가 커졌고, 1962년에는 자동차관계법령이 대폭 바뀌면서 16인승(러시아워에는 19인승 허용)의 마이크로버스로 전환되어 운행되었는데, 차체는 지프형 시발차로 외제중고차를 개조하여 합승용으로 전환한 것이었다.[229]

---

[228] 최인영, 2014, p. 175.
[229] 교통신문사, 『한국교통총람』, 교통신문사, p. 140.

경운은 쾌쾌히 응낙하고 광화문 우체국 쪽으로 걸음을 옮겼다. 합승 시발점에는 검은 그림자가 장사진을 이루고 있었다. / 찬영과 경운은 행렬 끝에 나란히 섰다. 눈 깜짝할 새에 그들의 꼬리에 이 삼 인이 와서 붙더니만 줄줄이 마구 불어가서 골목 끝까지 연연히 뻗어갔다.

"이러다간 언제 갈지 모르겠네요."

경운은 머리를 내밀어서 앞을 내다보았다. 합승은 도무지 오는 기색이 없고 시발 택시만 감질나게 휙휙 지나갔다.

『태양은 날로 새롭다』, p. 137.

『태양은 날로 새롭다』에서 서울은 이미 포화상태에 이른 만원의 도시가 되었고, 정류장은 피로감을 주는 장소로 제시된다. "꾸역 꾸역 밀려오는 사람들 틈"에서 "합승을 둘씩이나 갈아서 타고" 이동하는가 하면 다방에는 "각계 각층의 인사들의 집합장"이라 할 만큼 "거의 빈자리가 없도록 사람이 차고" 넘쳐난다. 그러나 사람들에 비해 교통수단은 턱없이 모자랐다.

저쪽에서 누구나 합승할 분이 있으면 나오라고 소리치는 외침이 들렸다. 보통은 백 환인데 이 백 환으로 다섯이 탈 수 있는 것이었다.

찬영은 경운을 끌다시피 달려갔으나 자리는 하나밖에 없었다.

"한 분만 타세요."

두 번째로 구성되는 멤버에 그들은 끼었다. 뒷좌석에 나란히 앉아서 차가 달리는 방향에 따라 그들은 이리 저리 기울고 밀리고 눌리고 하면서 한강 다리에 이르렀다.

『태양은 날로 새롭다』, p. 138.

시발택시가 등장할 무렵인 1956년, 서울시내에는 세칭 '노랑차'라고 불리는 소형 합승버스가 등장[230]했다. 버스가 정차시간을 어기면서까지 정원을 초과한 승객을 태우고 과속 운행하는 바람에 사고 또한 빈번하게 발생하던 때였다. 합승버스는 이러한 불편함을 해소하고자 도입한 제도[231]였는데, 요금은 버스보다 비쌌지만 같은 노선의 사람들을 모두 태우고 정류장마다 정차했기 때문에 택시보다 요금이 저렴했다. 만원버스보다는 앉아서 갈 수 있는 합승을 이용하는 사람이 늘어났다. 서민층은 주로 소음이 심하고 느리지만 값이 저렴한 전차를 이용한 반면, 중류층에서는 도심에서 교외 지역까지 장거리 운행이 가능한 합승을 이용했다.[232]

『이브의 후예』(1963, 3-9)는 『창공에 그리다』에 이은 "드라이브 소설"로 자동차 내부 공간이 인물들의 사적 공간으로 활용된다. 장안을 드라이브하던 전작과 달리, 집 전화의 높은 활용도와 함께 교외로의 드라이브가 주를 이룬다. 인물들의 시선이 멈추는 곳은 주로, '넘쳐나는 사람들'이거나 자연경관인 경우가 많다. 서울은 어느 곳에나 사람들로 북적대고, 인물들은 한적한 교외로 벗어나 드라이브를 즐기며 자연 풍광을 응시하면서 상대와의 교감을 높인다. 『창공에 이르다』에

---

[230] 윤준모, 『한국자동차 70년사』, 교통신문사, p. 164.
[231] 최인영, 2014, p. 176.
[232] 최인형, 2014, p. 183.

서의 장안의 드라이브와 마찬가지로 장소에서 장소로의 이동에서 공간지표가 차지하는 기능과 역할은 크다. 안양 가는 길, 우이동 가는 길, 삼청동 가는 길, 서울로 돌아오는 길 등 이동하는 길 위에서 제시되는 이정표-지명이 구체적이다. 교외로 나간 새나라차, 시발차와 같은 자동차가 주인공이라도 되는 듯 도시와 근교 곳곳을 누빈다.

다른 한편 박화성의 인물들이 서울을 들고 날 때 즐겨 사용하는 지표는 한강, 영등포, 남산으로, 박화성 소설에서 재현되는 대표적인 서울의 표상들이다. 순영은 '영등포'를 경계로 '서울'을 감각한다.(『이브의 후예』) 소설에서 영등포는 '서울 도착'을 일깨우며, 교외와 서울의 경계를 인식하게 해주며, 영등포 다리를 건널 즈음 "좌우의 즐비한 건물이며 끊임없이 오가는 자동차와 사람들의 범람이며 갖가지의 소음"(28)이 서울의 진입을 알린다. 얼마 전까지만 해도 한강에서 "개미떼인양" 스케이트를 즐기던 "우글거리던" 사람들은 오간 데 없고 한강은 일렁이는 잔물결로 봄기운을 알린다. 맞은편으로는 "남산의 오색전등이 화려한 행렬로 빛나"(30)고 있다.

> 시발차는 까마득한 직선으로 전속력을 달렸다. 나는 듯이 달려오는 가로수의 행렬을 줄줄이 박차며 바람처럼 달리는 앞길은 끝이 없을 듯 열리기만 했다.
> "완연한 봄기운이군요."
> 순영은 눈이 완전히 녹은 먼 산과 촉촉한 윤기가 도는 논밭을 바라보며 소곤거렸다.
> 『이브의 후예』, p. 27.

서울의 중산층 부부가 교외 나들이를 다녀오는 이 장면은 작가가 전략적으로 앞부분에 배치한 것일 텐데, 당시에 흔치 않았던 "교외의 드라이브"는 독자들에게 '낯선' 호기심을 자극했을 것이다. 수원가도의 가로수 길은 이 작품의 제목이기도 하거니와, 김순영의 내레이션 속에서 "한결같은 위치에 변함없이 꼭 그대로 서서 무성한 가지를 펴가는 그 젊은 가로수"(422)로 상징화되기도 한다. "박차며", "바람처럼 달리는"에서 알 수 있듯이 자동차의 속도감과 함께 풍경을 바라보는 제3의 시선 또한 포착되는 장면이다. 자연 풍경과 함께하는 속도감은 도시에서는 느껴볼 수 없는 감각이다.

> 하늘색 시발차가 용산에서 영등포 다리를 건너고, 시흥의 언덕길을 지나 시흥교를 지날 때 마주 오던 초록색 새나라차와 마주친다. (…) 초록색 새나라차는 하늘색 시발차를 뒤따라 추격하기 시작한다. 시흥교를 지나, 안양으로 들어섰다가, 온양온천 쪽이 아닌 군포 쪽의 좁다란 신작로로 접어 들었다. (…) 수원가도 같으면 내왕하는 차량이 많아 눈에 띄지 않으니 추격하기 쉬운데, 한가한 도로에서 초록색 새나라차는 눈에 띄기 십상인지라, 강준영은 "어디로 가는지 방향만 알아도 무방"하리라 생각하고…. 시발차는 "먼지를 날리며 나는 듯이 달리"더니, 마을과 산굽이를 돌아 어느 후미진 골목에서 멈췄다.
>
> 『이브의 후예』, p. 391, p. 395.

이 인용문은 강준영이 자신의 새나라차로 하늘색 시발택시를 추격하는 장면으로, 지표가 제시된 장면을 중심으로 필자가 요약한 것이다. 지명과 지리가 구체적으로 표기된 자동차 추격신은 지리에 능숙한 당시의 독자들에게는 더 큰 흥미를 자극했을 것이다.

이즈음 서울은 어디든 사람들로 넘쳐나는 도시다. 거리는 "인파로 출렁"이고, 정류장 앞 "사람들의 행렬은 빈틈이 없"고, 휴일 극장 앞에도 긴 행렬이 입장을 기다리며 서 있다. 식당의 밀실은 "방마다 만원"이고, "창경원에 들고 나는 사람들로" 도로가 막혀 자동차는 제대로 속도를 낼 수도 없다. "사람의 전시장"인 듯 "각양각색의 옷차림을 한 남녀 인간이 구물거리는 거리가 펼쳐져 있는" 서울은 "갑갑해"(279)를 연발하게 하고 어디든 밖으로 탈주하고 싶게 만드는 숨 막히는 도시로 변해 있다. 창경원 식물원(102)과 같은 고궁도, 더는 데이트 장소로 적당하지 않고, 거리에서 극장에서 우연히 아는 사람을 마주치는 것도 다반사다. "북적대는 큰길", "바쁜 듯이 보도를 메우며 오가는 군상"을 바라보면서 순영은 마치 자신이 "빙설지대에 외롭게 서 있는 듯"한 감정에 사로잡힌다.

도시 공간의 확장은 인물들에게 끊임없이 방향성과 위치 설정을 촉구한다. 높아진 속도감과 어지럼증이 이는 방향 감각은 '인간 소외'라는 인물들의 정서와 연결된다는 점에서 문제적이다. 인물들은 도시에서의 시선을 피해 더 한적한 공간, 더 사적인 공간을 필요로 하게 된다. 전화기의 등장은 편리한 생활을 가능하게 한다. 하지만 인물들은 이 또한 '보이지 않는 시선의 작동'으로 감지한다.(369) 순영은 어디서든 불쑥불쑥 울려대는 '감시의 눈초리'에, 누군가 자신을 지켜보고 있다는 불안의식을 갖는다.

"여기가 어디죠?"

> 순영은 꿈에서 깨어난 듯이 어두워 가는 창 밖을 좌우로 둘러보았다.
>
> 『이브의 후예』, p. 31.

차가 도심으로 들어와 이태원 외인주택 앞길을 달릴 때, 순영은 마치 그곳에 처음 와 본 사람처럼 화들짝 놀랜다. 꿈을 꾼 듯한 감각은 이 소설에서 순영이 가주 갖게 되는 방향 감각으로 '고독과 소외'라는 정서와 연결되어 있다. 인물들이 차를 몰아 속도를 높인 것은 "어디라도 꼭 가야 할 목표"가 있어서는 아니었다. "다만 그렇게라도 달리지 않고는 견디어 낼 수가 없었던 것이다."(397) 이와 같이 전후 한국사회는 "사회적인 삶의 내용이 고통과 이상성"[233]으로 가득 차 있다.

순영과 건식이 도시의 시선을 피해 간 곳은 최북단에 위치한 우이동으로 "북한산의 백운대와 인수봉"이 내다보이는 별장이다. 이천 평 남짓한 땅에 지어진 이십여 칸의 주택으로 "화사하고 아담한 그들 전용의 거실을 만들어서" 겨울을 제외한 나머지 계절에는 가족들이 자주 이용하는 장소로 활용하고 있다. 도심을 벗어난 곳에 위치한 우이동은 순영과 건식의 밀애 장소로 활용되면서, 서울생활의 각박함을 자연과의 대비를 통해 부각시킨다.

> 얼마를 가서야 산수화도 같고 풍경화도 같은 '워커힐'이 뒤로 펼쳐지며 광나루 다리에 걸려들었다.
>
> 『이브의 후예』, p. 323.

---

[233] 이재선, "전쟁과 분단의 인식", 『현대 한국 소설사(1945-1990)』, 서울: 민음사, 1991.

서울 외곽에 들어선 높이 솟은 '워커힐'의 풍경이다. 도심의 팽창으로 인한 개발의 흔적은 이제 교외에서도 쉽게 포착할 수 있게 되었다.

"서울 교외에 이런 아늑한 곳이 있다는 건 정말 의외군요."

『이브의 후예』, p. 154.

박화성은 도시와 시골 또는 도시와 교외의 궤도를 따라 이동하는 중간 지점에 공동체를 지향하는 장소를 설정하는 특징을 보인다. 성광보육원[234]은 인물들이 드라이브를 하면서 우연히 들르게 된 교외의 장소다. 박화성의 공동체는 이향민 공동체인 철공소(『사랑』)와 마찬가지로 노동과 자급자족을 중요시하는데, 우이동 가는 길에서 발견되는 성광보육원은 양식화된 건물로 지어져 한눈에 띄고, 자급자족이라는 전통적 의미에서의 노동, 묘령의 여인의 "신비화 전략" 등 이질적인 요소가 자연경관과 함께 혼재된 공간이다. 입구의 고급승용차와 선글라스 남자, 영어식 발음과 블론디의 머리 등의 배후에는, 전쟁 고아들을 대상으로 운영되던 당시 보육원의 후견인으로서 미군과 미국의 그림자가 어른거린다.

보육원 일대는 집터가 있어야 할 자리라기보다는 인간의 손길이 미치지 않아 "별유천지"라 감탄할 만큼 아름답고, "심산유곡의 도장(道

---

[234] 성광보육원은 『거리에서 바람이』에서의 양구 이상촌과 비슷한 자립형 공동체지만, 현실감이 떨어지고 기묘한 느낌이 강해서 가상의 공간으로서의 인상마저 풍긴다. 의도된 연출이라기보다는 무리한 서사의 진행과 이를 감당해 내지 못하는 플롯의 어긋남에서 비롯된 것으로 보인다.

場)에나 들어온 것" 같은 느낌을 갖게 한다. (335-336) 그러나 "보육원이 있는 들판보다 더 기름지고 조망이 좋은 전야가 그림처럼 펼쳐 있는" 경관과 조망권을 갖추고 있어, 좋은 집터로서의 조건을 상쇄한다. 때문에 성광보육원 일대는 1963년 서울이라는 도시 공간의 지리적 확장과 도시계획 설계자나, 교외를 꿈꾸는 서울 사람들의 기이한 팽창의 욕망이 반영된 곳이 아닐까 생각해 보게 된다.

4. 대립하는 운동성, 도시와 시골

박화성의 50-60년대 장편소설의 공간 활용은 서울을 중심에 두고, 시흥, 안양과 같은 인근 교외나 분단선 아래의 강원도, 멀리 남쪽의 호남과 경상 지역 등지를 왕래하며 활발한 운동성을 그린다. 호남선과 경부선으로 상징되는 하향의 운동성에는 해남, 광주 그리고 목포로 짐작되는 M시, C시가 부산, 상주와 함께 좌우에 놓이고, 북쪽으로는 서울의 최북단인 우이동을 거쳐 양주에 이르며, 평양, 함흥, 영변은 작중인물의 회상의 장소거나 투사공간으로 제시된다.

이번 장에서는 도시(서울)과 시골(농촌, 고향)이라는 관계 속에서 재현된 서울의 의미를 되짚어보고자 한다. 인물들의 서울 사람으로서의 정체성은 대도시 서울과는 대비되는 교외나 시골, 농촌, 고향과의 대립적인 관계 속에서 형성되는 것처럼 보이며, 이때 서울은 상대적인 의미에서 부정적인 장소로 재현된다.

시흥, 재생과 회복의 장소

『태양은 날로 새롭다』(1960. 11-61. 7)에서 시흥은 일제강점기에서 한국전쟁까지의 역사적인 시간을 품고 있는 상징적인 공간이다. 박화성의 이전 소설에서 서울 도심은 인물들이 행위하는 중심지였다. 그러나 이 소설에서 도심은 과거 추억의 장소로 물러나고, 명동의 T다방, H다방, K다방 등의 기표의 활용은 장소감이 아닌, 일시적인 공간감을 부각시킨다. 그에 비해 시흥은 4·19 세대에 의해서 혁명과 민주주의의 기원이 되는 역사적 장소로 재-의미화된다. 인물들은 노량진을 거점으로 서울 도심 쪽과 시흥 쪽으로 이동하는데, 그 움직임이 구도심이 아닌 시흥 쪽에 더 기울어져 있다.

소설은 서로 다른 역사적 자장 안에 놓인 두 세대의 서사가 중층적으로 겹쳐 있다. 한국전쟁을 겪은 부모 세대와 4·19를 겪은 자녀 세대의 서사가 그것이다. 전쟁으로 남편을 잃은 어머니 김난숙에게 한국전쟁은 과거의 시간이면서 동시에 현재 속에 지속되고 잠복하여 있는 상처의 근원이다. 그런 의미에서 시흥은 그녀의 과거에서 중요한 위치를 차지하고 있는 역사적 공간이다. 그런가 하면 딸 향운의 역사적 공간은 현재의 안암동 혁명의 거리다. 향운은 한국 동란 이후 유령과도 같은 분단의 상처를 껴안고 살아가는 어머니와는 다른 4·19 세대를 대변하고 있다. 그녀는 4·19로 사랑하는 애인을 잃었으며, 뒤늦게 임신 사실을 알게 되어 태어날 아이와 함께 살아갈 길을 모색 중이다.

4·19 세대인 딸 향운이 출산의 장소로 시골인 시흥을 선택하게 되면서, 어머니의 한국전쟁에 대한 역사적 트라우마가 있는 그 공간은 재생과 회복의 장소로 재의미화된다. 4·19의 상처로 인해 '시들어가는' 향운은 부모 세대의 역사성을 기반으로 다시 살아난다.

안양, 유원지와 전원생활

　1950년대만 해도 영등포나 신촌을 벗어나면 서울 근교는 모두 인적이 드문 시골이었다. 장애영의 과거 신촌 집[235]은 "먼지가 많은 비포장 도로"와 면해 있었고, 앞으로는 밭이 있고 뒤로는 언덕이 있는 전형적인 농촌이었다. 당시 서울 사람들의 휴양지는 가까운 시냇가, 계곡, 한강, 뚝섬 등지였다. 고등학생 때 친구 사이인 찬영(삼청동)과 희준(안국동)은 여름에는 "한강에, 뚝섬에, 광나루에 천막을 치고" 자주 놀러 다녔다.[236] 그 시절 서울 사람들이 가장 즐겨 찾는 한강 이남의 휴양지 중 하나가 안양유원지였다.

　『내일의 태양』(1958, 6-12)에서는 서울에서 직장 생활을 하는 이십 대 여성들(남희라, 남희숙, 윤혜경)이 휴일을 맞아 안양으로 소풍 가는 모습이 재현된다. 아래의 인용문은 버스에서 내린 세 명의 여성들이 안양유원지를 향하여 들길을 걷는 장면이다.

> 　밭에서 일하던 사람들이 잠깐씩 손을 놓고 무인지경같이 떠들며 지나가는 꽃 같은 처녀들을 바라보았다. 유원지가 가까워지는지 좌우의 경계가 달라졌다. 왼편은 말라 있는 계곡인데 바른편은 푸른 물이 그대로 뚝뚝 듣는 듯한 밤나무동산이었다.
>
> 　　　　　　　　　　　　　　　　　　　『내일의 태양』, pp. 55-56.

　유원지와 밤나무 동산에 이어 감자밭, 포도밭, 골프장, 숲길 등의

---

[235] 『창공에 그리다』, p. 127.
[236] 『태양은 날로 새롭다』, p. 159.

지표가 제시되는 안양의 풍경 묘사는 구체적이다. 안양은 도시와는 차별화되는 교외의 장소다. 안양천에서 놀고 있는 아이들, 좌우의 음식점, 새로이 수리와 장식을 하는 '전방' 등의 풍경은 한가롭고 평화로운 인상을 전해준다. 안양의 밤나무 동산은 "풀이 찰랑거리고 넘실거리는 물"이 있고 "신록과 젊음과의 향연"이 있는 아름다운 장소로 묘사된다.

소설에서 안양은 대동버스나 기차를 타고 서울에서 안양으로 또는 그 역인 안양에서 서울로의 출퇴근이 가능한 지역이다. 인물들의 서울 왕래가 자연스러운데, 윤형진의 서울로의 출퇴근이 이에 해당한다. 이와 다르게 남희라 과거를 고백하기 위해 서울에서 안양으로 가는 기차를 타는데, 안양은 시끌벅적한 서울의 명동과는 달리 사적인 대화가 가능한 공간이기 때문이다. 그런가 하면 윤형진과 가까이 사는 선우억은 안양의 방직회사에 사원으로 근무하고 있다. 안양에는 실제로 시대동(현 안양1동)의 태평방직과 안양3동의 금성방직이 있었는데, 이 두 방직공장에는 당시 3천여 명의 여성노동자들이 근무를 했을 정도로 규모가 있어서, 60-70년대 안양 경제발전에 지대한 영향을 미쳤다.[237] 소설에서 안양은 젊은이들의 미래 생활의 터전이 될 수 있는 가능성의 공간이다. 남희라와 윤형진이 안양의 시가지를 보고 저기 어딘가에 '우리 집'이 있을 거라며 '정다운 지붕'을 찾는 대목에서는, 이들이 결혼 후 거주지로 서울이 아닌 안양을 염두에 두고 있음을 알 수 있게 한다.

---

[237] https://ngoanyang.or.kr/2941, 안양도시기록연구소.

『이브의 후예』[238](1963, 3-9)는 『창공에 그리다』에 이은 "드라이브 소설"로, 중심 배경은 서울이지만, 안양(군포)에서 한강교를 건너 서울로 귀환하는 플롯을 취하고 있다. 인물들의 행위지대는 서울 신당동을 중심으로 배치되어 있다. 서울 신당동은 안양의 강준영이 자가용을 소유하게 되면서 왕래가 잦은 곳이다. 북쪽으로는 삼청동, 우이동이 자리하고, 남쪽으로는 안양과, 군포, 수원이 자리한다.

안양의 노애순의 집은 "안양 촬영소를 지나고 안양극장을 지나쳐 소위 번화가를 벗어"(206)난 곳에 위치하며, 교외의 전원주택에 해당한다. 지식인 여성 노애순은 대학교수인 남편 강준영과 함께 "작은 과수원(포도원)을 사들여 비둘기집 같은 집을 지어서 휴양 겸 화초재배로 소일"하며 살고 있다. 번잡한 서울을 싫어하고 안양의 개천가를 산책하는 것을 좋아하는 중산층 지식인 여성이다. 삼청동에는 노애순의 '원 저택'인 옛집이 있으며, 안양의 집이 '비둘기장 같은 간이주택'으로 묘사된 것과 달리 삼청동 옛집은 "안양은 우거(寓居)라는 듯이 책장이나 문갑 같은 모든 집물이 관록"(86)을 보이고 위엄도 있다. 옛집이지만 전축과 레코드 같은 "현대적인 장치"도 갖춰져 있어서 인물들의 밀애 장소로 활용된다.

노애순의 시점으로 그려지는 안양은 목가적이다. 참외, 수박, 포도의 계절에 이르면 "풍성한 빛이 대지에 넘"(161)쳐나고, 한편으로는 유원지에 몰려든 사람들로 법석대는 여름을 겪어야 하는 곳이기도 하다. 강준영은 휴일이면 부인 노애순을 자동차에 태우고 군포며 시흥

---

238 부산일보에 『젊은 가로수』(1963, 3-9)라는 제목으로 연재했다가 이후 『이브의 후예』로 개제 출간되었다.

으로, 시골길 드라이브에 나선다. 표면적으로는 교외의 전원생활을 즐기는 전형적인 중산층 부부처럼 보이지만 '권태로운 부부 관계'로 심리적 갈등을 겪고 있다.

> 발단은 그놈의 자가용에 있다. 물론 처음에야 합의한 터이지만 그렇게 빨리 사 올 줄 몰랐다. (…) 하기야 이제야 사 들였으니 평생을 고급으로 바꾸어가며 사용할 테지만, 차가 있다는 핑계로 걸핏하면 남편 혼자 훌쩍 어디로 사라져 버리는 데는 호감이 갈 턱이 없었다.
>
> 『이브의 후예』, p. 165.

노애순은 남편이 자가용(초록색 새나라차)을 갖게 되고 서울을 수시로 드나들게 되면서 부부 사이가 나빠졌다고 생각한다. 강준영의 자동차가 바쁜 이유는 서울 신당동 순영을 태우고 드라이브하러 다니기 때문이다. 중산층 부부의 전원생활은 안양과 서울과의 관계를 지속시켜주는 '자가용'이 있기에 가능한 것이다. 또한 삼청동과 옛집과 같은 '원 저택'이 서울에 있기에 가능한 것이었다.

최북단의 땅 양주, 합일과 공존의 상주

박화성의 식민지 시기 소설에서 인물들의 지리적 체험이 제국의 영토확장 욕망을 따라 멀리 북국으로까지 뻗어 나갔다면, 전후 소설에서의 상황은 다르다. 북쪽의 38선이 행위의 저지선으로 작용하면서 인물들은 북쪽으로의 움직임에 어려움을 겪는다. 『고개를 넘으면』의 한설희가 최북단으로 올라간 곳은, 의정부 샛골을 지나서 도착한 양주의 산골이다. 양주는 스스로를 "저주받은 불행한 생명"이라고 절망하던 한설희가 아버지의 묘지를 찾아 동두천행 버스를 타고 찾아간 곳으로, "6·25를 지낸 후로는 어둑한 때에 비상한 손님이 찾아와도 가슴이 먼저 내려앉는"(210) 깊숙한 산골로 묘사된다. "아버지의 묘지"는 정체성의 알레고리로 "미군 부대의 대리석 같은 신작로 길"을 질주한 이후에야 도착할 수 있는 곳이다.

'길'이라는 표상은 방향성과 지향성을 동시에 품고 있다. 소설은 냉전체제 아래에서 새롭게 형성된 미국의 장소성을 '대리석 같은 신작로'로 형상화하면서, 한국의 장소성은 차의 바퀴자국이 "진흙 속에 깊숙이 자리잡은 험지"와 같은 곳으로 그려낸다. 한설희를 태운 차가 달리는 길에는 미군들과 "희학하는 양공주들의 흐린 시선"이 좌우로 늘어서 있다. 한설희가 가장 멀리 올라갈 수 있는 최북단의 땅은 양주의 오봉산이다. 그곳은 가까운 곳에 분계선이 있음을 인식하게 해주는 장소다. 멀리 북쪽의 땅 평양 기림리에는 한설희의 출생 비밀을 알고 있는 어머니의 고향이 있다. 그녀는 북쪽으로의 시선을 거두고 하늘의 '별'을 본다. 자연에서 위무를 받으며, 그 힘으로 한설희는 광주의 친부와 재회하는 데까지 나아간다.

『내일의 태양』(1958, 6-12)에서 상주는 문명과 자연이라는 대립의 한 축으로 서울과는 대비되는 장소다. 이 소설은 명동의 백궁다방에서 시작해서, 경북 상주의 시골 마을에서 끝난다. 식민지 시기의 박화성의 소설 「신혼여행」에서 준호와 복주가 호남선을 타고 하행하듯, 이 소설에서는 미래의 부부인 남희라와 윤형진이 경부선을 타고 상주로 하행한다.

상주는 전통 세시 명절인 동지와 서양의 축제인 크리스마스가 함께 공존하는 장소다. 전등이 들어오지 않아 남포와 호롱불을 켜고 생활하는 '두메산골'이지만, 교회당의 종소리와 시골 마을의 크리스마스 풍경, 동지죽을 함께 나누어 먹은 동짓날 풍습이 이질적이지 않게 함께 섞여 있다. 결혼에 한 번 실패한 '현대여성' 남희라는 재래의 혼인 관습에 저항하면서, 서울이 아닌 상주에서 스스로의 사랑을 쟁취해 나간다. 상주의 시골길은 사랑의 합일이 이루어지는 장소로 재현된다.

호남-광주, 농촌-고향

『고개를 넘으면』의 도입부에서 서울 장사동과 가회동에 집중되었던 서사는 이후 남쪽과 북쪽으로 분산되기 시작한다. 북쪽으로는 최북단의 땅 양주가 있고, 남쪽으로는 해남 대흥사와, 목포, 광주가 있다. 해남 대흥사는 '봐인클럽' 젊은이들의 중심 여행지로 재현된다. 이들의 여행 경로는 해남-목포-광주를 거치는데, 구체적인 여행 서사의 '해남'과 달리, '목포'의 서사는 내러티브에서 생략된다. 이후 한 장의 사진 속에 배경으로 등장한 '목포'는 간접화의 서술 전략으로 인해 장소성이 한층 강화된다.

대흥사 만일암은 설희와 철규 사이에 사랑이 싹트는 비밀의 장소다. 그런가 하면 여행의 마지막에 배치된 광주는 세대 간의 화합이 이루어지는 장소로 의미화된다. 서울 돈화문에서 시작된 서사는 광주에 있는 혁암 선생의 묘소(노동운동, 독립운동의 선구자)에서 끝맺음으로써, 서울의 시간을 광주의 시간이 포함하도록 배치한 것이다. 돈화문 앞에서 어디로 가야 할지 질문했던 인물들은, 항일운동의 근거지인 호남-광주에서 그 답을 찾은 듯 보인다. 이는 전후 한국사회의 미래로의 지향점이 과거 식민지 시기의 독립운동으로부터 기원함을 시사하는 것이다. 박화성은 분단의 상황 모순에 대해, 과거 식민지 시기의 독립운동에 대한 자긍을 일깨우는 방식으로 젊은이들이 미래를 도모하게 한다.

『사랑』은 고향(M시)[239]에 있는 아버지의 묘소를 찾아가는 서사가 도입부와 결말에 각각 배치되어 있다. 소설의 도입부에서 주인공 민우는 서울역에서 호남선을 타고 고향인 M시로 귀향한다. 작품에서 M시와 서울은 대립하는 두 장소로 설정되어 있다. M시의 플롯은 신종숙 여사를 중심으로 구성되고, 서울은 민우, 찬애를 중심으로 구성된다. M시는 강강수월래의 신종숙 여사로 대변되는 신성한 모성의 공간이며, 민우가 가정교사로 있는 서울 화동의 춤바람 난 장계선의 타락한 모성과 대립된다. 또한 M시는 민우가 사랑하는 희봉이 고향을 지키며 교원으로 일하는 곳이다. 희봉은 현대의 가치관을 가지고 살아가는 서울 화동의 유옥과는 달리 전통적인 가치관을 가지고 살아가는 여성이다.

M시는 식민지 이후 해방공간의 역사를 대리하는 장소로, 민우에게는 동족 간의 살인과 비극적인 가족사를 상기시킨다. 민우의 귀향은 과거사를 해결해야 할 과제를 안겨주는데, 그곳에는 아직도 밝혀지지 않은 아버지의 죽음에 관한 문제가 지속하고 있기 때문이다. 민우의 아버지는 10년 전 미군정이 내세우는 경찰 고위직에 발탁이 되면서, 이를 반대하는 세력에 의해 살해당했다.[240]

---

[239] M시는 직접적으로 목포라고 명시되지는 않았지만, 개항 도시, 공설시장 등의 지표로 짐작건대 '목포'로 읽어도 크게 무리는 없다.
[240] "미군이 진주하자 영어라도 통하는 사람들은 큰 덕을 보게 되어 다행했다. 미군이 나의 조카사위 되는 김경부를 양심적인 인간이라 하여서 경찰서장으로 취임시키려

소설은 미군정 시기의 친일청산과 관련하여 불운했던 가족사의 압축적인 한 장면을 불러와, 복수와 용서의 문제를 질문하고 있다. 이는 역사적 기억의 문학적 의식화로 볼 수 있는데, 과거사를 대하는 소설의 전체적인 기조는 화해와 통합, 은폐와 봉합 쪽에 가까우며, 왜곡된 자기 정당화의 모습을 드러낸다는 점에서 한계를 지닌다.

　『너와 나의 합창』(1962, 7-63, 1)의 C시는 지리적으로는 모호하게 처리[241]되어 있으나, 당시의 정치적 상황이 압축된 농촌이다. 서울살이를 하고 있지만 인물들의 행위성은 농촌을 향해 있다. 작가는 서울보다는 C시인 농촌을 미래지향적인 장소로 전략화한다. 이때 서울 도시 공간은 간접적인 배경으로 기능하면서 농촌의 구체성을 지지해주는 역할을 담당한다. 아버지 최상무가 있는 서울 회현동이 자본을 중심으로 재편된 장소라면, C시는 협동조합과 공동체성을 기반으로 한 대립적인 장소다.

　소설은 C시의 농촌 생활상을 서울에 있는 제약회사의 '회사 사보'라는 매체에 담는 액자식의 구성을 취하고 있다. 농촌의 발전이 곧 국가의 균형 잡힌 발전으로 이어진다는 인물들의 관점은 곧 국가주의적 관점을 대리한다고 볼 수 있다. 작품의 결말은 등장인물들이 모두 서울에서 C시로 내려와 한곳에 집결하도록 배치한다. 모두가 모인 자리에서 농촌 활동가 진현은 재건 청년회 활동과 부녀 야학과 같은 계몽 활

　　는 내정이 되자 김경부는 어느 비오는 날 어떤 청년에게 총살당하고 군정하의 경찰 서장은 치안대장이던 사람이 유임하게 되었던 것이다." (『눈보라의 운하』 전집 14권, p. 253) 『사랑』은 이 사건을 모티브로 한 것으로 보인다.

[241] 이 소설에서도 'C시'는 목포로 읽어도 무방하며 당시의 '농촌 일반'으로도 읽어도 무리가 없다.

동을 통한 마을의 공동 회관 건립의 필요성을 강조한다. 식민지 시기 '청년회관'과 비슷하면서도 다르게, 근대화의 중심축으로서의 '장소재건'의 의미가 함축되어 있다. 진현의 연설이 당대 근대화 담론의 자장 안에서 계몽을 설파하는 주도적인 '목소리'라는 점에서, 이 소설이 근대화 담론의 주도적인 창구의 역할을 하고 있음을 보여준다. 공동의 사랑, 공동의 목표는 근대국가의 중심성을 강화한다.

『바람뉘』(1958, 4-59, 4)는 서울을 가운데 두고, 하당나루-서울-부산의 삼각형 플롯으로 구성되어 있다. 하당나루는 목포 인근의 섬마을로 추측되며 서울과 부산에서 살아가는 인물들이 도달해야 할 지향처, 의미상의 고향으로 의미화된다. 주인공 운희와 황석은 고향에서 재회하는데, 이 만남이 주목되는 것은 둘 다 "전쟁피해자" 가족이라는 점에 있다. 운희의 남편과 오빠는 한국전쟁 중 북으로 납치되었고, 황석의 아내는 전쟁 중 사망했다. 두 사람 모두 배우자를 잃고 혼자서 자녀들을 양육하고 있는 한부모 가정이다.

소설의 서두에서 고향을 떠난 인물들은, 소설의 끝에서 다시 하당나루로 내려간다. 풍랑이 거센 바다를 건너기 위해 나룻배에 의지한 두 사람은, 얼마 되지 않아서 목적지에 닿을 것이라는 희망을 잃지 않는다. 이들에게 하당나루는 도시 생활의 고난 속에서도 포기하지 말아야 할 희망의 장소, 고향이다.

임시수도 부산, 삶의 원동력

거리에는 각색의 파라솔이 부표처럼 동동 떠갔다. 총탄의 소리가 없는 마을에는 사치한 옷자락을 팔락이는 여인들의 걸음이 한

껏 붐볐다.

　상점마다에는 물품들이 가득가득 쌓여지고 음식점들은 들고 나는 손님들로 번잡했다.

『거리에는 바람이』, p. 31.

　『거리에는 바람이』에서 환도 이전의 임시수도였던 부산은 위와 같이 묘사된다. 폐허나 총탄, 아수라장과는 거리가 먼 파라솔, 사치한 여인의 옷자락, 물품들, 음식점 등이 임시수도 부산을 상징하는 기표로 재현되는 것은 시선의 주체가 월남한 서윤주이기 때문에 가능한 것이다. 이북 흥남 출신의 윤주는 원산항에서 월남한 인물이다. 부산 송도항에 도착하자마자 유치소에 갇히는 신세가 되어 "대한민국 국민으로서 충성을 다할 것"을 맹세한 다음에야 그곳에서 풀려나온다. 위의 인용문은 서윤주가 유치소를 빠져나오면서 처음 본 부산의 모습이다. 윤주의 눈에 보이는 부산은 사람들로 넘쳐나는 "번잡"한 도시다. 소설은 전쟁의 참상과 비참을 알리는 대신, 사람들이 들끓는 광복동 모퉁이에서 '미제장사'를 시작한 씩씩한 윤주를 보여준다.

　부산의 송도는 윤주가 북에서 넘어와 처음 발을 딛는 남쪽의 땅이다. 원산과 부산 송도는 각각 남과 북을 상징하는 장소다. 윤주가 배를 타고 넘어온 원산은 애인 오태섭과의 추억이 서린 곳이며, 부산 송도는 사촌 동수가 몸을 던져 죽음을 선택한 곳이다. 원산과 송도를 잇는 바닷길은 남과 북을 잇는 통로이면서 동시의 삶과 죽음을 함축하고 있는 역사적 장소의 알레고리가 된다.

　동주가 죽자 부산을 떠난 윤주가 다시 부산을 찾게 된 이유는 삶의 의미를 발견하는 장소가 서울이 아닌 부산인 까닭이다. 부산 송도에

와서야 윤주는 동주의 죽음이 의미하는 바를 깨닫고, 굳건하게 현재의 삶의 지속시켜 나갈 것을 다짐한다. 한국전쟁으로 인한 수많은 동포의 죽음이 소설 속 동수의 죽음을 통과하면서 재생과 부활의 의미로 환기되는 것이다. 윤주가 다시 부산을 찾았을 때, '죽은 줄 알았던 딸이 살아 돌아왔다는 소식으로 주변이 온통 축제의 분위기에 들떠 있었다'는 소설의 진술은 동족 간의 전쟁으로 인한 수많은 죽음이, 윤주와 같이 살아남은 자에게, 역사적 증인으로 당당하게 살아갈 힘의 원동력으로 작용하고 있음을 보여주는 것이다.

제4장 박화성 소설의 도시 공간
— 역동의 지역성, 낙관의 이중성

*

　도시는 저마다 다른 얼굴을 가지고 있으며, 각각의 시대와 사회는 저마다의 공간 실천 방식을 가지고 있다. 이 책은 계급·여성·사회의식과 같은 작가의식의 변모를 통해 박화성(朴花城, 1903-1988) 문학의 성과와 한계를 평가했던 기존의 방식과는 달리 소설에서 재현된 도시 공간을 분석하면서 박화성 문학을 좀 더 풍성하게 이해해보고자 하였다. 특정 시기의 실재하는 도시 "목포(1920-30년대)"와 "서울(1950-60년대)"이 소설로 재현되는 방식에 주목했고, 과거 특정 시기의 도시에 대한 이해가 오늘날 우리들의 삶의 형식들의 연원을 읽어내려는 적극적인 행위라는 점에서 현재적 의미를 찾고자 하였다.
　이 책에서 다루는 시기의 목포는 제국의 주도하에 설계된 식민지 도시였다. 개항 초에는 농어촌 지역의 전근대적 삶의 방식과 상업과 공업으로 대변되는 근대적 삶의 방식이 양분되어 있었고, 이러한 지리적인 분할선은 조선인과 일본인의 전근대와 근대의 차별화된 생활양식과도 대응한다. 소설의 도시 공간은 이러한 식민도시의 이중성을 반영한 것으로, 박화성은 도시의 경관이나 도시적 감각에 대한 것이 아니라, 식민지 조선인들의 '전근대적인 도시의 삶'에 대해서 관심을 가진 작가다. 예를 들어 도시 경관을 차지하는 건물들의 재현은 외관의 미적 특질보다는 건물이 담고 있는 개인과 공동체의 정체성 강화나 식민규율 권력의 제도와 같은 가치와 기능적 역할에 치중한다.

이 글에서 다루는 특정 시기의 목포는 도시가 가장 번성기에 있었던 시기로, 우리나라 도시계획 역사상 본격적 의미에서의 근대도시계획이 세워진 시기와 맞물린다. 지리적으로는 남쪽의 일본인 구역이 배제되고 조선인 구역에 한정되어 재현된다. 일본인과 조선인 구역이라는 식민지 경계를 인식하게 해 주는 시가지 주변과 그 너머의 일본인 생활 구역에 대한 서술은, 이 시기 조선의 작가들 대부분이 그러했듯이 거의 없다. 그러나 일제의 주도로 근대적인 기능을 수행하는 관공서와 공장은 식민지-조선인들을 장소에서 소외시키는 방식의 서술 전략으로 일인과 조선인의 갈등을 예각화한다. 박화성이 재현한 목포는 식민지배 권력이 일상적으로 작동되고 있는 장소다.

박화성의 도시 공간의 재현 양상은 크게 공적 영역에서의 역동성과 사적 영역에서의 수동성이라는 대비를 통해 드러난다. 먼저 공적영역의 목포경찰서와 부청 그리고 방적공장은 노동자들이 처한 부당한 노동조건을 폭로하면서 식민지 지배 권력이 작동되는 장소로 표상된다. 제국의 권력은 관료들의 일상의 이면에서 소리없이 작동되거나 여공들의 신체를 통제하는 방식으로 작동된다. 박화성은 안과 밖을 대비시키거나 공적 공간에서 조선인을 소외시키는 서술전략을 취하는데,

이때 도시 공간은 식민 본국과 지배국의 대립공간으로 재현된다. 박화성은 식민지 권력에 저항하는 조선인 경험 주체들을 그 공간에 배치하면서, 도시 공간을 역동적인 장소로 의미화한다.

다음으로, 사적 영역의 재현은 조선인 빈민촌을 중심으로 한 인물들의 구체적인 삶을 통해 드러낸다. 이때 사적 영역은 식민지 조선인들의 비참한 삶을 표상하는 문학적 공간으로 기능한다. 제국의 신체규율권력은 인간에게서 인간성을 빼앗고 "인간을 쓸모없게 만드는 방식"으로 작동한다. 주거지를 중심으로 한 사적 영역의 재현은 이를 효과적으로 드러내 보여주는 문학적 장치다. 유달산 자락의 빈민촌이나 호남정은 공적 영역으로의 진입이 박탈된 장소다. 식민지 조선인들은 주거지에서 겨우 목숨을 유지하며 살아가고 있으며, 이들은 공적 영역에서 배제되는 형식으로만 제국의 법질서 내부로 포함되는 "벌거벗은 생명들"이다. 인물들의 주거지는 목포부청, 경찰서, 방직공장 등의 역동성과는 대비되는 수동적인 성격을 띠게 된다. "수동적 장소성"은 일인과 조선인 주거지라는 지리적 분할선을 환기시키며 제국의 지배 전략과 차별화 정책을 드러낸다.

특징적인 것은 박화성이 목포의 "지명이나 건물" 등의 실제 도시 공간의 지명을 소설의 공간지표(marker)로 적극적으로 활용하고 있다는 점이다. 예를 들어 동경의 표준시를 알리는 '오포대'나 감옥소, 도서관, 우편국, 학교, 목포역 등의 근대성을 환기하는 지표들은 소설 공간의 지리적 범위 및 방향과 위치를 가늠할 수 있게 해 주는 장치들이다. 박화성은 실제하는 목포의 지명을 텍스트 내부의 문학공간으로 끌고 들어와 인물의 행위 공간을 지리적으로 구축한다. 이때 지표는 '상상의 목포'와 '실제의 목포' 사이의 간격을 좁히면서, 목포라는 도시의 문학적 심상지리를 확장시키는 역할을 한다.

　박화성이 재현한 '목포'는 문학적 공간이면서 동시에 역사·지리학적 실제 장소를 재현한 텍스트의 현실적 대응물이라 할 수 있다. 실제로 식민지 시기 목포는 한 공간에 근대와 전근대가 혼재된 도시였다. 일제는 일인과 조선인들의 생활 거류지를 분할하고 차별화하여, 효과적으로 통치하고자 하는 전략을 펼쳤다. 호남동, 쌍교리와 같은 조선인 거류지는 조에(zoe)의 삶을 살아가는 조선인 도시 빈민들의 생활공간이었다. 그곳 조선인들은 인근의 농어촌에서 도시로 이주해 온 소상공인, 부두하청 노동자, 공장노동자들이 많았다. 이들은 경제적으로는 식민 자본주의 체제에 속박되어 있었지만, 도시 생활과는 거리가 먼 전근대적인 생활양식을 가지고 있었다. 도시 공간의 이중성은 식민지 시기 자본과 권력이 한쪽으로 집중되면서 발생한 현상이다.

　박화성은 도시 공간의 훼손과 장소의 상실을 민족의 공동체 정체성과 연결 지어 재현하기도 한다. 이때의 '목포'는 공동체 정체성과 정주지의 감각을 환기시킨다. 일제 강점기 청년들의 항일 운동의 근거지였던 목포의 청년회관은 공동체의 한 일원으로서 경험할 수 있는 공통감을 되살려주는 장소로, 고유한 이야기를 품고 있는 사회적 공간이자, 역사적인 장소로 표상된다. 인간은 노동하는 동물이 아니라, 자신의 정체성을 명확히 하기 위해 '활동하는' 정치적인 존재다. 목포의 청년회관은 그 시대 사람들이 '활동'을 통해 삶의 경험을 쌓아 나가도록 기능했으며, 이때의 '활동'은 새로운 것을 시작할 힘이었고, 한 시대의 "공통의 서사"를 가능케 하는 토대였다. 소설에서 청년회관과 인물들의 정체성은 뿌리 깊게 연동되어 있는데, 공동체는 장소의 정체성을 강화하고 장소 또한 공동체의 정체성을 강화하기 때문이다.[242] 때문에 '헐어진' 청년회관은 공동체 정체성 상실로 이어지고, 장소의 상실은 공적 영역에서의 정신적인 가치의 훼손을 의미한다. '무덤 없음'이라는 장소상실도 이와 비슷하다. 여기서 '무덤 없음'은 '나라 없음'이라는 유사한 지리적 심상을 환기시킨다. 일제의 묘지령은 "선산을 수호하고자 하는" 유산층에 초점을 맞춘 것으로, 가난한 무산자들에게는 이로운 제도가 아니었다. 묘지에 대한 장소 애착은 상실된 정체성 회복의 의지를 대변한다.

박화성의 소설에서 '유달산'은 일제의 차별화 정책과 조선인의 핍박받는 삶이 '외재화'된 가시적 기호물이다. 또한 고향이라는 정주의 이정표와 친밀한 정서의 대상으로도 환기되며 목포를 대리 표상한다. 유달산록의 '하수도공사지'는 되찾아야 할 식민지-조선인의 공동체 정체성이 잠재된 장소로 재현된다. 하수도공사지는 '빼앗긴 땅'에 대한 감각과 이를 훼손하는 일제의 문명화 정책을 환기시키며 식민지 경계선을 인식하게 해주는 지표로, 식민지 통치 배후에서 작동하는 주체의 문제를 중층적으로 겹쳐놓으며 되찾아야 할 정주지로서의 감각을 일깨운다.

이와 같은 정주지 감각에 일조하는 것은 다름 아닌 '나무 한 그루'의 심상지리다. 박화성 소설에서 '나무 한 그루'는 서정성을 불러일으키는 매개체로 인물과의 정서적 일체감을 드러내는가 하면, 인물들의 "주체적 위치"를 알리는 지표로 활용된다. 더 나아가 식민 권력에 포섭되지 않을 가능성으로서의 목포의 심상지리를 확장해 나간다.

---

242 에드워드 렐프., 2005, p. 95.

*

 목포는 개항과 더불어 일제의 주도하에 계획된 식민 도시로, 호남선과 항구로 상징되는 수탈항으로서의 성격이 강하다. 박화성은 이동하는 여행자 시선을 통해 호남선 주변 농촌의 참상과 빈궁의 현실을 고발한다. 또한 여행자의 시선은 급격하게 변화해 가는 1930년대 목포를 기형적이고도 타락한 식민지 도시의 모습으로 포착해낸다. 이때 달리는 기차는 인물들의 서로 다른 상황적 조건이 대별되는 "이동 중인 장소"다.

 식민지 본국의 감시체계가 가장 첨예하게 작동하고 있는 형무소나, 조선인 빈민촌이 자리한 유달산과 같은 장소는 위치가 다른 주체의 "이동 중인 두 시선"을 교차해서 재현한다. 박화성 소설에서 유달산은 도시의 이정표와 같은 것으로, 식민지 조선인들에게 정서의 대상으로서의 고향의 의미가 가시화되는 기호물이다. 그러나 그 공간은 주체의 위치, 즉 제국과 식민지, 계급과 젠더 등 인식하는 주체의 시선에 따라 다르게 인식되고 의미화되는데, 이러한 대비되는 형상화와 교차 시점은 차별화된 식민 정책을 비판하고 핍박받는 조선인의 현실을 '외재화'하기 위한 서술 전략이다.

 소설에서 도시 공간을 가로지르는 기적소리와 바퀴소리는 식민지 근대성에 대한 막연하면서도 불안한 미래를 암시한다. 기차와 철로, 기차역은 근대성의 상징물로, 소설에서 근대적 시간을 감각하게 해 줄 뿐 아니라 식민지 근대의 모순을 인식하게 해주는 매개체다. 박화성의 소설에서 기차와 철로는 목포와 배후지 주변을 일일생활권으로 묶어주는 역할도 담당하는데, 이때의 목포는 출발지와 종착지로서의 의미가 강하다. 주변 농촌 마을에서는 기차의 기적소리로 생활의 시간을 감각하게 되는데, 신체가 체험하는 시간 감각이 역을 중심으로 재편되고 있음을 보여주는 증거다. 소리의 반향은 농부들의 일상 속에 깊이 침투해 들어와 있으며, 자연의 변화로 측정되던 농부의 몸이 역을 중심으로 한 근대적 시간 규율에 적응해 간다.

식민지 근대화는 어떤 계층/지역에는 부를 축적할 수 있는 '중심부'의 기회를 주고, 다른 누군가에는 부에서 소외되는 '주변부'의 자리만을 허락하는 계급적 불평등을 야기한다. 목포가 '도회지'로 성장, 발전할 수 있었던 것은 인근 내륙의 농촌 지역이나 섬 지역의 희생이 있었기 때문에 가능한 것이었다. 박화성 소설에서 도회지 목포와 배후지의 관계는 식민지 도시 형성 과정에서의 주변 농촌의 몰락, 식민지배와 착취의 구조를 보여준다. 박화성의 이 시기 농어촌 소설은 배후지 사람들의 삶 깊숙이 들어가 그들의 삶을 전경화하는데, "목포-호남권"이라는 정체성으로 묶인 배후지 사람들은 도회지 목포에 특산품을 내다 팔고 목포의 공장이나 그 밖의 산업에 노동력을 제공한다. 배후지 사람들에게 목포는 여성의 성과 노동력을 착취하는 폭력의 도시로 의미화된다.

목포는 유이민들로 형성된 신흥도시였고, 전통 도시와는 달리 신분이나 관습으로부터 비교적 자유로운 곳이었다. 이러한 분위기는 개방적이면서도 자율적인 청년 인물들이 등장하는 배경이 되면서 역동적인 도시 공간을 만들어낸다. 주요인물들은 목포가 개항하면서 태어나 근대교육을 받고 성장한 세대이며, 목포 부흥기에 청년기를 보낸 사람들이다. 소설에서 제시되는 다양한 지표들, 특히 감옥소, 경찰서와 같은 공간지표는 이들의 삶이 식민지 지배하의 주어진 한계를 넘어서고 있음을 드러내는 장치다. 인간은 지리적 경계를 명확히 구분 짓고 전체를 인식하는 것이 아니며, 공간은 개념적으로 유형화했을 때만 인식할 수 있다. 개념화는 다름 아닌 인간의 사회적 실천에 의해 체험된 것으로, 인간의 사회관계가 공간을 점유하면서 전개된다는 점에서 공간과 장소는 그 사람의 삶의 행적을 체계적이면서도 구조적으로 파악할 수 있게 해 준다. 박화성 소설에서 도시 공간은 인물들을 근대 식민 권력과 제도화에 종속시키면서도 동시에 그들 스스로에게 부여된 조건과 한계를 부단히 교란시키고, 저항의 실천을 돕는 양가적인 측면을 가지고 있다.

*

1950-1960년대 서울은 전후 분단의 혼란기에 놓인 도시였다. 소설에서 재현된 이 시기의 서울은 도시 재건기의 변화와 속도감으로 넘쳐나며, 동족상잔의 상흔과 근대도시로의 미래의 낙관이 공존하는 이중적인 도시다. 박화성이 재현한 서울은 "부유하는 감각"을 불러일으킨다. 서울을 표상하는 공간과 장소의 '지명'이 곳곳에서 범람하지만, 정작 그 안에서 살아가는 인물들은 뚜렷한 자기 서사를 가지지 못하고 도시의 어느 한 장소에도 안착하지 못하며 소외되어 있다. 이들이 꿈꾸는 근대도시로서의 서울은 분단이라는 역사의 비극적 발화를 내재화하고 억압하는 이중의 방식으로 증축되고 설계된 것이다.

인물들의 거주지는 옛 궁궐 주변의 북촌에서 서촌으로 이동해 가다가, 한강 이남으로 옮겨가는데, 이러한 거주지의 변화는 당시 서울의 도시 공간 확장과 팽창의 기미가 반영된 것이다. 서울의 도시 공간은 적극적 의미에서의 '재현'이라기보다는 장안의 드라이브, 교외의 드라이브에서와 같이 간접적으로 공간지표를 나열하는 형식으로 '서술'된다. 이는 식민지 시기의 리얼리즘에 입각한 소설과는 분명 다른 지점으로, 이 글에서는 제대로 다루지 못했지만, 신문연재소설이라는 매체적 특성이 고려되어야 할 것이다.

박화성의 50년대 서울 소설에서 가장 빈번하게 활용되는 '한강'은 분단 역사의 비극을 상징하는 '가시적 기호물'이다. 하지만 분단의 상징성은 시간이 지날수록 희미해지고, 한강은 서울과 교외의 경계를 나누는 지리적 기능으로 변모한다. 한강을 건넌다는 것은 곧 서울을 벗어나는 것, '집'으로의 귀환을 의미한다. 근대도시로의 서울의 낙관은 도시 공간이 아닌 인물들의 인식과 발화를 통해 드러난다. 소설에서 공동체의 가치를 실현할 수 있는 낙관적인 장소가 제시되기도 하지만, 종래에는 근대화 담론과 자본의 질서에 편입되는 기이한 모습을 보여준다. 서울은 자동차의 속도감에 비례하여 변화해 가고 소설에 재현되는 서울의 도시 공간 또한 비례해서 확장된다. 도로에서의 속도감은 자본주의적 삶의 질서를 상징하는 것으로 '인간 소외의 정서'와 연결되어 있다. 도시 공간은 인물들을 끊임없이 미끄러뜨린다.

박화성의 서울 소설은 도심의 경관이나 장소에 대한 묘사보다는 건물명과 동명, 지명 등의 지표를 적극적으로 활용하는 경향이 강하다. 공간지표의 기능과 역할은 추상적인 도시 공간 속에서 인물의 위치와 동선을 짐작게 해 줄 뿐 아니라, 독자들이 부분적인 정보만 가지고도 서울의 심상지리를 상상할 수 있도록 돕는다. 서울 소설에서 이정표-지명은 경관을 대신하는 역할을 담당하며, 인물들이 포착한 조각난 공간을 파노라마처럼 연결해 하나의 풍경이 되도록 돕는다.

서울 소설에서 가장 빈번하게 등장하는 장소는 인물들의 거주지인 '집'이다. 거주지는 그곳에 살아가는 인물들의 가치관을 대변하는 장소로 의미화된다. '집'이라는 장소성은 닫힌 공간이라기보다는 외부 사람들에게 언제든 열려 있어서 인물들의 드나듦이 자유롭다. 거주자는 집 안에 안주하기보다는 끊임없이 외부를 탐색하고 바깥 활동을 해 나간다. 주거 양식이 단독주택에서 아파트 중심으로 옮겨가기 이전 시기로, 한옥 또는 한옥을 개조한 양식 주택(한식과 양식의 혼합형)에 온돌방, 침대방, 다다미방과 같이 전통과 현대, 한식과 서양식과 일본식의 생활방식이 혼재되어 있는데, 집 내부에 대한 묘사는 도시 경관에 대한 묘사보다 훨씬 세부적이다.

박화성 소설에서 재현된 전후 재건의 도시 서울의 낙관 이면에는 분단의 상처가 형상화되지 못하고 억압되어 '내재화'되어 있다. 인물들은 한국전쟁으로 인한 상처 즉, 가족을 잃거나 행방불명인 경우가 대부분이다. 분단의 상처는 박화성 인물들의 내면에 억압되어 있다. 60년대 소설로 갈수록 인물들의 인식은 근대화 담론에 감춰지고 희미해지며, 동족상잔으로 인한 치유되지 않은 상흔은 쉽게 '서사화'되지 못한다. 인물들은 분단 현실의 모순을 서사화 하지 않고, 미래의 근대화 담론으로 현실의 모순을 쉽게 봉합해 버린다.

인물들의 서울 사람으로서의 정체성은 대도시 서울과는 대비되는 교외나 농촌과의 관계 속에서 형성되는 것처럼 보인다. 지리적으로 서울과 교외, 도시와 시골, 도시와 농촌이라는 관계의 구도 속에서 서울은 부정적인 장소로 의미화된다. 그런 점에서 박화성이 재현한 서울(1950-60년대)은 낙관의 이중성이 내재한 도시라 할 수 있다. 식민지 시기 사회적 모순을 도시 공간을 통해 '외재화' 했던 것과는 달리,

서울 소설에서 박화성은 삶의 터전으로서의 도시 공간을 적극적으로 활용하기보다는 이정표-지명을 '흩뿌리듯' 나열하면서 정처없고 "부유하는 도시의 감각"을 만들어낸다.

*

이상과 같이 이 책은 박화성 소설에서의 특정한 시기의 목포(1920-30)와 서울(1950-60)을 분석대상으로 하여, 허구와 실제의 도시 공간을 오가면서 둘 사이의 반영성 및 상호관련성을 규명해보고자 하였다. 박화성의 소설에서 식민도시 목포(1920-30년대)는 "역동의 지역성"을 반영한 결과이며, 되찾아야 할 삶의 뿌리인 "정주지로서의 감각"을 불러일으킨다. 호남-목포의 지역성을 띤 역동적 도시 공간은 개개인들의 저항을 가능하게끔 하는 실천의 거점으로 작용한 측면이 있다. 전후 분단도시 서울(1950-60년대)은 "낙관의 이중성"이 반영된 도시로, 변화와 속도감으로 넘쳐나는 "부유하는 감각"을 불러일으킨다. 분단 현실이 은폐된 도시 공간은 인물들을 끊임없이 미끄러뜨리며 스스로의 몸집을 불려 나간다.

식민지와 한국전쟁 이후라는 서로 다른 두 역사적 시기 및 단편소설과 장편소설이라는 서로 다른 장르를 관통하는 연구방법론을 구축하지 못하고, 개별 텍스트를 충실하게 독해하는 방식으로 내용을 채운 것은 이 책이 가지고 있는 한계다. 한국문학의 30년대 도시연구는 주로 경성 중심의 모더니즘 계열의 작품에 주목했다. 부족하나마 이 글이 식민지 근대도시 문학연구와 전후 도시 서울 문학연구의 전체 지형에서 중요한 퍼즐로 기능할 수 있기를 기대해 본다. 함께 다루지 못한 박화성의 30년대 장편과, 50-80년대 단편에 대한 아쉬움도 크다. 그럼에도 불구하고 식민지 시기와 전후 시기, "한국적 상황에서의 특수한 근대"가 드러나는 문학작품의 도시 공간을 독해하는 방식으로, 자본주의 근대도시화 과정에서의 '보편적 근대'의 의미를 살펴보고자 하였다는 점, 기존의 '경성-중심'의 도시 공간 연구에서 벗어난 '지역-중심'의 문학 평론이라는 점, 기존의 30년대 여성의식, 사회의식 중심의 박화성 평론의 편향성을 극복하고자 하였다는 점에서 이 책의 의미를 찾고자 한다. 또한, 과거 특정 시기의 도시에 대한 이해는 오늘날의 삶의 형식들의 연원을 읽어내려는 적극적인 행위라는 점에서 이 책의 '현재적' 가치를 말하고 싶다.

참고문헌

| 기본자료 |

가) 단행본

박화성, 『박화성 문학 전집』 서정자 엮음, 푸른사상, 2004.

『고개를 넘으면』(전집, 3권), 『사랑』(전집, 4권), 『내일의 태양』(전집, 6권), 『바람뉘』(전집, 7권), 『창공에 그리다』(전집, 8권), 『너와 나의 합창』(전집, 10권), 『태양은 날로 새롭다』(전집, 11권), 『이브의 후예』(전집, 12권), 『거리에는 바람이』(전집, 13권), 『눈보라의 운하』(전집, 14권), 『단편집 1』(전집, 16권), 『평론, 기타』(전집, 18권).

나) 신문자료

"목포부의 차별 시설", 『조선일보』, 1925. 3. 1.

"최초 여성 장편소설가, 박화성 문학의 배경 전남을 가다", 『여성신문』, 2013. 7. 5.

"인생관조의 눈이 자연체계의 성림(盛林)으로, 박영희, 『조선일보』, 1936. 6. 17.

박화성, "계급해방이 여성해방", 『신여성』(개벽사, 1933, 2), p. 21.

_____, "작가 교양의 의의", 『조선일보』, 1935. 1. 1.

_____, "토마스 하디 옹과 샤롯·브론테 여사", 『조선일보』, 1935. 7. 14.

_____, "대중을 상대로 읽기 쉽게 알기 쉽게", 『조선중앙일보』, 1935. 7. 17.

_____, "호남 소년소녀 웅변대회를 보고", 『호남평론』, 1935. 10.

_____, "약자의 편에 서서", 『현대문학』, 1964. 8, p. 14.

_____, "나의 交遊錄 (1) 흰빛의 상징자(象徵者)", 『동아일보』, 1981. 1. 5.

_____, "나의 交遊錄 (2), 소녀시절 세동무", 『동아일보』, 1981. 1. 6.

_____, "나의 交遊錄 (3) - 숙명여고보 시절", 『동아일보』, 1981. 1. 7.

_____, "나의 交遊錄 (15) - 活字化된 첫 作品", 『동아일보』, 1981. 1. 21.

_____, "나의 交遊錄 (18), 方仁根씨 집 방문", 『동아일보』, 1981. 1. 27.

_____, "나의 交遊錄 (28) - 첫 長篇『白花 脫稿"", 『동아일보』, 1981. 2. 10.

| 국내논저 |

가) 단행본

강대기, 『현대도시론』, 서울: 민음사, 1987.

고석규, 『근대도시 목포의 역사 공간 문화』, 서울: 서울대학교출판부, 2004.

권영민, 『한국현대문학사1』, 서울: 민음사, 1993.

권영민, 『한국현대문학사2』, 서울: 민음사, 1993.

권혁래, 『문학지리학의 이론과 해석』, 서울: 서강대학교출판부, 2022.

김병익, 『한국문학사』, 서울: 일지사, 1979.

김우종, 『한국현대소설사』, 서울: 성문학, 1978.

김우진, 『김우진 전집1』, 서울: 전예원, 1983.

김윤식, 『한국문학사논고』, 서울: 법문사, 1973.

_____, 『한국현대소설사』, 서울: 일지사, 1979.

김윤식, 정호웅, 『한국소설사』, 서울: 예하, 1993.

김현, 『한국문학의 위상; 문학사회학』, 서울: 문학과지성사, 1991.

동국대학국문학연구소, 『근대 한국의 문학지리학』, 서울: 동국대학교출판부, 2011.

목포백년회,『목포개항백년사』, 1997.

배종무,『목포개항사 연구』, 서울: 느티나무, 1994.

변신원,『박화성 소설 연구』, 서울: 국학자료원, 2001.

서울시정개발연구원,『서울20세기공간변천사』, 2001.

손정목,『서울 도시계획 이야기1』, 서울: 한울, 2003.

유태영,『한국 현대소설의 해석』, 서울: 새문사, 2003.

안한상,『해방기 소설의 현실인식과 구조연구』, 서울: 국학자료원, 1995.

이동하,『현대소설과 도시사회』, 서울: 보고사, 2020.

이선영 편,『1930년대 민족문학의 인식』, 서울: 한길사, 1990.

이재선,『한국현대소설사』, 서울: 홍성사, 1979.

_____,『현대 한국 소설사(1945-1990)』, 서울: 민음사, 1991.

_____,『한국소설사 근·현대편1』, 서울: 민음사, 2000.

조동일,『한국문학통사』 5권, 서울: 지식산업사, 2003.

나) 계속간행물

강애경, "한국 근대문학과 장소의 사회학; 박화성 소설에 나타난 근대도시 목포",『현대문학이론연구』37권, 2009, pp. 25-46.

고석규, "근대도시 목포의 대중문화를 통해 본 식민지 근대성",『지방사와 지방문화』, 역사문화학회, 2006, p. 12.

권혜린, "박화성 여행소설의 은유와 환유",『구보학회』 13, 2015, pp. 149-176.

김경연, "1920년대『조선문단』과 여성문학 섹션의 탄생",『우리문학연구』 33, 우리문학회, 2011, pp. 298-305.

김기진, "朝鮮文學의 水準",『신동아』, 1934, 1.

김덕현, "장소와 장소 상실, 그리고 지리적 감수성", 『배달말』 43, 배달말 학회, 0811, pp. 1-20.

김동윤, "박화성의 1950년대 신문소설 연구", 『현대문학이론연구』 47호, 현대문학이론학회, 2011, pp. 87-113.

_____, "1950년대 신문소설의 위상", 『대중서사연구』 17호, 대중서사학회, 2007, pp. 7-41.

김문집, "여류작가의 성적 귀환론-박화성을 논평하면서", 『비평문학』, 청색지사, 1938.

김영미, "'여성'으로서 '작가'가 된다는 것: 박화성의 1930년대 장편소설 을 중심으로", 『한국현대문학연구』 제64호, 한국현대문학회, 2021, pp. 157-190.

김병덕, "현대소설에 나타난 다방의 심리지리", 『비평문학』 34호, 2009, pp. 29-47.

김복순, "1950년대 박화성 소설에서의 대중성의 재편과 젠더", 『대중서사학회』, 대중서사연구, 2011, pp. 229-260.

김원희, "한국 근대문학과 장소의 사회학: 일제 강점기 박화성 소설의 장소시학", 『현대문학이론연구』, 현대문학이론학회, 2009, pp. 100-119.

김은석, "'한국여류문학전집'의 편집 전략; '여성 편집자-작가'와 편집 체계를 중심으로", 『한국학논집』 69집, 2017, pp. 269-294.

김종욱, "일제강점기 박화성 문학의 지역성 연구; 동반자작가로서의 위상과 관 련하여", 『한국현대문학연구』 42호, 2014, 4, pp. 207-235.

김주관, "개항장 공간의 조직과 근대성의 표상", 『지방사와 지방문화』 1, 역사문화학회, 2006, pp. 129-157.

김팔봉, "한국문단측면사", 『사상계』, 1956, 8-12.

_____, "구각에서의 탈출-조선의 여성작가 제씨에게", 『신여성』, 1935.

고석규, "근대도시 목포의 대중문화를 통해 본 식민지 근대성", 『지방사와 지방문화』, 역사문화학회, 2006, pp. 91-157.

남은혜, "해방기 전후의 박화성 문학 활동 연구", 『여성문학연구』 Vol 58, 한국여성문학학회, 2023, pp. 137-175.

류경동, "1950년대 신문소설에 나타난 세대 간의 연애와 새로운 소비주체", 『열린정신 인문학연구』 18(1), 원광대학교 인문학연구소, 2016, pp. 159-180.

박선영, "신여성의 내면풍경: 박화성의 『북국의 여명』을 중심으로", 『한민족문화연구』 제26집, 2008, pp. 149-173.

백문임, "박화성의 경향소설에 나타난 계급과 성의 문제", 『현대문학의 연구』 Vol. 0 No. 11, 한국문학연구학회, 1998, pp. 309-336.

변화영, "박화성 소설을 통해 본 목포의 식민지 근대성", 『한국문학이론과 비평』 30, 한국문학이론과 비평학회, 2006, pp. 345-378.

서여진, "신여성-사회주의자-여성 가장으로서의 작가 박화성", 『현대소설연구』 82, 한국현대소설학회, 2021, pp. 291-323.

서승희, "포스트/식민 여성성장소설의 젠더지리: 박화성의 『북국의 여명』과 『벼랑에 피는 꽃』을 중심으로", 『여성문학연구』 57, 한국여성문학 학회, 2022, pp. 154-183.

서정자, "한 이상주의자의 여성 뛰어넘기", 『박화성 문학전집』 10권, 1997, 서울: 푸른사상, pp. 343-356.

_____, "여성소설과 페미니즘; 한 이상주의자의 여성 뛰어넘기", 『한국 여성소설과 비평』, 서울: 푸른사상, 2001, pp. 415-416.

_____, 2004a, "박화성의 『헐어진 청년회관』론: 오빠-누이의 구조와 항일민

족 의식", 『문명연지』 3호, pp. 41-55.

_____, 2004b, "여성작가의 라이프사이클과 노년기문학", 『전집』 12권, pp. 425-447.

_____, 2004c, "현실과 이념 및 창작방법", 『전집』 17권, pp. 569-599.

_____, 2004d, "박화성의 해방 후 소설과 역사의식", 『현대소설연구』 24집, pp. 49-72.

_____, "박화성의 문학지도", 『홍수전후』, 박화성연구회편, 서울: 푸른사상, 2009, pp. 263-276.

_____, "박화성과 조선희 소설에 나타난 '떠남'의 의미와 '북방의식'; 박화성의 『북국의 여명』과 조선희의 『세 여자』를 중심으로", 『숙명문학』 7, 숙명문학인회, 2019, pp. 218-240.

_____, "식민지 근대도시형성과 목포 유·이민소설: 작가 박화성의 사회의식 발아와 그 근원", 『여성문학연구』 54호, 한국여성문학학회, 2021, pp. 153-176.

_____, "작가일기1; 박화성의 해방공간", 『서정시학』 32-2호, 계간 서정시학, 2022, pp. 300-304.

_____, "1963년의 소영 박화성 선생-소설 짓기, 집짓기", 『서정시학』 32-3호, 계간 서정시학, 2022, pp. 179-184.

송병삼, "지역 문화담론의 식민지적 대응양상 고찰- 1930년대 『호남평론』의 경우,", 『한국문학이론과 비평』 56집(16권 3호), 한국문학이론과 비평학회, 2012, 9, pp. 271-295.

안창모, "상업도시의 탄생, 개항장 목포", 『건축사』, 대한건축사협회, 2013, 1.

안회남, "박화성론", 『여성』, 1938, 2.

오세인, "1920-1930년대 신문과 잡지에 나타난 공간 표상의 변화 과정 연구", 『한국시학연구』 제46호, 한국시학회, 2016, pp. 239-265.

오장근, "목포시 '남촌'의 공간적 기억과 서사읽기", 『지역과 문화』 4(3), 한국지역문화학회, 2017, pp. 17-36.

이무영, "여류작가개평", 『신가정』, 1934, 4.

이미림, "박화성 여행소설 연구: 1930년대 전반기 문학을 중심으로", 『국어국문학』 제153호, 국어국문학회, 2009, pp. 287-312.

이은주, "여성작가가 재현한 '신여성이라는 현실'", 『현대문학의 연구』 49, 2013, pp. 293-296.

이태숙, "사회주의 여성문학의 계급성 문제", 『어문학』 78집, 2002, pp. 467-488.

이현주, "1920년대 후반 식민지문학에 나타난 '북국' 표상 연구", 『우리문학연구』 0-44, 우리문학회, 2014, pp. 657-702.

조동일, "문학지리학을 위한 출발선상의 토론", 『한국문학연구』 vol., no. 27, 2004, pp. 157-182.

조형래, "번창과 퇴락; 개항 이후 한일 문학 및 회화에 나타난 서울/경성의 역사적 이미지들 간 교차와 역설에 관하여", 『사이SAI』 27호, 국제 한국문학문화학회, 2019, pp. 313-346.

_____, "이태준의 성북동; 이태준 단편소설 및 『무서록』에 나타난 '교외'와 '구석진 곳'의 의미에 대하여", 『상허학보』 51집, 상허학회, 2017, pp. 41-186.

최성환, "1920년대 목포청년운동과 지역엘리트의 성격에 관한 연구", 『순천향 인문과학논총』 32-1, 순천향대학교 인문과학연구소, 2016, pp. 31-64.

_____, "육지면(陸地棉) 보급 후 일제강점기 목포항의 기능과 영향", 『한국민

족문화』74, 2020, pp. 281-322.

최창근, "1920-30년대 목포 노동자들의 현실과 문학적 재현; 박화성의 초기 단편 소설을 중심으로", 『국어국문학』제145호, 국어국문학회, 2010, pp. 247-273.

_____, "1930년대 목포의 근대성과 대중매체-『호남평론』수록 소설과 기사를 중심으로", 『국학연구총론』11집, 택민국학연구원, 2013, pp. 1-28.

한순미, "국가폭력과 사랑/연애 서사: 해방 이후 박화성 소설에서 역사적 재난들과 역사의식의 변화", 『현대문학의 연구』78권, 2022, pp. 341-370.

황종연, "노블, 청년, 제국", 『상허학보』14집, 상허학회, 2005, pp. 263-297.

홍용진, "에드워드 소자의 '지리사'에 대한 비판적 검토", 『도시인문학연구』Vol.9 No.1, 서울시립대학교 도시인문학연구소, 2017, pp. 255-283.

다) 학위논문

권 은, "경성 모더니즘 연구: 박태원 소설을 중심으로", 문학박사학위논문, 서강대학교, 2013.

김미현, "한국 근대 여성소설의 페미니스트 시학: 여성적 글쓰기를 중심으로", 문학박사학위논문, 이화여자대학교, 1996.

김양주, "박화성 소설의 인물유형 연구", 문학석사학위논문, 목포대학교, 2004.

김유연, "박화성 초기 단편소설 연구", 교육학석사학위논문, 한국교원대학교, 2004.

김자경, "목포의 도시구조 형성과 특성에 관한 연구", 교육학석사학위논문, 전남대학교, 2009.

김장미, "강경애, 박화성 소설의 동반자적 성격에 대한 비교 연구", 문학석사학위논문, 서울대학교, 2005.

박인숙, "1930년대 여성소설에 나타난 여성문제인식 연구: 박화성, 강경애, 백신애 소설을 중심으로", 문학석사학위논문, 한성대학교, 1995.

서정자, "박화성론: 1925년-1938년 작품을 중심으로", 문학석사학위논문, 숙명여자대학교, 1980.

＿＿＿, "일제강점기 한국 여류소설연구", 문학박사학위논문, 숙명여자대학교, 1987.

손재오, "미적 삶의 형식으로서 로컬미학: 목포 미학을 중심으로", 예술학박사학위논문, 부산대학교, 2016.

유인혁, "식민지시기 근대소설과 도시 공간; 이광수, 염상섭의 장편소설에서 경성을 중심으로", 문학박사학위논문, 동국대학교, 2015.

윤옥희, "1930년대 여성 작가 소설 연구: 박화성, 강경애, 최정희, 백신애, 이선희를 중심으로", 문학박사학위논문, 성균관대학교, 1996.

이성욱, "한국 근대문학과 도시성 문제: 도시문화를 중심으로", 문학박사학위논문, 연세대학교, 2002.

이승아, "1930년대 여성작가의 공간의식 연구:강경애, 박화성, 백신애를 중심으로", 문학석사학위논문, 이화여자대학교, 2001.

이영숙, "1930년대 여성소설에 나타난 여성문제인식 연구; 강경애, 백신애, 박화성 작품을 중심으로", 문학석사학위논문, 이화여자대학교, 1988.

이정순, "박화성 소설의 경향성 연구: 1920-30년대 단편소설을 중심으로", 문학석사학위논문, 전남대학교, 2006.

임미진, "1945-1953년 한국 소설의 젠더적 현실 인식 연구", 문학박사학위논문, 서울대학교, 2017.

전희진, "식민지 시기 소작쟁의와 농업정책의 변화", 사회학석사학위논문, 연세대학교, 2000.

정수희, "1930년대 여성작가의 여성의식 연구: 박화성, 강경애, 최정희 소설을 중심으로", 문학석사학위논문, 한국외국어대학교, 2006.

정이정, "1950-60년대 서울 도시계획의 수립과정과 의미; 일제 시기 도시계획의 유산과 관련하여" 석사학위논문, 서울시립대학교, 2021.

표유진, "1950년대 소설의 여성표상 전유와 몸 연구: 정연희, 한말숙, 강신재를 중심으로", 문학석사학위논문, 이화여자대학교, 2021.

한민영, "박화성 전후 장편소설 연구", 문학석사학위논문, 동국대학교, 2008.

허정란, "박화성연구: 해방전 소설을 중심으로", 문학석사학위논문, 숙명여자대학교, 1993.

치인영, "서울지역 전차교통의 변화양상과 의미(1899-1968)", 문학박사학위논문, 서울시립대, 2014.

최지현, "박화성 소설의 여성 주체 연구", 문학석사학위논문, 이화여자대학교, 2017.

최창근, "박화성 소설연구; 1950-1960년대 소설의 담론적 실천을 중심으로", 문학박사학위논문, 전남대학교, 2012.

| 국외논저 |

데이비드 하비, 『모디니티의 수도, 파리』, 김병화 옮김, 서울: 생각의 나무, 2007.

레이먼드 윌리엄스, 『시골과 도시』, 이현석 옮김, 서울: 나남, 2013.

발터 벤야민, 『발터 벤야민의 문예이론』, 반성완 편역, 서울: 민음사, 1983.

_____, 『아케이드 프로젝트1, 2』, 조형준 옮김, 서울: 새물결, 2005.

앙리 르페브르, 『공간의 생산』, 양영란 옮김, 서울: 에코르브르, 2011.
에드워드 랠프, 『장소와 장소상실』, 김덕현 역, 서울: 논형, 2005.
이-푸 투안, 『공간과 장소』, 구동회, 심승희 역, 서울: 대윤, 1999.
이효덕, 『표상 공간의 근대』, 박성관 옮김, 서울: 소명출판, 2002.
한나 아렌트, 『인간의 조건』, 이진우 옮김, , 한길사, 1996

| 기타 |

호남선:(https://encykorea.aks.ac.kr/Article/E0063695 한국문화대백과사전

서울연구데이터서비스: https://data.si.re.kr/node/55513

서울기록원: https://archives.seoul.go.kr/post/2337

서울역사아카이브: https://museum.seoul.go.kr/archive/NR_index.do

안양도시기록연구소: https://ngoanyang.or.kr/2941

민족문제연구소: https://www.minjok.or.kr/archives/124837

박화성 소설의 도시 공간
- 목포(1920-1930)와 서울(1950-1960)을 중심으로

초판1쇄 찍은 날 | 2025년 9월 12일
초판1쇄 펴낸 날 | 2025년 9월 22일

지은이 | 송미성
펴낸이 | 송광룡
펴낸곳 | 문학들
등록 | 2005년 8월 24일 제 2005 1-2호
주소 | 61489 광주광역시 동구 천변우로 487(학동) 2층
전화 | 062-651-6968
팩스 | 062-651-9690
전자우편 | munhakdle@daum.net
블로그 | blog.naver.com/munhakdlesimmian
값 18,000원

ISBN 979-11-94544-17-3 93810

· 잘못된 책은 바꿔드립니다.
· 이 책은 광주문화재단 의 〈2025. 지역문화예술육성지원 사업_ 문학분야〉 지원사업으로 발간되었습니다.